신용위험분석사(CRA)관련참고도서

내부통제 및 여신관련 법규

성수용 편저

머리말

한국금융연수원과 금융감독원은 공동으로 금융회사의 FLC(Forward Looking Criteria)에 의한 자산건전성 분류제도의 정착과 신용대출 활성화 방안의 일환으로 여신전문가 양성을 위하여 2001년 7월 CRA(Credit Risk Analyst: 신용위험분석사) 자격제도를 도입하였습니다.

신용위험분석사 자격제도는 금융회사, 신용평가회사, 일반법인 등에서 여신업무, 신용위험분석 및 관리업무를 담당하는 대표적인 종합자격 제도로서 최고의 전문성과 권위를 인정받는 수준 높은 자격제도가 될 것입니다. 이에 따라 향후 신용위험분석사는 기업의 미래현금흐름에 기초한 채무상환능력의 분석, 금융회사의 여신 취급 및 사후관리업무 등을 전담하는 여신전문가로서 금융회사의 신용대출 활성화와 리스크관리에 있어 핵심적인 역할을 담당할 것으로 기대됩니다.

이에 우리 원에서는 이러한 업무를 담당할 신용위험분석사를 양성하고 관심있는 금융인의 학습과 자격관련 참고도서로서 본서를 발간하게 되었습니다.

본서의 특징은

첫째, 신용위험분석사로서 신용업무와 관련된 여신관련 법적 규제내용과 관련법·규정 위반시 기관 및 개인에 대한 제재 및 그 효과, 바람직한 여신관행의 정착을 위한 기본방향, 그리고 여신취급기관의 내부 통제 및 신용위험분석사가 지녀야 할 기본적인 윤리를 중심으로 체계적으로 알기 쉽게 정리하였습니다.

둘째, 독자 여러분의 자율적인 학습이 가능하도록 수록내용을 비교적 쉽게 기술하였습니다. 이를 위해 본서의 각 장별로 서두에 '학습목표'와 '학습개요'를 제시하여 해당 장에서 학습하여야 할 학습목표와 내용을 요약하고 각 장 말미에는 '연습문제'를 두어 학습결과를 스스로 측정 · 확인할 수 있도록 하였습니다.

셋째, 신용위험분석사가 실무적으로 활용할 수 있도록 수록내용의 근거가 되는 관련 법률이나 규정 등을 명시하고 외국의 사례 등을 소개함으로써 본서가 수험서로서 뿐만 아니라 실무지침서로도 활용할 수 있도록 하였습니다.

끝으로 이 책이 나오기까지 많은 노고를 아끼지 않은 관련자 여러분께 깊이 감사드리며 앞으로 새로운 금융환경의 변화에 따라 본서의 내용을 계속 수정 · 보완하여 충실한 CRA학습 · 참고도서가 될 수 있도록 독자 여러분의 아낌없는 지도 · 편달을 부탁드립니다.

2014년 12월

한국금융연수원장

차례

제1장 여신취급기관의 내부통제제도

제1절 내부통제제도 일반론

1. 내부통제의 의의 3

2. 내부통제의 필요성 4

3. 내부통제의 목적 5

3-1. 성과목적(Performance Objective) : 영업활동의 효율성 달성 5

3-2. 정보목적(Information Objective) : 재무 및 경영정보의 신뢰성, 완전성, 적시성 유지 5

3-3. 준법목적(Compliance Objective) : 관련법, 규정 및 정책의 준수 6

4. 내부통제의 법적 근거 6

5. 내부통제의 구성요소 7

6. 내부통제의 운영주체 8

6-1. 이사회 8

6-2. 대표이사 9

6-3. 준법감시인(준법감시부서) 및 금융소비자보호총괄임원(금융소비자보호총괄기관) 9

6-4. 임직원 10

6-5. 내부통제위원회 10

7. 내부통제의 기준 11
7-1. 내부통제기준 의의 11
7-2. 금융회사지배구조법 상 내부통제기준에 포함되어야 할 사항 12
7-3. 금융소비자보호법 상 내부통제기준에 포함되어야 할 사항 13
8. 내부통제관련 감사위원회 역할 13
9. 내부통제의 수단 14
10. 내부통제기준 위반 시 제재조치 16
10-1. 방지대책 마련 및 내부통제기준 준수프로그램 개선 16
10-2. 위반자에 대한 제재 조치 16
11. 임직원의 내부통제 준수환경 마련 17
11-1. 준법서약서 제출 17
11-2. 내부통제 우수자에 대한 인센티브 제공 17
11-3. 내부고발제도의 운영 18
12. 임원의 내부통제 등 관리의무, 책무구조도 및 대표이사 등의 총괄관리의무 신설 18
12-1. 도입배경 18
12-2. 임원의 내부통제 · 위험관리에 대한 관리의무 20
12-3. 대표이사의 책무구조도 마련 의무 20
12-4. 대표이사의 내부통제 총괄 관리의무 21

제 2 절 감사위원회제도

1. 개요 22
1-1. 감사위원회의 개념 22
1-2. 제도의 도입배경 23
2. 법적근거 24

3. 감사위원회제도의 운영 25
3-1. 구성 및 선임 25
3-2. 감사위원의 자격요건 26
3-3. 감사위원회의 업무내용 보고 27
3-4. 감사위원회의 운영 28
3-5. 감사위원회의 권한 및 의무 28
3-6. 감사위원회에 대한 이사회와 경영진 협조의무 33
가. 이사회의 제도정착에 대한 지원 33
나. 위원회(위원)의 독립성 및 전문성 유도 33
다. 관련부서(감사담당부서 및 일반부서 등)의 업무지원 33
4. 감사위원회의 금융회사에 대한 책임 33
5. 외국의 감사제도 운영 34
5-1. 감사제도의 양대 기본 모델 34
5-2. 독일 36
5-3. 영국 36
5-4. 미국 37
가. 개요 37
나. 이사회 38
다. 감사위원회 38
5-5. 일본 39

〈참고 1〉외부감사 관련 감사 및 감사위원회의 운영 모범사례 41
〈참고 2〉「주식회사 등의 외부감사에 관한 법률」상 외부감사와 감사위원회 관련 법규 49

제 3 절 준법감시인 및 위험관리책임자 제도

1. 개요 55

1-1. 제도의 의의 55
1-2. 제도의 도입배경 56
가. 내부통제제도 강화 필요성 부각 56
나. 금융산업의 특수성 56

2. 법적 근거 57
2-1. 준법감시인 57
2-2. 위험관리인 58

3. 제도의 운영 58
3-1. 준법감시인 58
가. 준법감시인 설치의무 금융회사 58
나. 자격요건 59
다. 임기 및 임면 59
라. 겸직금지 60
마. 독립성 확보 61
3-2. 위험관리책임자 61
가. 위험관리 설치의무 금융회사 61
나. 자격요건 61
다. 임면 및 임기 62
라. 겸직금지 62
마. 독립성 확보 62
3-3. 준법감시시스템 63
가. 개요 63
나. 준법감시조직 63
다. 준법감시대상부서(일반부서) 63
3-4. 준법감시인의 권한, 의무 및 직무 64
가. 권한 64
나. 의무 64
다. 준법감시인의 주요 직무 예시 64
3-5. 준법감시부문과 타 부문과의 업무구분 69
가. 내부감사기능(Internal Audit) 부문과의 비교 69
나. 위험관리(Risk Management) 부문과의 비교 70

다. 법률자문(Legal Consulting) 부문과의 비교 70

4. 외국의 준법감시인제도 운영 70

4-1. 미국 70

4-2. 일본 71

〈참고 3〉은행권 표준내부통제기준 72

제 4 절 직업윤리

1. 직업윤리의 확립 필요성 87

1-1. 금융회사 설립목적의 구현 87

1-2. CRA에 대한 일반인의 신뢰성 확보 89

2. CRA 직업 윤리 89

2-1. 기본취지 89

2-2. CRA 윤리 90

가. 개황 90

나. 일반적인 의무 90

다. 직업에 대한 의무 92

라. 고용주에 대한 의무 93

마. 고객에 대한 의무 95

〈참고 4〉신용위험분석사(CRA) 윤리규범(예시) 99

〈참고 5〉금융권 윤리헌장 104

[연습문제] 106

제2장 여신관련 법령상의 규제

제 1 절 여신관련 규제 일반론

1. 여신 109

2. 여신규제 110

2-1. 여신규제제도의 의의 110

2-2. 여신규제제도의 목표 111

2-3. 신용공여한도 규제 112

가. 개요 112

나. 금융권역별 신용공여규제 제도 113

3. 여신관련 법령 114

제 2 절 영역별 여신관련 규제

1. 은행법상의 규제 115

1-1. 은행법의 성격 115

1-2. 은행법의 규제대상과 신용공여의 범위 115

가. 개요 115

나. 신용공여한도의 필요성 118

다. 우리나라 은행 신용공여한도제도의 연혁 118

1-3. 은행법 상의 여신관련 규제 120

가. 금융통화위원회의 여신 관련 규제 120

나. 신용공여 제한 121

다. 인터넷전문은행에 대한 신용공여한도 특례 129

라. 여신 운용 및 사후관리 129

마. 주채무계열 제도 131

바. 여신심사 선진화를 위한 모범규준 135

사. 기술신용정보 반영과 기술금융 137

아. 지역재투자 평가제도 139

2. 금융지주회사법상의 규제 140

2-1. 개요 140

2-2. 신용공여한도 규제내용 141

가. 원칙 141

나. 예외 143

2-3. 신용공여 한도 초과의 보고 및 시정 145

2-4. 벌칙 145

3. 종합금융회사법상의 규제 146

3-1. 개요 146

3-2. 신용공여의 범위 146

3-3. 동일차주 등에 대한 신용공여한도 147

가. 원칙 147

나. 예외 148

다. 예외취급의 확인 또는 시정 149

라. 벌칙 150

3-4. 자금지원관련 금지행위 150

4. 상호저축은행업법상의 규제 151

4-1. 개요 151

4-2. 신용공여의 범위 152

4-3. 개별차주 등에 대한 신용공여한도 152

가. 원칙 152

나. 예외 155

다. 한도 초과의 시정 156

4-4. 금지업무 156

가. 채무보증 또는 담보제공 금지 156

나. 저축은행 주식 매입을 위한 신용공여 금지 등 157

다. 투기목적 신용공여 금지 157

라. 타인명의 신용공여 금지 157

마. 대주주에 대한 재산상 이익 제공 금지 157

바. 부동산개발 등 사업수입 상환재원 신용공여 제한 157
4-5. 대주주 등에 대한 신용공여의 금지 158
가. 원칙 158
니. 예외 159
4-6. 대주주 등에 대한 어음의 매입 한도 159
4-7. 영업구역 내 신용공여한도 159
4-8. 업종별 신용공여한도 160
4-9. 유가증권 투자한도 161
4-10. 벌칙 161
5. 신용협동조합업법상의 규제 162
5-1. 개요 162
5-2. 동일인에 대한 대출한도 162
가. 원칙 162
나. 예외 163
다. 예외의 시정 164
5-3. 업종별 여신한도 164
5-4. 벌칙 164
6. 신용정보업법상의 규제 165
6-1. 개요 165
6-2. 신용정보 165
6-3. 개인신용정보 165
6-4. 규제사항 166
가. 개인신용정보의 제공·활용에 대한 동의 166
나. 개인신용정보의 이용 166
다. 개인신용정보의 전송요구 167
라. 신용정보의 열람 및 정정청구 등 167
마. 손해배상의 책임 168
바. 벌칙 168
7. 부실징후기업관리제도 169

7-1. 개요 169
7-2. 부실징후기업의 정의 169
7-3. 기업신용위험 평가 170
7-4. 부실징후기업의 구조조정 171
가. 부실징후기업의 관리절차 개시 171
7-5. 금융채권자조정위원회 177
가. 조정위원회 구성 177
나. 금융채권자조정위원회 업무 177
다. 조정신청 및 조정결정 178
7-6. 부실징후기업고충처리위원회 178
7-7. 기업구조조정 촉진을 위한 특례 179
가. 출자 및 재산운용제한 등에 대한 특례 179
나. 채권금융기관 등에 대한 면책 특례 179
7-8. 채권금융기관에 대한 시정조치 180
7-9. 과태료 181
7-10. 다른 법률과의 관계 181

제3절 여신관련 규제의 실효성 확보수단

1. 개요 182

2. 종류 182

3. 행정강제 183
3-1. 행정상 강제집행 183
3-2. 행정상 즉시강제 184

4. 행정형벌 185
4-1. 행정형벌과 형사벌 185
4-2. 과실행위에 대한 행정형벌 부과 문제 185

가. 형사법상의 원칙과 행정법규의 특수성 185
나. 판례의 입장 186
다. 소결 188
4-3. 행정형벌과 고발 188
가. 고발과 형사처벌 188
나. 감독기관의 고발의무 189
다. 수사기관 고발 및 통보 대상 190
5. 질서벌 191
5-1. 과태료 191
가. 과태료의 의의 191
나. 과태료 부과대상자 192
다. 과태료 부과기준 193
5-2. 과징금 194
가. 과징금의 의의 194
나. 구별되는 개념 195
다. 법적 성격 196
라. 외국의 금전적 제재 제도 198
마. 과징금 부과기준 199
6. 행정제재 205
6-1. 의의 205
6-2. 제재의 종류 206
6-3. 제재종류별 제재주체 206

제4절 여신관련 제재의 주체

1. 개설 208
2. 금융위원회 209
2-1. 금융위원회의 설립 209
가. 금융위원회의 설립 경과 209

나. 금융위원회의 설립 배경 209

2-2. 금융위원회의 조직 및 구성 210

가. 금융위원회 210

나. 금융위원장 211

다. 금융위원회의 조직 구성 211

2-3. 금융위원회의 운영 212

가. 회의 212

나. 긴급조치 212

다. 소위원회 212

라. 증권선물위원회 213

2-4. 금융위원회의 여신관련 권한 및 업무범위 213

가. 금융감독 213

나. 금융감독원에 대한 지시·감독 213

3. 금융감독원 214

3-1. 구성 214

3-2. 여신관련 업무범위와 권한 214

가. 검사대상 기관의 업무 및 재산상황에 대한 검사 214

나. 검사결과에 따른 조치 216

제 5 절 여신관련 제재의 종류

1. 개설 221

1-1. 제재의 목적 221

1-2. 제재의 종류 222

2. 기관에 대한 제재 223

2-1. 기관에 대한 제재의 종류 및 기준 223

가. 영업의 인허가 또는 등록의 취소, 영업 · 업무의 전부 정지 223

나. 영업 · 업무의 일부 정지 223

다. 영업점의 폐쇄, 영업점 전부 또는 일부의 정지 224
라. 위법 · 부당행위 중지 조치 224
마. 계약이전의 결정 224
바. 위법내용의 공표 또는 게시 요구 224
사. 기관경고 224
아. 기관주의 225
2-2. 기관에 대한 제재의 가중 및 감면 226
가. 제재의 가중 226
나. 제재의 감면 226
3. 임원에 대한 제재 227
3-1. 개요 227
3-2. 임원에 대한 제재의 종류 및 기준 228
가. 해임권고 228
나. 업무집행 정지 또는 일부의 정지 228
다. 문책경고 229
라. 주의적 경고 229
마. 주의 229
3-3. 임원에 대한 제재의 가중 및 감면 230
가. 제재의 가중 230
나. 제재의 감면 231
3-4. 임원에 대한 제재의 이행 및 효과 233
가. 제재의 이행 233
나. 제재의 효과 234
4. 직원에 대한 제재 235
4-1. 금융회사의 직원에 대한 제재 235
4-2. 제재의 종류 및 기준 236
가. 제재의 종류 236
나. 제재 양정 기준 237
4-3. 직원에 대한 제재의 가중 및 감면 238

가. 제재의 가중 ……………………………………………………238
나. 제재의 감면 ……………………………………………………239
4-4. 직원에 대한 제재의 이행 및 효과 ……………………………241
가. 제재의 이행 ……………………………………………………241
나. 제재의 효과 ……………………………………………………241
다. 징계기록의 말소 …………………………………………………241
4-5. 자율처리 필요사항 통보 ……………………………………242

5. 퇴직자에 대한 제재 ……………………………………………243
5-1. 직원재직 시의 위법 · 부당행위에 대한 제재 ………………244

6. 외국금융회사에 대한 특례 ……………………………………244

제6절 금융소비자보호법 상 대출성 상품에 대한 규제

1. 금융소비자보호법 개요 …………………………………………245

2. 금융소비자보호법 주요내용 ……………………………………246
2-1. 금융상품의 분류 ……………………………………………246
2-2. 금융소비자 구분 ……………………………………………246
2-3. 6대 판매규제 ………………………………………………248
가. 적합성 원칙 ……………………………………………………248
나. 적정성 원칙 ……………………………………………………248
다. 설명의무 ………………………………………………………249
라. 불공정영업행위 금지 …………………………………………250
마. 부당권유행위 금지 ……………………………………………250
바. 광고규제 ………………………………………………………251
2-4. 청약철회권 …………………………………………………251
2-5. 위법계약 해지권 ……………………………………………251
2-6. 금융상품 판매제한 · 금지명령권 …………………………252
2-7. 과징금 ………………………………………………………252
2-8. 과태료 ………………………………………………………253

3. 대출성 상품에 대한 영업행위 규제 주요 내용 253
3-1. 대출성 상품에 적용되는 전문금융소비자 적용 기준 253
3-2. 대출성 상품에 적용되는 적합성 · 적정성 원칙 254
가. 일반금융소비자의 정보 파악이 필요한 금융상품의 범위 254
나. 파악해야 하는 일반금융소비자의 정보 내용 254
다. 적합성 판단기준 254
라. 대출성 상품에 적용되는 적정성 원칙 적용 대상 255
3-3. 대출성 상품에 적용되는 설명의무 255
3-4. 대출성 상품에 적용되는 불공정영업행위 금지 256
가. 구속성 금융상품 계약의 체결 금지 256
나. 대출성 상품에 대한 부당한 담보 및 보증요구 금지 257
다. 대출성 상품 취급 시 금지사항 257
라. 기타 우월적 지위 이용 행위 금지 258
3-5. 대출성 상품에 적용되는 광고규제 260
가. 금융상품등에 관한 광고를 할 수 없는 경우 260
나. 금융상품등에 관한 광고 시 필수 포함사항 260
다. 대출성 상품 광고 시 금지행위 262
3-6. 청약철회권이 적용되는 청약철회권 263

[연습문제] 264

부록

[부록 1] 여신심사 선진화를 위한 모범규준 266
[부록 2] 개인사업자 관련 부적격대출 방지를 위한 여신심사 및 사후관리기준 표준안 282
[부록 3] 연습문제 해설(예시) 290

표목차

[표 1-1] 개정 금융회사지배구조법의 주요 내용 ……19
[표 1-2] 금융업권별 책무구조도 제출 시기 ……21
[표 1-3] 상법상 감사제도와 감사위원회제도 권한 및 책임 비교 ……30
[표 1-4] 상법(회사, 상장회사) · 금융회사 지배구조법상의 감사위원회 제도 비교 ……32
[표 1-5] 내부통제기준 준수매뉴얼의 주요내용(예시) ……65
[표 1-6] 준법감시프로그램의 주요내용(예시) ……66
[표 1-7] 임직원 윤리강령에 포함되는 사항(예시) ……67
[표 1-8] 내부감사기능과 준법감시기능의 비교 ……69
[표 1-9] 금융회사별 설립근거법의 목적 ……88
[표 2-1] 여신분류기준 ……110
[표 2-2] 여신규제제도의 체계 ……111
[표 2-3] 여신관련 법규의 체계 ……114
[표 2-4] 은행업 신용공여의 범위 ……117
[표 2-5] 신용공여 한도초과별 제재양정 ……126
[표 2-6] 은행 신용공여규제한도의 규제유형 및 한도 ……128
[표 2-7] 인터넷전문은행 신용공여규제한도의 규제유형 및 한도 ……129
[표 2-8] 종합금융회사 신용공여의 범위 ……147
[표 2-9] 상호저축은행 신용공여의 범위 ……154
[표 2-10] 상호저축은행의 영업구역내 신용공여한도 ……160
[표 2-11] 상호저축은행의 업종별 신용공여한도 ……160
[표 2-12] 상호저축은행의 유가증권 투자한도 ……161
[표 2-13] 신용협동조합의 동일인에 대한 대출한도 관련 최고한도 ……163
[표 2-14] 부과기준율표 ……200
[표 2-15] 세부평가 기준표 ……201
[표 2-16] 임원 문책 시 임원선임자격 제한기간 ……234
[표 2-17] 위법 · 부당행위 유형별 제재 양정 기준 ……238
[표 2-18] 제재 양정 감경기준 ……240
[표 2-19] 직원 문책 시 임원선임자격 제한기간 ……241
[표 2-20] 금융상품의 유형별 비교 ……246
[표 2-21] 금융소비자의 유형별 비교 ……247
[표 2-22] 금융소비자 구분에 따른 금융소비자보호법 상 규제 적용 범위 ……247
[표 2-23] 구속성 행위 적용 기준 ……257
[표 2-24] 판매채널별 광고 가능 범위 ……260

제1장 여신취급기관의 내부통제제도

제1절 내부통제제도 일반론

제2절 감사위원회제도

제3절 준법감시인 및 위험관리책임자 제도

제4절 직업윤리

학습목표

금융회사는 관련법규를 준수하여 업무를 취급하여야 하며 업무처리과정에서 필연적으로 발생하는 각종 리스크를 효과적으로 통제하고 제거해 나가는 시스템을 갖추어야 한다. 금융감독원의 금융회사에 대한 건전성 검사에서 중요한 한 부분을 차지하고 있는 내부통제부문에 대한 검사는 금융회사의 업무수행이 공정하고 적정한 방법으로 이루어지도록 유도하기 위함이다. 특히 최근 금융회사 영업의 다양화 및 글로벌화, 정보기술의 발달 등 금융회사 영업환경이 크게 변화함에 따라 각종 리스크가 크게 증가하고 있어 이에 상응하는 내부통제제도가 갖추어지지 않을 경우 업무리스크의 증대로 고객의 금융회사에 대한 신뢰저하로 연결될 수 있다. 본 장의 학습목표는 내부통제제도의 이론과 중요성을 이해하고 내부통제수단으로서 금융회사가 운영하고 있는 각 시스템의 역할을 숙지하는 데 있다.

학습개요

제1장은 내부통제제도 일반론(제1절), 감사위원회 제도(제2절), 준법감시인 제도(제3절), 그리고 직업윤리(제4절) 등 크게 네 가지 내용으로 구성되어 있다.

제1절은 내부통제 제도의 개관, 필요성, 법적 근거, 구성내용, 운영주체, 통신수단 등 일반적인 내용을 설명하고 있다. 제2절은 내부통제 제도에 대한 평가 및 개선 방안을 제시하는 기능을 담당하는 감사위원회 제도의 내용을 기술한다. 제3절은 금융회사의 내부통제기능을 담당하는 준법감시인 제도에 대하여 논한다. 마지막으로 제4절에서는 CRA 윤리기준의 내용을 설명한다.

제1절

내부통제제도 일반론

1. 내부통제의 의의

내부통제란 회사가 효율적인 업무운영, 정확하고 신뢰성 있는 재무보고 체제의 유지, 관련법규 및 내부정책 · 절차의 준수 등과 같은 목표를 달성하는데 합리적인 확신(reasonable assurance)을 주기 위하여 회사 내부에서 자체적으로 마련하여 이사회, 경영진 및 직원 등 회사의 모든 구성원이 지속적으로 실행 · 준수토록 하는 일련의 통제과정이다.

즉, 내부통제는 일반적으로 회사의 임직원 모두가 고객재산의 선량한 관리자로서 제반 법규뿐만 아니라 내규까지 철저하게 준수하도록 사전 또는 상시적으로 통제 · 감독하는 것을 말하며 조직의 자산보호, 회계자료의 정확성 및 신뢰성 체크, 조직운영의 효율성 증진, 경영방침의 준수를 위하여 채택한 조정수단 및 조치[1] 등을 의미한다.

이와 같이 내부통제제도는 회사가 추구하는 최종목표가 아니라 최종목표를 달성하기 위한 과정 내지는 수단이며, 회사의 경영정책이나 매뉴얼이 아니라 회사 내 모든 구성원에 의해 수행되는 일련의 통제활동이며, 특정의 목표를 달성하는데 절대적 확신(absolute assurance)이 아닌 합리적인 확신을 주는 것이다.

1) Basel 은행감독위원회의가 정하는 "내부통제시스템의 평가를 위한 준칙"(1998.9)은 내부통제에 대한 정의를 이와 같이 기술하고 있다.

내부통제를 제대로 하게 되면 기업윤리의식이 확립되게 되는데, 기업윤리의식을 확립한다고 하는 것은 기업윤리를 실천할 수 있는 시스템을 구축하여 고도의 윤리풍토를 조직 속에 침투시키는 것을 말한다.

이러한 내부통제제도의 중요성은 1997년 외환위기를 거치면서 국내기업들의 경영투명성 결여, 회계정보의 신뢰성 부족, 경영감시기능 미흡으로 인한 독단적 경영 등이 경제위기의 주요한 원인으로 부각되면서 더욱 더 강조되기 시작하였다. 이에 따라 2000년 은행법 등 개별 금융업법 개정을 통해 내부통제 제도의 원활한 작동을 위한(사외이사를 중심으로 하는) 감사위원회 제도 및 준법감시인 제도를 도입하는 한편, 금융회사가 자체적인 내부통제기준을 마련토록 하는 등의 법령정비를 통해 그 제도적 틀을 갖추었다.

금융환경이 복잡 · 다변화되고 경영의 패러다임이 리스크 관리 중시, 지배구조의 강화로 변화함에 따라 효과적인 내부통제의 중요성은 더욱 증대되고 있으며, 그 기능도 기존의 사고예방 중심에서 나아가 업무운영의 효율성 달성 및 경영건전성 유지 등을 통해 설립목표를 효과적으로 달성하기 위한 기능으로 확대, 인식되고 있다.

2. 내부통제의 필요성

금융회사는 내부통제제도의 운영을 통해 회사 자산의 보전, 신뢰성 있는 재무보고체계의 유지, 법규준수 등을 효과적으로 이루면서 회사의 설립목표를 달성할 수 있으며, 영업활동과 관련한 중요한 오류 및 일탈행위의 가능성을 감소시키고 오류 등이 실제로 발생하는 경우 이를 시의적절하게 감지하여 시정조치를 취할 수 있다.

반면, 부적절한 내부통제환경이나 정보시스템 등과 같이 취약하고 비효율적인 내부통제시스템은 은행의 영업손실을 야기시키고 재무의 안전성을 위협하게 된다. 나아가 특정은행의 내부통제제도 운영실패에 따른 경영 불안정은 전염 효과를 통하여 여타 금융회사의 경영 불안정을 발생시키고 금융시스템 전반의 실패를 초래할 수도 있다.

궁극적으로 은행은 효과적인 내부통제제도의 운영을 통해 당면한 제반 리스크를 효과적으로 관리함으로써 금융회사의 설립목표를 달성하고 재무상의 생존능력을 유지할 수 있다. 이러한 측면에서 내부통제기능은 내 · 외부감사기능과 함께 은행의 안전하고 건전한 경영을 유도하는 것을 주요 목적으로 하는 감독당국의 감독업무를 보완하는 역할을 수행한다고 할 수 있다.

3. 내부통제의 목적

3-1. 성과목적(Performance Objective) : 영업활동의 효율성 달성

금융회사는 자산과 자원을 효율적으로 사용하고 손실발생을 최소화하는 등 영업활동과 관련하여 효율성을 제고하기 위해 내부통제제도를 운영한다. 또한 내부통제제도는 과도한 비용을 유발하지 않고 금융회사의 이익을 최우선적으로 고려하면서 모든 구성원이 금융회사의 목표를 효율적으로 달성하기 위해 노력하는 것이다.

3-2. 정보목적(Information Objective) : 재무 및 경영정보의 신뢰성, 완전성, 적시성 유지

금융회사는 내부통제를 통하여 신뢰성 있고 각종 목적에 적합한 자료나 정보가 시의적절하게 생산 및 제공될 수 있도록 함으로써 경영층이 합리적인 의사 결정을 할 수 있도록 지원하고, 감독당국 기타 외부 이해관계자에게 신뢰성 있는 재무제표 및 기타 재무 관련 사항을 공시할 수 있게 된다.

3-3. 준법목적(Compliance Objective) : 관련법, 규정 및 정책의 준수

내부통제는 금융회사의 모든 활동이 관련법규, 감독기준, 당해 금융회사의 제반정책 및 절차를 준수하면서 이루어지도록 함으로써 금융회사의 영업권과 지명도를 보호하기 위하여 실시된다.[2)]

4. 내부통제의 법적 근거

금융회사가 효과적인 내부통제제도를 구축, 운영해야 하는 법적 근거는 종전에는 은행법, 금융지주회사법, 자본시장법, 보험업법 등 각 금융회사의 설립 근거법에 명시되었으나 2016년 8월 1일 「금융회사의 지배구조에 관한 법률」(이하 "금융회사지배구조법")이 시행되면서 모두 통합되어 일원화되었다.

금융회사지배구조법 제24조에 의하면 "금융회사는 법령을 준수하고 경영을 건전하게 하며 주주 및 이해관계자를 보호하기 위하여 당해 금융회사의 임원 및 직원이 그 직무를 수행할 때 준수하여야 할 기준 및 절차를 마련하여야 한다"라고 규정하여 내부통제제도의 법적 근거를 마련하고 있다. 다만, 금융지주회사가 금융회사인 자회사 등의 내부통제기준을 마련하는 경우에는 그 자회사 등은 별도로 내부통제기준을 마련하지 않을 수 있도록 규정하고 있다. 이는 금융지주회사의 자회사 등에 대한 통제기능을 효율적으로 수행토록하고 자회사간 형평과 원칙에 맞는 기준을 금융지주회사가 마련하여 운영하는 것이 보다 효과적일 것이라는 판단에서이다.

한편, 2021년 3월 25일 시행된 「금융소비자 보호에 관한 법률」(이하 "금융소비자보호법")은 금융회사지배구조법 상 내부통제기준과는 별도로 금융상품의 판매행위와 금융소비자보호와 관련된 내부통제기준을 정하고 있다.

---

2) 금융감독원, 미 감독당국의 내부통제 및 감사제도 운영기준, 2002, 4~6면

5. 내부통제의 구성요소

내부통제는 통제환경, 위험평가, 통제활동, 정보와 의사소통, 모니터링 등 5개의 관련부문으로 구성된다.

- 통제환경 : 내부통제에 적합한 조직구조, 효과적인 내부통제가 이루어지도록 유인하는 보상체계, 적절한 인사정책 및 연수정책, 이사회의 내부통제에 대한 관심방향, 임직원의 성실성, 자질 등 효과적인 내부통제를 위한 환경적 요인을 의미한다. 강력한 통제환경을 형성하기 위해서는 조직 내 모든 구성원이 내부통제시스템의 중요성을 인식하고, 내부통제기준 및 절차를 준수하겠다는 통제문화의 형성이 매우 중요하다.
- 리스크 평가 : 조직이 직면하고 있는 리스크를 종류별 · 업무별로 인식하고 측정, 분석하는 것을 말한다. 효과적인 내부통제시스템을 구축하기 위해서는 조직의 목표달성에 부정적인 영향을 미칠 수 있는 위험을 정확히 인식하고 평가하여야 한다.
- 통제활동 : 리스크평가를 통하여 인식된 목표달성에 부정적인 영향을 미치는 리스크를 통제하기 위한 정책 및 절차 수립 등 제도의 구축과 그 운영을 의미한다. 그 구체적인 방법에는 적절한 직무분리, 각종 한도 설정, 예외적용 시 특별한 승인절차 등이 있다.
- 정보와 의사소통 : 조직의 구성원이 자신의 책임과 역할을 적절하게 수행하기 위해서는 적절한 정보가 수집 · 관리되고, 필요한 사람에게 신속하게 제공될 수 있는 시스템을 갖추어야 한다.
- 모니터링 : 내부통제의 모든 과정이 모니터링되고 지속적으로 수정, 보완되어야 한다. 금융회사는 내부통제시스템을 상시 모니터링하여야 하며, 특히 중요한 리스크에 대한 모니터링은 해당 부서 및 내부감시기능에 의해 정기적으로 평가되어야 할 뿐만 아니라 일상적인 영업활동의 일부가 되어야 한다.

6. 내부통제의 운영주체

금융회사의 내부통제조직은 이사회, 대표이사, 준법감시인(준법감시부서) 및 금융소비자보호총괄임원(금융소비자보호총괄기관) 등으로 구성된다. 금융회사지배구조법은 이사회 내 위원회로 내부통제 주체 간 협력 · 조정 업무를 수행하는 내부통제위원회를 구성 · 운영하도록 하고 있으며, 금융소비자보호법은 금융소비자보호 내부통제위원회를 대표이사 직속으로 구성 · 운영하도록 하고 있다. 금융회사의 내부통제제도는 금융회사의 임원에서 일반 직원에 이르기까지 조직내 모든 구성원에 의해서 운영된다고 할 수 있다. 특히 이사회와 경영진은 모든 직원이 내부통제제도의 중요성과 동 제도의 운영과정에서 자신의 역할을 이해하고 내부통제활동에 적극 참여 할 수 있도록 통제문화를 형성하는데 노력하여야 한다.

6-1. 이사회

이사회는 사업 및 전략, 조직, 재무건전성, 거버넌스 등 기업에 대한 전반적인 책임을 적극적으로 수행해야 하며, 기업의 전반적인 사업 전략과 중요한 정책을 승인하고 정기적으로 검토할 책임이 있다. 이사회는 기업의 내부통제에 대한 최종적인 책임을 지고 내부통제 체계의 구축 및 운영에 관한 기본방침을 정하며, 내부통제에 영향을 미치는 경영전략 및 정책을 승인하고 내부통제기준, 내부통제 체계 등 내부통제와 관련된 주요사항을 심의 · 의결한다. 또한, 이사회는 내부통제 취약 부분에 대한 개선계획 등의 제출을 대표이사에게 요구할 수 있으며, 내부통제기준을 위반하거나 내부통제 취약 부분에 대해 책임 있는 임직원에 대한 징계조치를 대표이사에게 요구할 수 있다. 이사회는 적절하고 효과적인 내부통제 시스템을 확립하고 유지하는 데 궁극적인 책임을 진다.

6-2. 대표이사

대표이사는 이사회가 정한 내부통제 체계의 구축 · 운영에 관한 기본방침에 따라 내부통제 체계를 구체적으로 구축 · 운영하여야 하고, 내부통제 체계가 적절히 운영되도록 조직구조 등을 구축 · 확립하는 등 내부통제 환경을 조성하여야 하며, 영업환경 변화 등에 따라 내부통제 체계의 유효성에 대해 재검토하여야 한다. 대표이사는 내부통제 체계 구축 · 운영 등과 관련하여 내부통제기준 위반방지를 위한 예방대책 마련, 내부통제 체계 · 운영에 대한 실태점검, 내부통제기준 위반 시 위반내용에 상응하는 조치방안 및 기준 마련 그리고 내부통제 업무의 효율적인 수행을 위하여 인적 · 물적 자원을 적극 지원하여야 한다. 아울러 조직 구성원 모두가 높은 윤리의식을 갖추고 내부통제의 중요성을 인식할 수 있도록 조직 내 통제문화를 확립할 책임이 있다.

또한, 거액 금융사고의 근절을 위해 2024년 1월 2일 개정(시행일 : 2024년 7월 3일)된 금융회사지배구조법에 따라 대표이사는 주요 임원에 대한 책무구조도 마련 의무와 내부통제에 대한 총괄 관리책임을 부여받고 있다. 이 경우 책무구조도란 금융회사 임원이 담당하는 직책(function)별로 책무(responsibility)를 배분한 내역을 기재한 문서를 말한다.

6-3. 준법감시인(준법감시부서) 및 금융소비자보호총괄임원 (금융소비자보호총괄기관)

금융회사지배구조법에서는 금융회사는 내부통제기준의 준수 여부를 점검하고 내부통제기준을 위반하는 경우 이를 조사하는 등 내부통제 관련 업무를 총괄하는 1명 이상의 준법감시인(Compliance Office)을 두도록 요구하고 있다. 준법감시인은 필요하다고 판단하는 경우 내부통제기준 위반에 대한 조사결과를 감사위원회에 보고할 수 있으며, 내부통제기준을 기초로 내부통제의 구체적인 지침 및 내부통제기준 준수 매뉴얼 등을 제정 · 시행할 수 있다. 또한, 금융회사는 준법감시 업무가 효율적으로 수행될 수 있도록 충분한 경험과 능력을 갖춘 적절한 수의 인력으로 구성된 지원조직인 준법감시 부서를 갖추어 준법감시인의 직무수행을 지원해야 한다.

한편, 금융소비자보호법은 금융소비자 보호에 관한 내부통제를 금융상품 개발 · 판매 업무로부터 독립하여 수행하는데 필요한 조직인 "금융소비자보호 총괄기관"을 설치 및 운영하도록 하고 있다. 금융소비자보호 총괄기관은 금융회사의 대표자 직속으로 설치하여야 하고 업무수행에 필요한 인력을 갖추어야 하며, 금융소비자보호 총괄기관의 업무를 수행하는 임원(CCO : Chief Consumer Officer)을 임명하여야 한다.

6-4. 임직원

임직원은 자신이 수행하는 직무와 관련하여 내부통제에 대한 1차적인 책임이 있으며, 직무수행 시 자신의 역할을 이해하고 관련 법령 및 내규(내부통제기준과 윤리강령을 포함)를 숙지하여 이를 충실히 준수하여야 한다. 임원은 소관업무 및 소관조직에 대한 내부통제기준 위반방지를 위한 예방대책을 마련하고 내부통제기준 준수여부를 충실하게 점검하는 등 소관업무 및 소관조직에 대한 내부통제를 총괄한다. 부점장은 소관부점과 관련된 금융사고 예방대책 등 내부통제 제도 및 정책의 실행에 대한 책임을 진다.

또한, 거액 금융사고의 근절을 위해 2024년 1월 2일 개정(시행일 : 2024년 7월 3일)된 금융회사지배구조법에 따라 책무구조도의 작성 대상 임원은 소관 업무에 대한 내부통제 관리책임을 부여받고 있다.

6-5. 내부통제위원회

금융회사지배구조법에서는 금융회사의 내부통제 관련 주요 사항을 협의하기 위하여 "내부통제위원회"를 설치 · 운영하도록 요구하고 있다. 거액 금융사고의 근절을 위해 2024년 1월 2일 개정(시행일 : 2024년 7월 3일)된 금융회사지배구조법 이전에는 내부통제위원회가 대표이사를 위원장으로 하고 준법감시인, 위험관리책임자 및 그 밖에 대표이사가 정하는 내부통제 관련 업무 담당 임원을 위원으로 구성되었으나, 개정 금융회사지배구조법의 시행에 따라 이사회 내 위원회로 구성하도록 하였다. 금융회사지배구조법 상 내부통제위원회는 ① 내부통제 점검결과의 공유 및 임직원 평가 반영, ② 금융사고 등 내부통제 취약부분에 대한 점검 및 대응방안 마련, ③ 내부통제 관련 주요 사항 협의, ④ 임직원의 윤리의식 · 준법의식 제고 노력 등의 역할을 수행한다.

한편, 금융소비자보호법에 근거하여 금융소비자보호 내부통제기준의 마련 의무가 있는 금융회사는 금융소비자보호에 관한 내부통제를 수행하는데 필요한 의사결정기구인 "금융소비자보호 내부통제위원회"를 설치 · 운영하여야 한다. 금융소비자보호 내부통제위원회는 ① 금융소비자 보호에 관한 경영방향, ② 금융소비자 보호 관련 주요 제도 변경사항, ③ 금융상품의 개발, 영업방식 및 관련 정보공시에 관한 사항, ④ 임원 · 직원의 성과보상체계에 대한 금융소비자 보호 측면에서의 평가, ⑤ 내부통제기준 및 금융소비자보호기준의 적정성 · 준수실태에 대한 점검 · 조치 결과, ⑥ 금융소비자보호실태평가, 금융감독당국의 감독 및 검사 결과의 후속조치에 관한 사항 그리고 ⑦ 중요 민원 · 분쟁에 대한 대응결과에 대해 조정 · 의결한다. 금융소비자보호 내부통제위원회는 금융회사의 대표자, 금융소비자 보호를 담당하는 임원 및 사내 임원으로 구성하고, 대표자가 주재하는 회의를 매년 반기마다 1회 이상 개최하여야 한다.

7. 내부통제기준

7-1. 내부통제기준 의의

내부통제기준은 금융회사지배구조법과 금융소비자보호법에 근거를 두고 있다. 먼저, 금융회사지배구조법 상 내부통제기준이란 법령을 준수하고, 경영을 건전하게 하며, 주주 및 이해관계자 등을 보호하기 위하여 금융회사 임직원이 직무를 수행할 때 준수해야 할 기준 및 절차를 말한다. 금융회사지배구조법을 적용받는 금융회사는 내부통제기준을 마련해야 할 의무가 있다. 금융지주회사가 금융회사인 자회사 등의 내부통제기준을 마련하는 경우 그 자회사 등은 내부통제기준을 마련하지 아니할 수 있다. 내부통제기준의 제정 · 개정 · 폐지는 반드시 이사회 의결을 거쳐야 한다. 내부통제기준에는 금융회사의 가능한 모든 업무활동을 포괄할 수 있어야 하며, 업무절차 및 전산시스템은 적절한 단계로 구분하여 집행되도록 설계되어야 한다.

한편, 금융소비자보호법 상 금융회사(금융상품직접판매업자 + 금융상품판매대리 · 중개업자 + 금융상품자문업자)는 소속 임직원과 업무를 위탁받은 금융상품판매대리 · 중개업자(보험중개사 제외)가 업무를 수행할 때 법령을 준수하고 건전한 거래질서를 해치는 일이 없도록 성실히 관리해야 할 책임이 있다. 또는 금융회사는 소속 임직원 및 금융상품판매대리 · 중개업자에 대한 관리책임을 이행토록 하기 위하여 그 임직원 및 금융상품판매대리 · 중개업자가 업무를 수행할 때 준수하여야 할 기준 및 절차에 해당하는 "금융소비자보호 내부통제기준"을 금융회사지배구조법 상 내부통제기준과는 별도로 마련하도록 하고 있다.

7-2. 금융회사지배구조법 상 내부통제기준에 포함되어야 할 사항

금융회사지배구조법 상 내부통제기준에는 금융회사의 내부통제가 실효성 있게 이루어질 수 있도록 ① 업무의 분장 및 조직구조, ② 임직원이 업무를 수행할 때 준수하여야 하는 절차, ③ 내부통제와 관련하여 이사회, 임원 및 준법감시인이 수행하여야 하는 역할, ④ 내부통제와 관련하여 이를 수행하는 전문성을 갖춘 인력과 지원조직, ⑤ 경영의사결정에 필요한 정보가 효율적으로 전달될 수 있는 체제의 구축, ⑥ 임직원의 내부통제기준 준수 여부를 확인하는 절차 · 방법과 내부통제기준을 위반한 임직원의 처리, ⑦ 임직원의 금융관계법령 위반행위 등을 방지하기 위한 절차나 기준(임직원의 금융투자상품 거래내용의 보고 등 불공정행위를 방지하기 위한 절차나 기준을 포함), ⑧ 내부통제기준의 제정 또는 변경 절차, ⑨ 준법감시인의 임면절차, ⑩ 이해상충을 관리하는 방법 및 절차 등(금융회사가 금융지주회사인 경우는 예외), 상품 또는 서비스에 대한 광고의 제작 및 내용과 관련한 준수사항(금융지주회사만 해당), 금융회사지배구조법 제11조 제1항에 따른 임직원 겸직이 동법 시행령 제11조 제4항 제4호 각 목의 요건을 충족하는지에 대한 평가 · 관리 그리고 ⑪ 그 밖에 내부통제기준에서 정하여야 할 세부적인 사항으로서 금융위원회가 정하여 고시하는 사항에 해당하는 내부고발자 제도, 명령휴가제도, 직무분리기준, 영업점 자체점검 및 자금세탁행위가 모두 포함되어야 한다.

7-3. 금융소비자보호법 상 내부통제기준에 포함되어야 할 사항

금융소비자보호법 상 금융소비자보호 내부통제기준에 포함되어야 하는 사항에는 종전 금융감독원의 행정지도로 운영된 "금융소비자보호 모범규준"의 내부통제 관련 내용이 대부분 반영되었다. 구체적으로는 ① 업무의 분장 및 조직구조, ② 임직원이 업무를 수행할 때 준수해야 하는 기준 및 절차, ③ 내부통제기준의 운영을 위한 조직 · 인력, ④ 내부통제기준 준수 여부에 대한 점검 · 조치 및 평가, ⑤ 내부통제기준에 따른 직무수행 교육에 관한 사항, ⑥ 업무수행에 대한 보상체계 및 책임확보 방안, ⑦내부통제기준의 제정 · 변경 절차 그리고 ⑧ 그 밖에 금융위원회가 정하여 고시하는 사항으로 「금융소비자보호감독규정」 [별표 2]에서 정한 "내부통제기준에 포함되어야 하는 사항"이 해당된다.

8. 내부통제와 감사위원회의 역할

감사위원회는 경영진이 내부통제제도를 적절하게 운영하는지를 평가하고 평가결과 및 미비점과 개선방안을 이사회에 보고하는 역할을 수행한다. 이러한 역할을 수행하는 조직으로 독립적인 감사를 임명하는 경우와 이사회 산하의 소위원회로 감사위원회를 두는 형태가 있다. 우리나라의 경우 상법상 이 두 가지 형태를 선택하여 운영할 수 있으나, 은행 및 종합금융회사, 자산규모 등이 큰 보험시, 금융투자회사, 여신전문회사, 상호저축은행 등에 감사위원회 설치를 의무화하고 있다. 미국의 경우 자산규모 5억 달러 이상인 은행에 대해 감사위원회의 설치를 의무화하고 있으나, 감독당국은 사실상 모든 은행에 대해 조직에 적합한 형태의 감사위원회 설치를 권고하고 있는 것으로 알려져 있다.

독립적인 감사위원회는 내부통제제도 운영에 관한 제반정보 및 보고서에 대한 세부적인 점검을 실시하고 필요한 조치를 취하는 등 감독기능을 수행하고 있다. 즉 감사위원회는 재무보고 및 내부통제시스템 운영상황을 감독하는 책임을 지며, 내부감사 부서의 활동을 지휘하고 이사회, 고위 경영진, 외부감사인 및 감독당국과의 주요한 의사소통 채널이 된다. 감사위원회가 이러한 역할을 제대로 수행하기 위해서는 동 위원회의 구성 시 재무보고 및 내부통제업무에 전문적인 지식을 가진 사외이사가 참여하는 것이 무엇보다 중요하다. 또한 감사위원회는 내부통제가 적절하게 운영되는지를 확인하기 위해 필요한 모든 자료 및 기록에 자유롭게 접근할 수 있어야 한다.[3)]

9. 내부통제의 수단

내부통제의 주요수단은 회사가 달성하고자 하는 경영목표, 조직의 규모 및 영업활동의 특성 등에 따라 그 형태 및 적용강도에 차이가 있다. 이를 미국 연방예금보험공사(FDIC)의 검사매뉴얼(Risk Management Manual of Examination Policies)에 기술된 내용을 참고하여 살펴보고자 한다.

미 FDIC 검사매뉴얼의 내부루틴과 통제(Internal routine and controls)에 의하면, ① 내부통제의 수단으로 직무분리, ② 공동관리와 이중통제, ③ 휴가정책, ④ 순환근무, ⑤ 번호가 미리 지정된 문서, ⑥ 현금통제, ⑦ 위규사항 및 현물부족에 대한 보고, ⑧ 비즈니스 연속성 계획, ⑨ 회계시스템, ⑩ 검사추적, ⑪ 회계매뉴얼 등을 제시하였다.

먼저, 직무분리(Segregation of Duties)는 한 사람이 특정 거래의 처음부터 끝까지 담당하지 않도록 업무가 분장될 수 있도록 경영진이 책임을 할당해야 한다고 규정하고 있다. 예를 들면, 대출 담당자는 대출심사와 대출금 지급, 대출금 회수 관련 업무를 중복하여 수행하지 않는 것을 말한다.

둘째, 공동관리(Joint Custody)와 이중통제(daul control)는 항목이나 기록의 물리적 보호에 대해 2명 이상의 사람이 동등하게 책임을 지는 절차를 말한다. 예를 들면, 저장소(금고 등), 파일 또는 기타 저장장치를 액세스하려면 서로 다른 개인이 별도로 제어하는 2개의 키(key), 분할조합(split combination) 또는 비밀번호(password)를 사용해

3) 금융감독원, 미 감독당국의 내부통제 및 감사제도 운영기준, 2002, 10~13면

야 한다.

셋째, 휴가정책(Vacation Policies)과 관련하여 FDIC는 모든 임원과 직원에게 연속 2주 이상 중단없이 직무에서 벗어나도록 요구하는 정책을 가지고 있을 것을 은행에 요구하고 있다. 직무에서 벗어나는 방법으로는 휴가, 업무순환 또는 휴가와 업무순환의 조합이 있다. 장기간 업무 배제를 받은 직원의 업무는 다른 직원이 수행하도록 함으로써 불법적인 업무수행을 적발할 수 있어 횡령을 예방하는데 매우 효과적이다.

넷째, 순환근무(Rotation of Personnel)는 동일 영업점이나 동일 본부부서에서 장기간 근무한 직원을 대상으로 다른 영업점이나 본부부서로 보직을 바꿔주는 것을 말한다. 한 사람이 특정 업무를 장기간 담당할 경우 해당 업무의 취약점을 활용하여 횡령 등 금융사고를 일으킬 위험이 높은 것으로 나타났는 바, 순환근무는 효과적인 내부통제를 제공하는 것으로 평가된다.

다섯째, 번호가 미리 지정된 문서(Pre-numbered Documents)는 금융회사가 공식수표(official checks), 미발행 주권(unissued stock certificates)과 같은 항목에 대해 가능하면 순차적으로 번호를 부여하여 사용하도록 하는 것이다.

여섯째, 현금통제(Cash Controls)는 창구직원(tellers)에게 단독으로 관리하는 시재박스함(separate cash drawer)을 제공하고 일반 현금자금(Common cash funds)을 사용하지 못하도록 하는 것이다. 무작위 현금 시재검사(Random cash drawer)는 현금통제와 관련된 기본적인 내부통제 수단이다.

일곱째, 위규사항 및 현물부족에 대한 보고(Reporting Irregularities and Shortages)와 관련하여서는 금융회사의 경영진은 위규사항과 현물부족이 발견된 경우 신속하게 보고하고 조사하기 위한 절차를 구축해야 한다.

여덟째, 비즈니스 연속성 계획(Business Continuity Plans)과 관련하여서는 금융회사는 자연재해, 기술적 문제, 악의적인 활동(예 : 사이버 공격), 전염병 사고 등으로 인해 충격을 받아 경영활동이 중단될 위험을 최소화하고 회사의 물리적 자산과 재무적 기록을 보호하여 비즈니스의 지속성을 확보할 수 있는 계획을 구축해야 한다.

아홉째, 회계시스템(Accounting System)과 관련하여서는 금융회사는 효율적인 금융업무를 수행하기 위해서는 정직하고 신뢰할 수 있는 정보와 보고서를 생성하여 기록하고 보관하는 회계시스템을 구축해야 한다. 회계시스템은 이사회에 정보를 제공하고 임원이 회사업무를 효과적으로 관리하는데 필요하다. 또한, 고객, 주주, 감독기관, 세무당국 및 법원의 요구사항을 충족하려면 적절하게 문서화된 기록이 필요하다.

열번째, 검사추적(Audit Trail)과 관련하여서는 모든 회계처리의 기록보관시스템은 계좌를 통과하는 모든 거래를 추적할 수 있도록 설계되어야 한다.

열한번째, 회계매뉴얼(Accounting Manual)과 관련하여서는 신뢰할 수 있는 재무보고서를 작성하려면 화폐거래(monetary transaction)를 통일적으로 처리하는 것이 필수적이다. 경영진은 직원이 일관되게 거래를 처리하고 기록하는데 도움이 되는 회계매뉴얼과 데이터처리지침을 수립해야 한다.

10. 내부통제기준 위반 시 제재조치

10-1. 방지대책 마련 및 내부통제기준 준수프로그램 개선

금융회사는 내부통제기준 위반으로 금융사고 및 손실 등이 발생한 경우 내부통제기준 위반 요인을 재차 확인하여 재발방지 대책을 마련하여야 하며, 내부통제기준 준수프로그램상에 미비점 및 개선점이 있을 경우 이를 즉시 시정하여야 한다.

10-2. 위반자에 대한 제재 조치

금융회사는 내부통제기준위반자에 대한 처리기준을 사전에 규정화하고, 위반자에 대하여는 내부통제제도의 확립을 위하여 엄정하고 공정하게 조치하여야 한다.

금융위원회는 금융회사가 금융회사지배구조법 제24조와 금융소비자보호법 제16조 등에서 규정한 내부통제기준과 관련된 의무를 이행하지 아니한 경우 금융회사에 대해 시정명령, 중지명령, 경고, 주의 등의 조치를 취하거나 금융회사에 대해 위법행위를 시정 또는 방지하기 위한 조치를 요구할 수 있으며 관련 임원 및 직원에 대해서도 금융회사지배구조법 제35조 및 금융소비자보호법 제51～52조에서 규정한 필요한 제재조치를 할 수 있다.

11. 임직원의 내부통제 준수환경 마련

11-1. 준법서약서 제출

금융회사는 모든 임직원으로 하여금 준법서약서를 작성하여 준법감시부서 앞으로 제출하게 할 수 있으며, 서약서 내용은 금융회사가 자율적으로 정한다.

또한 금융회사는 유가증권 매매 등 특정분야에 근무하는 직원의 경우 이해 상충이나 업무상 지득한 정보의 개인적 이용 등의 우려가 있으므로 준법감시인이 정하는 바에 따라 유가증권 보유 및 매매 내역 등에 대한 신고서를 준법감시부서에 제출하게 할 수 있다.

11-2. 내부통제 우수자에 대한 인센티브 제공

준법감시인은 내부고발자, 내부통제기준 준수 우수자, 기타 내부통제기준 운영 우수자에 대하여 인사상 또는 금전적 혜택을 부여하도록 건의할 수 있으며, 인사상의 불이익을 당한다고 판단될 경우 이에 대한 시정을 회사에 요구하여야 한다.

금융회사는 동기부여를 적용함에 있어 그 대상자의 행위결과에 따른 회사의 손실발생의 예방 정도 및 그 효과 또는 회사가 그로 인해 얻게 된 이익 및 성과 등을 반영하여야 한다.

11-3. 내부고발제도의 운영

내부고발자는 영어로 "휘슬블로어(whistle-blower)" 즉, "호루라기를 부는 사람"인데, 기업 · 정부 · 공공기관 내에 근무하는 조직의 구성원이거나 구성원이었던 사람이 조직 내부에서 저질러지는 부정, 부패, 불법, 비리, 예산낭비 등을 알게 되어 이를 시정하고자 내부책임자 및 감사부서에 보고 또는 폭로하는 사람을 말한다. 내부고발은 개인의 윤리의식과 양심에 의한 행동으로 조직의 이익보다 사회 공동체의 이익을 더 중시하는 공익적 행위이다. 금융회사지배구조법 등 관련 법규에서는 내부고발의 활성화를 위해 복수의 접수채널 운영, 실명 또는 익명의 내부고발, 내부고발자의 비밀보장, 불이익 금지, 우대 및 보상, 사고금액 3억 원 이상의 금융사고 발생 시 관련 임직원의 내부고발의무 위반 여부 조사, 연 2회 이상 교육 실시 등을 규정하고 있다.

12. 임원의 내부통제 등 관리의무, 책무구조도 및 대표이사 등의 총괄관리의무 신설

12-1. 도입 배경

대규모 불완전판매, 직원횡령 등 금융권 사건 · 사고가 잇따라 발생하자 금융사고를 일으킨 개별 위법행위자를 제재·처벌하는 것과는 별개로, 금융회사 차원에서 임직원의 위법행위를 방지하기 위한 노력이 적정했는지 여부에 대한 논란이 제기되었다. 특히, 개인 또는 일부의 일탈행위가 금융회사 손실 및 금융소비자 피해와 함께 금융권 전반의 신뢰하락을 초래한 만큼, 내부통제 업무를 담당하는 금융회사나 임원이 직접 책임을 져야 한다는 주장도 제기되었다.

이에 금융위원회와 금융감독원은 이러한 문제인식을 바탕으로, 2022년에 각계 전문가들로 구성된 TF 운영을 통해 "내부통제 제도개선 방안" 마련을 추진하였다. 동 TF에서는 내부통제제도의 운영실태와 입법취지 구현을 위한 바람직한 규율방식, 실효성 확보방안 등이 중점적으로 검토 및 논의되었다. 그 결과, "은행 · 중소서민 내부통제 운영 개선과제(2022년 10월)", "국내은행 내부통제 혁신방안(2022년 11월)", "금융회사지배구조법 상 내부통제 개선방안(2023년 6월)" 등 3대 대책이 마련되었으며, 2024년 7월 3일 책무구조도 작성 및 임원의 내부통제 관리의무 부여 등을 골자로 하는 개정 금융회사지배구조법이 시행되었다

[표 1-1] 개정 금융회사지배구조법의 주요 내용

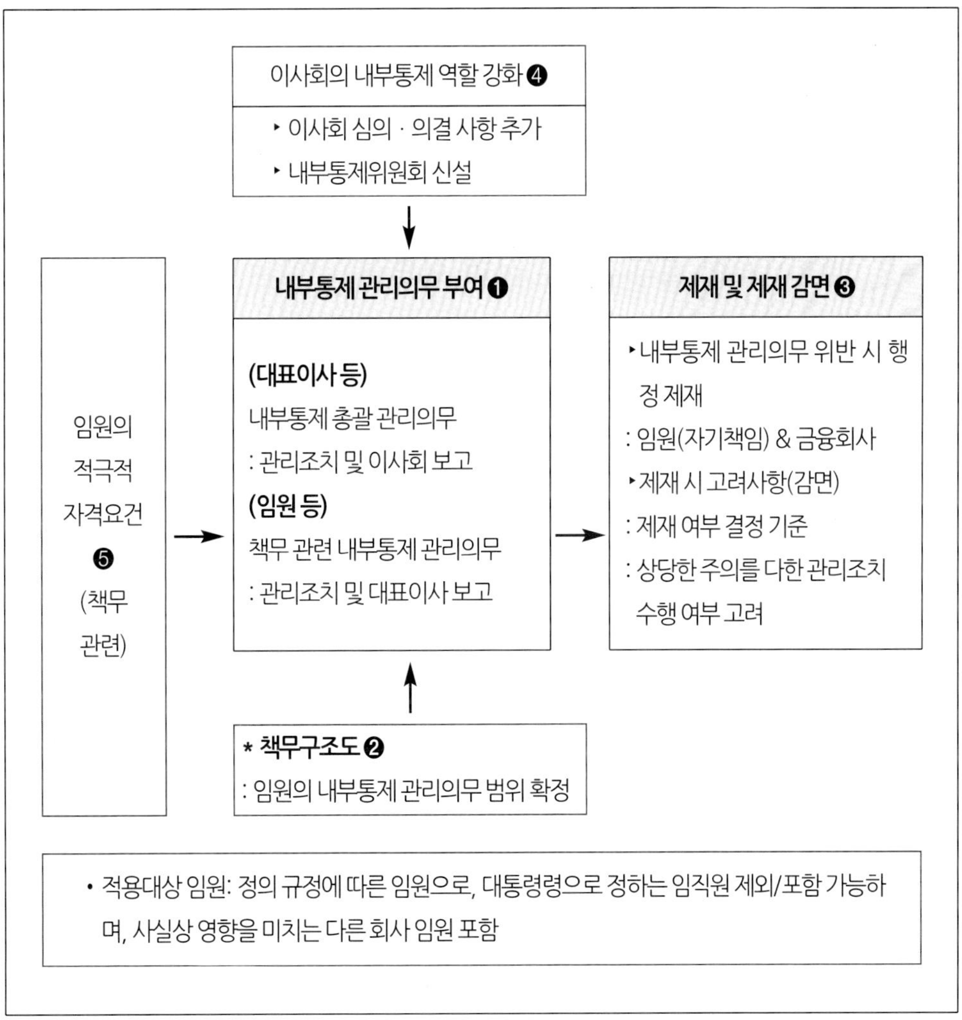

12-2. 임원의 내부통제 · 위험관리에 대한 관리의무

내부통제 · 위험관리 관리의무란, 책무구조도 상 해당 임원이 소관책무의 범위 내에서 실제로 실행해야 하는 내부통제 관리조치를 의미한다. 이 경우 내부통제 관리조치는 소관영역에서 내부통제 위험관리기준이 효과적으로 작동되도록 임원이 소속직원과 관련하여 취해야 할 조치를 의미한다. 예를 들면, ① 기준 마련의 적정성 점검, ② 운영의 효과성 점검, ③ 기준 준수여부 점검, ④ 미흡사항 파악 · 대응 · 개선, ⑤ 주요사항 이사회 보고 등이 해당된다. 금융회사 임원은 소관 업무에 대한 내부통제기준 및 위험관리기준(이하 "내부통제기준 등")이 적정하게 마련되었는지, 내부통제기준 등이 효과적으로 집행 · 운영되고 있는지, 임직원의 내부통제기준 등의 준수여부를 지속 점검하는 등 내부통제 관리의무를 수행해야 한다.

12-3. 대표이사의 책무구조도 마련 의무

2024년 7월 3일 시행된 개정 금융회사지배구조법에 따라 금융회사의 대표이사는 내부통제 및 위험관리 관리의무를 이행하여야 하는 임원과 임원의 직책별로 금융회사지배구조법, 상법, 형법, 금융관계법령 등에서 정한 사항에 해당하는 책무를 배분한 문서(이하 "책무구조도")를 마련하여야 한다. 책무구조도는 영국의 금융회사 내부통제 제도에서 도입된 개념으로, 영국에서는 금융회사의 고위경영기능(직책)을 담당하는 임원의 적격성 여부에 대한 금융당국의 승인과 금융사고 발생 시 제재조치를 위하여 각 금융회사가 금융당국에 책무구조도를 제출하도록 하고 있으며, 내부통제제도와 임원적격성 심사제도를 연계하여 운영하고 있다. 책무구조도 상 책무는 금융회사 또는 그 임직원이 금융회사의 업무와 관련하여 해당 법령에 근거하여 수행하거나 해당 법령 상 수행해야 할 의무가 있는 내부통제 및 위험관리(이하 "내부통제 등") 책임을 의미한다. 책무구조도는 임원별로 책무의 상세내용을 기술한 책무기술서와 임원의 직책별 책무체계를 일괄적으로 파악할 수 있는 책무체계도로 나누어 작성되고 이사회의 의결을 거쳐 마련되며, 이사회 의결일로부터 7영업일 이내에 금융위원회에 제출하여야 한다. 각 금융업권별 책무구조도 제출시기는 금융회사 부담을 감안하여 특성 및 규모에 따라 4단계로 차등하여 규정하고 있다. 은행과 금융지주회사의 경우 개정 금융회사지배구조법 시행(2024년 7월 3일) 후 6개월 전까지 책무구조도를 금융위원회에 제출하고 그 밖에 금융회사의 경우 법 시행 후 최대 3년전까지 제출하도록 하였다.

[표 1-2] 금융업권별 책무구조도 제출 시기

제출시기		해당 업권	
1단계	법 시행 후 6개월 전까지	은행, 금융지주회사	
2단계	법 시행 후 1년 전까지	금융투자	자산총액 5조 원↑ 운용재산 20조 원↑ + 종금사
		보험	자산총액 5조 원↑
3단계	법 시행 후 2년 전까지	금융투자	자산총액 5조 원↓ 운용재산 20조 원↓
		보험	자산총액 5조 원↓
		여전	자산총액 5조 원↑
		저축은행	자산총액 7천억 원↑
4단계	법 시행 후 3년 전까지	여전	자산총액 5조 원↓
		저축은행	자산총액 7천억 원↓

12-4. 대표이사의 내부통제 총괄 관리의무

내부통제 전반의 책임자인 대표이사의 내부통제 "총괄"관리의무도 명확히 규율하였다. 대표이사는 내부통제가 실효적으로 작동할 수 있도록 전사적 내부통제체계를 구축할 의무를 지니는데, 모든 세세한 개별 통제행위에 대해서까지 책임지는 것은 아니지만 회사 내에서 조직적, 장기간 반복적 또는 광범위한 문제가 발생하는 등 내부통제 시스템적 실패(systemic failure)에 대해 책임을 진다. 임직원의 내부통제기준 등 위반이 장기화, 반복되는 것을 방지하기 위해 유사 위반사례 발생가능성 등을 점검해야 한다. 이를 위해 내부통제 및 위험관리의 전반적 집행 및 운영에 대한 최종적인 책임자로서 총괄적인 내부통제 관리조치를 실효성 있게 하여야 한다.

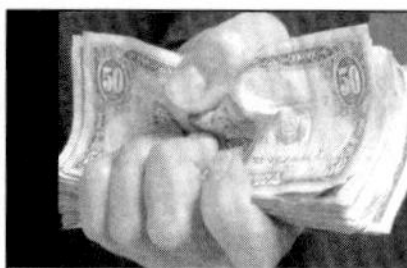

제2절

감사위원회제도

1. 개요

1-1. 감사위원회의 개념

감사위원회(Audit Committee)는 경영의 투명성을 확보하고, 기업의 국제경쟁력을 제고하기 위한 지배구조(Corporate Governance) 개선의 일환으로 도입되었으며, 경영진의 직무를 제3자의 관점에서 견제 · 감시하는 감사의 기능에 갈음하여 이사회 내의 위원회로서 운영되는 제도이다.

독립적이고 중립적인 입장에서 효율적으로 감사제도를 운영하는 것은 당해 회사의 재산 및 업무상황에 대한 올바른 정보를 제공하며, 주주나 회사채권자 기타 회사의 이해관계인을 보호하고, 기업 자체의 발전뿐만 아니라 기업의 투명한 경영을 보장할 수 있는 것과 같이 사회적 역할과 중요성이 매우 크다. 이러한 감사업무의 중추적인 역할을 수행하는 것이 감사위원회라고 할 수 있다.

1-2. 제도의 도입배경

1999년 개정 전 상법하에서의 회사지배구조는 기본적으로 독일식을 모델로 하되, 미국식의 이사회제도를 가미한 형태였다. 즉, 업무감시기구로서 필요적 상설기관으로서 감사를 두되, 한편으로는 이사회에 이사의 업무집행감독권을 두고 있었다. 그러나 실제로 감사는 1인으로서 독립성을 가지지 못하고 감사업무에 있어서도 실효성이 이루어지지 않음으로써 본래의 기능을 충분히 발휘하는데는 한계가 있었다.

기존의 감사제도가 제 기능을 다하지 못한 원인으로는, 소유와 경영이 분리되지 않은 기업의 현실상 감사선임에 있어 대주주의 영향력이 여전히 강하게 존재하며, 인사권 여부가 대주주, 대표이사, 이사회 등에 좌우되어 독립적인 직무수행이 어려웠고, 업무수행에 있어서도 소극적, 형식적으로 이루어짐으로써 전문적인 업무수행을 하지 못했으며, 감사에 대한 상법상 여러 규정이 실제 기업운영에 있어서는 제대로 지켜지지 않은 점 등을 들 수 있을 것이다.

특히 제1금융권의 경우에는 대부분 최고경영자를 중심으로 운영되고 있음에 따라 우리나라 조직문화의 특성상 경영의 투명성 확보 및 경영감시 역할이 미흡하였으며, 제2금융권의 경우에는 대부분 소유기업의 자금조달창구로서의 기능을 한 결과 대주주기업이 부실화할 경우 동반 부실화되는 결과를 초래하였다.

결국 외환위기를 겪으면서 기업구조조정에 대한 변화를 요구하는 시대적 요청에 부응하여 1999년 개정 상법은 영미식의 감사위원회제도를 도입하기에 이르렀다. 즉, 총체적인 국가의 금융위기 속에서 IBRD 등 국제기관과 외국투자자들은 이사회 내에 감사위원회의 설치를 강력히 권고 내지 요구하였고, 기업지배구조개선위원회에서 1999년 '기업지배구조모범규준'을 발표하였으며 1999년 개정상법은 미국의 감사위원회를 본받아 이사회 내부에 감사위원회를 둘 수 있도록 규정하였다.

감사위원회를 설치한 경우에는 감사를 둘 수 없다. 감사위원회는 3명 이상의 이사로 구성되며 이 경우 3분의 2 이상이 사외이사이어야 하며 위원회에서는 위원회를 대표할 자를 선정하여야 한다. 상법상 감사위원회의 권한과 책임을 '감사'에 관한 규정을 준용토록하고 있다(상법 제415조의2).

2. 법적근거

기존에는 업무감사기구로서는 상법상 감사가 있었으나, 1999년 상법개정으로 감사위원회제도가 새로이 도입되었다. 상법 제415조의2 제1항은 회사는 정관이 정하는 바에 따라 감사에 갈음하여 이사회 내의 위원회로서 감사위원회를 설치 할 수 있고, 전술한 바와 같이 감사위원회를 설치하는 경우에는 감사를 둘 수 없도록 하고 있다. 즉, 상법은 주식회사의 경영감시제도로서 감사와 감사위원회를 선택하여 설치할 수 있게 하여 감사위원회의 설치를 강제하고 있지는 아니하다. 한편 2001년 1월 이후 은행법 등 금융관련 법률을 개정하여 은행, 종금, 금융지주회사에는 감사위원회 설치를 의무화하였고, 금융투자회사, 보험, 상호저축은행 등은 일정 규모 이상인 경우에만 감사위원회를 설치토록 하였다.

그런데 2016년 「금융회사의 지배구조에 관한 법률」(금융회사지배구조법)이 시행되면서 이 법의 적용을 받는 모든 금융회사에 대하여 감사위원회 설치 관련 내용을 총괄적으로 규정하고 있다. 즉, 금융회사지배구조법 제16조에 의하면 금융회사는 「상법」 제393조의2에 따른 이사회 내 위원회로서 감사위원회를 설치하여야 한다. 이에 따라 「은행법」에 따른 인가를 받아 설립된 은행, 「자본시장과 금융투자업에 관한 법률」(자본시장법)에 따른 금융투자업자 및 종합금융회사, 「보험업법」에 따른 보험회사, 「상호저축은행법」에 따른 상호저축은행, 「여신전문금융업법」에 따른 여신전문금융회사, 「금융지주회사법」에 따른 금융지주회사, 「한국산업은행법」에 따른 한국산업은행, 「중소기업은행법」에 따른 중소기업은행, 「농업협동조합법」에 따른 농협은행, 「수산업협동조합법」에 따른 수협은행은 금융회사의 지배구조법에 의한 감사위원회의 의무적 설치 금융회사가 된다.

이하에서는 금융회사 지배구조법을 중심으로 감사위원회 제도를 기술한다.

3. 감사위원회제도의 운영

3-1. 구성 및 선임

〈구성〉

감사위원회는 3명 이상의 이사로 구성하며 사외이사가 감사위원의 3분의 2 이상이어야 한다. 이는 사외이사가 경영진과는 달리 중립적인 입장에서 회사의 재산상태와 경영내용을 파악할 수 있는 위치에 있다는 점을 감안한 것으로 보인다. 금융회사는 감사위원의 사임 · 사망 등의 사유로 감사위원의 수가 금융회사지배구조법 제19조에서 규정한 감사위원회의 구성요건에 미치지 못하게 된 경우에는 그 사유가 발생한 후 최초로 소집되는 주주총회에서 동 법에서 정한 요건을 충족하도록 조치하여야 한다.

〈선임〉

감사위원 후보는 감사위원이 직무의 독립성과 업무의 중립성을 지킬 수 있도록 대주주나 특정인의 영향력을 최소화하기 위해 이사회 내에 설치된 임원후보추천위원회에서 추천하도록 규정 되어 있다(동법 제19조). 임원후보추천위원회는 위원 총수의 3분의 2 이상의 찬성으로 감사위원의 선임을 의결한다. 금융회사는 감사위원이 되는 사외이사 1명 이상에 대해서는 다른 이사와 분리하여 선임하여야 하는데 이는 감사위원으로 선임되는 이사의 선임요건을 일반이사보다 엄격하게 하기 위한 조치로 보인다.

금융회사의 감사위원을 선임하거나 해임하는 권한은 주주총회에 있다. 이 경우 감사위원이 되는 이사의 선임에 관하여는 감사선임 시 의결권 행사의 제한에 관한 「상법」 제409조제2항이 준용된다. 즉, 금융회사는 최대주주, 최대주주의 특수관계인, 최대주주 또는 그 특수관계인의 계산으로 주식을 보유하는 자, 최대주주 또는 그 특수관계인에게 의결권(의결권의 행사를 지시할 수 있는 권한을 포함한다)을 위임한 자(해당 위임분만 해당한다)가 소유하는 금융회사의 의결권 있는 주식의 합계가 그 금융회사의 의결권 없는 주식을 제외한 발행주식 총수의 100분의 3을 초과하는 경우, 그 주주는 100분의 3을 초과하는 주식에 관하여 감사위원이 되는 이사를 선임하거나 해임할 때에는 의결권을 행사하지 못한다. 다만, 금융회사는 정관으로 100분의 3보다 낮은 비율을 정할 수 있으나 이를 완화할 수는 없다.

한편 자산규모 등을 고려하여 최근 사업연도 말 현재 자산총액이 1천억 원 이상(「여신전문금융업법」에 따른 신용카드업을 영위하지 아니하는 여신전문금융회사로서 주권상장법인이 아닌 경우에는 최근 사업연도 말 현재 자산총액이 2조 원 이상인 경우를 말한다)인 금융회사는 회사에 상근하면서 감사업무를 수행하는 감사(이하 상근감사)를 1명이상 두어야 한다. 다만, 다음 각 호의 어느 하나에 해당하는 금융회사는 제외한다.

- 외국 금융회사의 국내지점, 그 밖의 영업소
- 주주총회일 또는 사원총회일부터 6개월 이내에 합병 등으로 인하여 소멸하는 금융회사
- 「채무자 회생 및 파산에 관한 법률」에 따라 회생절차가 개시되거나 파산선고를 받은 금융 회사
- 해산을 결의한 금융회사

상근감사를 의무적으로 설치해야하는 금융회사라 하더라도 금융회사지배구조법에 따른 감사위원회를 설치한 경우(감사위원회 설치 의무가 없는 금융회사가 동법상의 요건을 갖춘 감사위원회를 설치한 경우를 포함한다)에는 상근감사를 둘 수 없다.

3-2. 감사위원의 자격요건

감사위원회 위원(이하 "감사위원"이라 한다) 중 1명 이상은 회계 또는 재무 전문가이어야 한다. 감사위원회가 주로 외부감사와 연계되어 하는 일이 많은 만큼 감사위원 중 1명이상은 일정한 자격을 갖춘 회계 및 재무 전문가를 선임하도록 의무화하고 있는 것으로 보인다. 여기서 일정한 자격을 갖춘 재무 및 회계전문가라함은 다음 각 호의 하나에 해당하는 사람을 말한다.

- 공인회계사 자격을 취득한 후 그 자격과 관련된 업무에 5년 이상 종사한 경력이 있

는 사람

- 재무 또는 회계 분야의 석사 이상의 학위가 있는 사람으로서 해당 학위 취득 후 연구기관이나 대학에서 재무 또는 회계 관련 분야의 연구원 또는 조교수 이상의 직에 5년 이상 근무한 경력이 있는 사람
- 주권상장법인에서 재무 또는 회계 관련 업무에 임원으로 5년 이상 또는 임직원으로 10년 이상 근무한 경력이 있는 사람
- 국가, 지방자치단체, 「공공기관의 운영에 관한 법률」에 따른 공공기관, 「금융위원회의 설치 등에 관한 법률」에 따른 금융감독원, 「자본시장과 금융투자업에 관한 법률」에 따른 한국거래소 또는 금융투자업관계기관에서 재무 또는 회계 관련 업무 또는 이에 대한 감독업무에 5년 이상 종사한 경력이 있는 사람
- 「금융위원회의 설치 등에 관한 법률」 제38조에 따른 검사대상기관(이에 상응하는 외국금융기관을 포함한다)에서 재무 또는 회계 관련 업무에 5년 이상 종사한 경력이 있는 사람
- 그 밖에 전국은행연합회, 생명보험협회, 손해보험협회, 상호저축은행중앙회, 여신전문금융업협회에서 재무 또는 회계 관련 업무에 5년 이상 근무한 경력이 있는 사람

3-3. 감사위원회의 업무내용 보고

금융회사는 다음 각 호의 사항을 포함한 감사위원회 또는 감사의 업무 내용을 적은 보고서를 매 반기 경과 후 1개월 이내에 금융감독원장에게 제출하여야 한다.

- 감사위원회의 구성 및 운영 현황(감사인 경우에는 감사의 감사 현황을 말한다)
- 감사 결과 및 그 조치내역
- 그 밖에 감사위원회 또는 감사의 업무로서 감독원장이 정하는 사항. 다만 금융회사의 임원이 법령 또는 정관을 위반한 행위를 하거나 위반할 우려가 있는 경우에는 금융감독원장에게 지체 없이 보고해야한다.

3-4. 감사위원회의 운영

기존의 감사는 단독기관임에 비해 감사위원회는 회의체기관이다. 따라서 기존 감사의 권한을 감사위원회가 행사하는 경우에는 개개의 위원이 아니라 회의체로서의 위원회의 결의를 통하여 권한을 행사하여야 할 것이다. 결의방법에 대한 특별한 규정이 없으므로 회의체기관의 일반적인 의사결정방법에 따라 위원 과반수 출석에 과반수 찬성으로 의결한다고 본다. 기타 소집이나 결의방법 등 감사위원회의 운영은 상법 제393조의2가 정하는 이사회 내 위원회의 운영방법에 따라야 한다.

상법 제415조의2 제4항은 일반위원회와 달리 감사위원회는 그 결의로 위원회를 대표할 자를 선정하게 하고 있으며, 이 경우 수인의 위원이 공동으로 위원회를 대표할 것을 정할 수 있게 하고 있다. 이는 감사위원회가 3인 이상으로 구성된 회의체이기 때문에, 감사업무집행을 회의체인 위원회가 직접 하기 곤란하다는 문제점을 해소하기 위해 수인의 공동 대표위원 각각을 통해서 감사위원회의 의사결정에 기한 업무의 집행을 용이하게 하기 위한 것으로 보인다. 상법상 감사위원회 설치 의무회사인 자산규모 2조 원 이상의 상장회사의 경우 위원장은 사외이사여야 한다.

감사위원회가 실질적으로 감독기능을 수행하기 위해서는 외부전문가의 조력을 얻어야만 하는 경우가 있다. 따라서 감사위원회는 회사의 비용으로 전문가의 조력을 구할 수 있도록 하고 있다(상법 제415조의2 제5항). 감사업무를 위해 법률전문가나 회계전문가 또는 기타 감사의 대상이 되는 사항의 자문이나 감사를 구할 수 있는데, 이러한 경우에 그 비용은 회사의 부담이 됨은 당연하지만 이사회나 대표이사가 이러한 비용지출을 거부하지 못하게 하기 위하여 명문으로 규정한 것이다.

3-5. 감사위원회의 권한 및 의무

감사위원회제도가 발달해 있는 미국에서는 감사위원회의 권한은 회계감사에 국한하는 것이 통례이다. 이는 미국에서는 사외이사제도가 정착해있을 뿐만 아니라 이사회 내에 각종 위원회가 활발하게 운용되고 있어 감사위원회의 권한을 회계감사에 한정하더라도 별다른 문제가 없기 때문이다.

그러나 이사회제도의 기능이 제대로 정착되지 못한 우리의 경우에는 감사위원회의 권한을 회계감사에만 국한시키는 것은 경영감독기능을 오히려 후퇴시킬 우려가 있고 감사제도를 완전히 없애지 않고 선택적으로 운영하도록 하는 상황에서 양자의 권한을 달리할 경우 법 적용의 혼란이 초래될 우려가 있으므로 종래 감사가 행사하던 모든 권한을 감사위원회가 행사하도록 하였다.

따라서 감사위원회는 회계감사는 물론이고 업무감사도 가능한데, 이때 업무집행의 적법성 감사에 한하는지, 업무의 타당성 감사에까지 미치느냐에 대해 논란이 있을 수 있다. 상법상 이사회에게 이사 직무의 집행을 감독하게 하고 있는 조항이(제393조 제2항) 이사회의 감독 범위가 타당성 감사에까지 미친다는 것을 전제로 한다고 볼 때 감사위원회의 위원은 종래의 감사 지위와 동시에 이사회 산하의 이사이므로 감사위원회는 이사의 직무에 대하여 적법성뿐만 아니라 타당성에 대하여도 감사를 할 수 있다고 보는것이 합리적일것으로 보인다.

상법은 감사위원회에 대해 감사에 관한 규정을 준용하므로, 감사위원회는 이사의 직무집행에 대한 감사권(제412조 제1항), 회사 및 자회사에 대한 영업보고요구권(제412조 제2항), 업무와 재산상태의 조사권(제412조의4 제1항), 이사의 법령 또는 정관의 위반행위에 대한 유지청구권(제402조), 이사로부터 보고를 받을 권리(제412조의2), 총회소집청구권(제412조의3), 이사와 회사 간의 소에 관한 대표권(제394조, 제403조)을 가지고, 또한 이사회에 대한 보고의무(제391조의2 제2항), 주주총회에 대한 조사 및 보고의무(제413조), 감사록의 작성의무(제413조의2 제1항), 이사에 대한 감사보고서의 제출의무(제447조의4 제1항)를 가진다. 단, 상법상 종래의 감사에게 인정되는 감사의 이사회 출석 · 의견진술권(제391조의2 제1항) 및 해임에 관한 주주총회에서의 의견진술권(제409조의2)은 감사위원에게 준용되지 아니하며, 감사의 임기를 규정한 제410조 및 감사의 타 직무의 겸임을 금지하는 제411조도 감사위원에게 적용되지 않는다.

또한, 감사위원은 이사이므로 일반적 의무로서 선관주의의무(제382조 제2항), 충실의무(제382조의3)를 부담한다. 또한 상법 제399조 및 제401조상의 회사 또는 제3자에 대한 책임을 진다.

[표 1-3] 상법상 감사제도와 감사위원회제도 권한 및 책임 비교

구 분	주 요 내 용	적용 여부	
		감사	감사위원
감사의 이사회 출석 · 의견진술권 (상법 § 391의 2①)	이사회에 출석하여 의견진술	○	×
이사회보고 (상법 § 391의 2②)	이사의 위법행위 발견 시 이사회 앞 보고의무	○	○
이사와 회사 간의 소에 관한 대표 (상법 § 394①)	회사가 이사에 대하여 또는 이사가 회사에 대하여 소를 제기한 경우 그 소에 관하여 회사를 대표	○	○
유지청구권 (상법 § 402)	이사의 부당행위로 손해발생 우려가 있는 경우 이사에 대하여 그 행위를 유지할 것을 청구	○	○
선임 (상법 § 409)	감사는 주주총회에서 선임 및 3% 이상 초과주식은 의결권 제한	○	×
해임에 관한 의견진술 (상법 § 409의 2)	감사는 주주총회에서 감사의 해임에 관하여 의견진술 가능	○	×
임기 (상법 § 410)	감사의 임기는 취임 후 3년 내의 최종결산기에 관한 정기총회 종결 시까지로 함	○	×
겸임금지 (상법 § 411)	감사는 회사 및 자회사의 이사 또는 지배인 기타 사용인의 직무 겸임금지	○	×
직무와 보고요구 · 조사의 권한 (상법 § 412)	감사는 이사의 직무집행을 감사하며, 언제든지 이사에 대하여 영업에 관한 보고의 요구 및 회사 업무와 재산상태 조사 가능	○	○
이사의 보고의무 (상법 § 412의 2)	이사는 회사에 현저하게 손해를 끼칠 염려가 있는 사실을 발견 시 즉시 감사 앞 보고의무	○	○
총회의 소집요구 (상법 § 412의 3)	감사는 임시총회 소집을 청구할 수 있음	○	○
이사회 소집요구 (상법 § 412의 4)	이사에게 이사회 소집을 청구 이사가 지체없이 이사회를 소집하지 아니하면 이사회를 소집할 수 있음	○	○
자회사의 조사권 (상법 § 412의 5)	모회사의 감사는 자회사에 대하여 영업의 보고를 요구할 수 있으며, 업무와 재산상태에 대한 조사를 할 수 있음	○	○
조사 · 보고의 의무 (상법 § 413)	감사는 주주총회 제출할 의안 및 서류를 조사하여 그 적정 여부를 주주총회에 보고의무	○	○
감사록의 작성 (상법 § 413의 2)	감사는 감사실시요령과 그 결과를 기재한 감사록을 작성하고 기명날인 또는 서명하여야 함	○	○

구 분	주 요 내 용	적용 여부	
		감사	감사위원
감사의 책임 (상법 § 414)	■ 감사가 그 임무를 해태한 때에는 회사에 대하여 연대손해배상책임 ■ 감사가 악의 또는 중대한 과실로 그 임무를 해태한 때에는 3자에 대하여 연대손해배상책임	○	○
감사위원회 (상법 § 415의 2)	① 감사에 갈음하여 감사위원회 설치 가능 ② 감사위원회는 3인 이상의 이사로 구성 ③ 감사위원 해임에 관한 이사회결의는 이사 총수의 2/3 이상 ④ 감사위원회는 그 결의로 위원회 대표자 선정 ⑤ 감사위원회는 회사의 비용으로 전문가의 조력을 구할 수 있음	×	○
재무제표 등의 제출 (상법 § 447)	이사는 정기총회일의 6주간 전에 관련서류를 감사에게 제출하여야 함	○	○
감사보고서 (상법 § 447의 4)	감사는 이사로부터 받은 정기총회관련 서류에 대한 감사보고서를 4주간 내에 이사에게 제출하여야 함	○	○
특별배임죄 (상법 § 622)	임무에 위배한 행위로서 재산상의 이익을 취득하거나 제3자로 하여금 이를 취득하게 하여 회사에 손해를 끼친 경우 10년 이하 징역 또는 3천만 원 이하 벌금	○	○
회사재산을 위태롭게 하는 죄 (상법 § 625)	주식 또는 출자에 관한 부실보고 및 사실 은폐, 부정한 방법에 의한 주식취득, 위규행위에 의한 이익이나 이자배당, 투기행위목적의 회사재산 처분 시 5년 이하 징역 또는 15백만 원 이하 벌금	○	○
부실보고죄 (상법 § 626)	조직변경(주식회사↔유한회사) 시 순재산액에 관하여 법원 또는 총회에 부실하게 보고하거나 은폐한 경우에는 5년 이하 징역 또는 15백만 원 이하 벌금	○	○
부실문서행사죄 (상법 § 627)	주식 또는 사채모집 시 중요한 사항에 관한 부실기재가 있는 주식사채청약서 등의 문서작성 시 5년 이하 징역 또는 15백만 원 이하 벌금	○	○
납입가장죄 (상법 § 628)	납입 또는 현물출자의 이행을 가장하는 행위를 한 경우 5년이하의 징역 또는 15백만 원 이하의 벌금	○	○
독직죄 (상법 § 630)	직무에 관한 부정한 청탁을 받고 재산상이 이익을 수수 요구 · 약속시 5년 이하 징역 또는 15백만원 이하 벌금	○	○
주주의 권리행사에 관한 이익공여의 죄 (상법 § 634의 2)	주주의 권리행사와 관련하여 회사의 계산으로 재산상의 이익을 공여한 경우 1년 이하 징역 또는 300만 원 이하 벌금	○	○
과태료 부과 (상법 § 635)	부실보고 또는 사실 은폐, 감사위원수 부족 또는 선임절차위배, 부실기재, 장부 또는 서류의 미비치, 감사거부 등의 행위시 500만 원 이하의 과태료	○	○

구 분	주 요 내 용	적용 여부	
		감사	감사위원
감사인의 선임 (외감법 § 10)	감사 또는 감사인선임위원회(감사위원회)의 승인을 얻어야 하며, 감사인을 선임한 때에는 최초로 소집된 정기주총에 그 사실을 보고하여야 한다.	○	○
부정행위 등의 보고 (외감법 § 22조 ①)	감사인이 그 직무를 수행함에 있어 이사의 직무수행에 관하여 부정행위 또는 법령이나 정관에 위반되는 중대한 사실을 발견한 때에는 이를 감사 또는 감사위원회에 통보하고 주총에 보고	○	○
부정행위 등의 보고 (외감법 § 22조 ②)	감사인은 회사가 회계처리 등에 관하여 회계처리 기준을 위반한 사실을 발견한 때에는 이를 감사 또는 감사위원회에 보고	○	○
부정행위 등의 보고 (외감법 § 22조 ⑥)	감사 또는 감사위원회는 아사의 직무수행에 관하여 부정행위 또는 법령이나 정관에 위반되는 중대한 사실을 발견한 때에는 이를 감사인에게 통보	○	○

[표 1-4] 상법(회사, 상장회사) · 금융회사 지배구조법상의 감사위원회 제도 비교

구 분	상법(회사)	금융회사 지배구조법	상법(상장회사)
설치의무	■ 선택사항	■ 의무사항	■ 대통령령*이 정하는 상장회사는 의무사항 *자산규모 2조 원 이상
구 성	■ 3인 이상의 이사 - 위원의 2/3 이상은 사외이사	■ 3인 이상의 이사 - 2/3 이상은 사외이사 - 상근감사위원은 현행 감사의 자격요건 적용	(좌 동)
위원 선임	■ 이사회에서 선임	■ 위원선임 명문규정이 없으므로 상법에 따라 선임 - 단, 사외이사 전원으로 구성된 후보추천 위원회의 추천 필요	■ 이사회에서 선임 - 단, 상근감사위원인 상임이사 선임 및 해임시 최대주주 등의 의결권 행사를 3%로 제한 - 감사위원회 위원인 사외이사 선임 시 의결권 행사를 3%로 제한
위원장의 선임	■ 위원회의 결의로 선정	(좌 동)	(좌 동)
권한	■ 감사의 권한과 동일	(좌 동)	(좌 동)
경과조치	-	■ 법시행 후 최초 정기 주총에서 구성 ■ 현행 상임감사는 잔여 임기 동안 감사위원(상근)으로 선임된 것으로 간주	(좌 동)

3-6. 감사위원회에 대한 이사회와 경영진 협조의무

가. 이사회의 제도정착에 대한 지원

감사위원회가 이사의 직무 집행에 대한 감시기능을 제대로 수행하기 위해서는 이사회 및 경영진의 감사위원회에 대한 적극적인 지원 및 협조가 필요하다.

나. 위원회(위원)의 독립성 및 전문성 유도

감사위원회가 제대로 기능하기 위해서는 감사위원이 경영진 및 대주주로부터 독립성을 유지하고 회계 및 감사 업무에 대한 전문성을 보유하는 것이 필수적이다.

다. 관련부서(감사담당부서 및 일반부서 등)의 업무지원

사외이사 중심의 감사위원회가 제 기능을 발휘하기 위해서는 감사위원이 공정하고 중립적으로 업무를 처리할 수 있도록 감사위원회 지원부서(감사담당부서 및 일반부서 등)의 업무 지원 및 협조가 필요하다.

4. 감사위원회의 금융회사에 대한 책임

상법상 감사위원회는 이사의 직무의 집행을 감사하고 언제든지 이사에 대하여 영업에 관한 보고를 요구하거나 회사의 업무와 재산상태를 조사할 수 있으며 회사의 비용으로 전문가의 도움을 구할 수 있다(상법 제412조).

이사는 회사에 현저하게 손해를 미칠 염려가 있는 사실을 발견한 때에는 즉시 감사위원회에 이를 보고하여야 하며 감사위원은 회의의 목적사항과 소집의 이유를 기재한 서면을 이사회에 제출하여 임시총회의 소집을 청구할 수 있다.

또한 감사위원회는 필요하다고 판단될 경우 회의의 목적사항과 소집이유를 서면에 적어 이사(소집권자가 있는 경우에는 소집권자)에게 제출하여 이사회 소집을 청구할 수 있으며 청구를 하였는데도 이사가 지체 없이 이사회를 소집하지 아니하면 그 청구한 감사가 이사회를 소집할 수 있다. 감사위원은 이사가 주주총회에 제출할 의안 및 서류를 조사하여 법령 또는 정관에 위반하거나 현저하게 부당한 사항이 있는지의 여부에 관하여 주주총회에 그 의견을 진술하여야 한다.

이와같이 상법은 감사 및 감사위원회에 회사의 전반적인 업무상황을 감사할 수 있는 권한을 주고 있는 한편 업무해태로 인하여 회사에 손해를 끼칠 경우 엄중한 책임을 묻는 규정을 두고 있다.

즉, 감사위원이 그 임무를 해태한 때에는 그 감사는 회사에 대하여 연대하여 손해를 배상할 책임이 있으며 악의 또는 중대한 과실로 인하여 그 임무를 해태한 때에는 그 감사위원은 제3자에 대하여 연대하여 손해를 배상할 책임이 있다고 규정하고 있다. 한편 감사위원이 회사 또는 제3자에 대하여 손해를 배상할 책임이 있는 경우에 이사도 그 책임이 있는 때에는 그 감사위원과 이사는 연대하여 배상할 책임이 있다.

금융회사 감사위원의 경우 이와 같은 상법상의 민사상 책임이외에도 고의 또는 중과실로 인한 금융사고 및 부실발생 시에는 행정상 엄중한 제재조치를 취하고 있다.

5. 외국의 감사제도 운영

5-1. 감사제도의 양대 기본 모델

감사제도는 세계적으로 독일식의 이원적 시스템과 영미식의 일원적 시스템으로 대별할 수 있다. 이러한 차이는 감사제도가 회사의 지배구조와 깊은 관련을 가지고 존재하기 때문이다.

양국의 감사제도들은 회사의 경영기관과 감독기관의 구성원이 경영과 감독이라는 직무를 수행함에 있어서 요구되는 가치기준을 어디에 둘 것인가와 관련하여 그 접근방식의 기본적인 차이가 있는 것이다.

독일식의 이원적 시스템(two-tier system)은 주식회사의 운영기관을 이사회와 감사회라는 별개의 기관으로 분리하여 이사회는 경영을 담당하고 감사회는 그에 대한 감독을 하도록 하여 그 구성이나 권한분배에 있어서 엄격한 독립성을 유지하도록 하는 것이다.

이에 반해 미국에서는 주주를 투자자로서 파악하고 그의 재산권적 보호에 중점을 두고 있으므로 회사의 경영과 감독의 일차적인 목표는 투자자로서의 주주가치(share-holders' value)를 극대화하는 것이 무엇보다 중요한 것으로 작용된다. 결국 모든 주주들에 의하여 공동으로 추구되는 의미에서의 회사의 목적이라는 것은 존재하지 아니하고 주주 개인적인 이익의 증대라고 하는 투자자의 목적을 실현하는데 기여하는 것으로 이해되고 있는 것이다.

독일은 회사를 인적 결합체인 단체로서 파악하고 있으므로 주주는 투자자가 아니라 단체의 구성원인 사원으로서 파악하게 된다. 따라서 회사법 규정들은 회사의 모든 사원에 의하여 공동으로 추구되어야 할 단체의 목적을 달성하는 데 필요한 조직적 구조를 형성하는 것이 주된 목적이다. 결국 경영기관과 감독기관의 구성원들은 그 직무를 수행함에 있어서 기업의 개별적인 구성원들의 구체적이고 개인적인 이익을 초월하여 단체인 회사의 목적을 추구하여야 할 의무를 부담하는 것으로 보게 된다.

미국식의 일원적 시스템(one-tier system)은 회사의 기관이 주주총회와 이사회로 구성되고 별도의 감독기구를 회사의 기관으로 두지 않고, 이사회에서 업무집행에 대한 감독기능도 수행하므로 경영과 감독이 이사회라는 하나의 기관에 의하여 행하여지는 것이다.

즉, 미국은 주주가 회사의 경영에 직접 참여하지 않고 주주의 이익을 대표하는 경영관리기구인 이사회에 회사의 경영과 관리를 위임하고 있다.

독일은 주주가 회사의 사원으로서 독립된 법정의 기구들을 통해 회사 전체의 이익추구를 도모하는 것이다. 결국, 경영감시기구가 누구를 위한 것이냐에 따라서 양 제도는 그 출발점이 달라진다고 할 수 있겠다.

5-2. 독일

독일은 업무집행기능은 이사회가 수행하고 감독기능은 감사회가 담당하는 이른바 이원적 감사제도(two-tier system)라고 할 수 있는데, 회사의 운영구조를 이사회와 감사회라는 별개의 기관으로 분리하여 업무집행에 관한 감독권은 합의체 기관인 감사회에 귀속시키는 것이다.

독일 주식회사의 감사회의 구성과 그 규모는 주식법(Aktiengesetz : AktG)의 규정에 의해서만 결정되는 것이 아니고 기업의 규모와 업종에 따른 노동자의 공동결정에 관한 특별법의 적용 여하에 따라서 각각 다르게 된다. 즉, 특별법이 적용되는 주식회사의 감사회는 주주대표감사와 노동자대표감사로 구성되어 기업경영에 있어서 노동자의 공동결정제도가 실시된다는 것이 특징이다. 일반적으로는 감사회는 주주대표만으로 구성되고 3인 이상, 21인 이하의 감사로 구성되는데 정관의 규정에 의하여 회사의 자본에 따라 감사의 수를 3의 배수만큼 증원할 수 있고, 이 경우 감사의 선임과 해임은 주주총회에서 하게 된다.

감사는 행위능력이 있는 자연인에 한하고, 이미 10개 이상의 다른 회사의 감사인자, 당해 회사의 이사나 종속기업의 이사인 자는 선임될 수 없으며, 회사의 이사는 다른 회사의 이사가 자기 회사의 감사인 경우 그 다른 회사의 감사가 될 수 없다(AktG §76③, §100①·②). 그 밖에 감사의 자격에 대한 제한은 없으며 정관에서 주주대표 감사의 경우에 한하여 전문성 등의 구체적인 자격요건을 정할 수 있다(AktG §100④).

독일의 감사회의 주된 핵심적인 업무는 이사의 업무집행을 감독하는 것이다. 한편, 독일의 감사회의 특징은, 그리고 주식법은 감사회에게 이사의 선임·해임권과 이사에 대한 회사대표권 등의 권한을 부여하고 있다는 것이다.

5-3. 영국

영국 기업의 지배구조는 기본적으로 단일 이사회를 채택하여 미국의 경우와 유사하다. 주요기업은 이사회 내에 감사위원회 등의 소위원회를 설치하여 운영하고 있는데, 영국의 회사법(Companies Act : CA)상 감사는 내부기관이 아니라 외부기관이면서 필요기관으로 1인 이상이면 족하다.

영국회사법은 감사가 되기 위한 일반자격(qualification)과 특정회사의 감사로 선임될 수 있는 선임적격(eligibility)에 관한 규정을 두고 있는 것이 특징인데, 감사는 회계업을 감독하는 기관에 의해 자격을 갖춘 자로서 공인되고 그 기관에 등록된 자(공인회계사)이어야 한다.

한편, 감사는 이러한 일반자격을 갖추었다고 하더라도 회사와 다음의 관계에 있는 자는 그 회사의 감사로 선임될 수 없다.

즉, ① 회사의 임원이나 사용인, ② 회사의 임원이나 사용인과 조합관계에 있는 자(parter)이거나 또는 그의 피용자 ③ 법인(유한책임회사 포함)은 당해 회사의 감사가 되지 못하며 당해 회사의 지배회사, 종속회사 또는 자매회사의 감사도 될 수 없다(CA 1985 § 389⑥,⑦).

이러한, 영국의 감사제도의 특징은 감사의 권한이 회계감사권에 한정된다는 것이다. 결국, 영국 회사법은 이사의 책임에 대해서는 상세히 규정하고 있으나 경영감시기구는 회사의 자율성을 최대한 보장하는 형태라고 할 수 있다.

5-4. 미국

가. 개요

미국의 대다수 거대기업은 주식소유의 분산을 전제로 소유와 경영을 분리하여 운영하고 있다. 미국의 경우에는 기관투자가를 중심으로 하는 주주행동주의가 활발하게 전개되어 왔으며 오래전부터 기업들은 자발적으로 기업지배구조 개선을 위하여 노력하고 있다.

미국의 주식회사에 있어서는 회사의 기관이 주주총회와 이사회로 구성되고 별도의 감사기관은 두지 않는 것이 특징이다. 즉, 미국의 감사제도는 업무집행과 감독기능을 하나의 이사회에서 통합하여 담당하게 하는 것으로 내부기관으로서의 감사가 별도로 존재하지 않고, 주주총회에서 선임된 이사로 구성된 이사가 이사 및 임원의 업무집행에 관한 감독 및 감사를 하는 일원적 감사제도(one-tier system)를 취하고 있다.

나. 이사회

미국 각 주의 회사법은 이사회 제도를 채택하고 경영관리기구를 이사와 임원으로 분리하며 독립된 감사제도를 두지 않는 것이 특징이라고 할 수 있다. 즉 미국의 이사회는 업무집행기능과 감독기능을 통합하여 운영하는 일원적 경영관리구조를 채택하고 있다.

그러나 실제에 있어서는 이사회가 스스로 업무집행을 하지는 않으며 부속정관 또는 이사회 결의에 의하여 선임된 집행위원(officer)에게 그 업무집행을 맡기고 있다. 즉, 본래의 이사회는 회사의 업무집행에 관한 의사결정과 집행 및 그 업무집행에 대한 감독기관의 지위를 가지고 있으나 실무에 있어서는 회사의 경영은 최고경영자(Chief Executive Officer : CEO)를 포함한 경영진에 의해 이루어진다.

또한 이사회는 하부조직으로 집행위원회, 보수위원회, 지명위원회, 감사위원회 등의 각종 위원회를 설치하여 경영진의 업무집행을 지시, 감독함으로써 오늘날 대규모 공개회사에서의 이사회의 임무는 중요한 기업정책을 결정하고 집행임원을 선임하고 이들의 업무집행을 감독하는 것이다.

다. 감사위원회

미국 대부분의 대규모 상장회사는 이사회의 감독기능을 보완하기 위하여 감사위원회를 두고 회계 관련 서류의 작성 및 그에 대한 통제, 외부감사인의 독립성 확보를 정기적으로 검토하도록 하고 있다. 감사위원회는 경영진의 업무 및 회계에 대한 위법성 감사를 통하여 이사회의 감독기능을 보완하여, 외부감사의 실효성을 보장하는 역할을 한다. 미국에서는 1972년 증권위원회(SEC)가 모든 상장회사에 감사위원회의 설치를 권고(선택사항)하면서 감사위원회가 도입되었다. 1977년 뉴욕거래소(NYSE)가 감사위원회의 설치를 의무화하였지만 상장회사와 거래소 간의 사적인 계약조건일 뿐 법적인 의무사항은 아니었다. NYSE에서는 감사위원회로 3인 이상의 독립된 사외이사로 구성할 것을 요구하고 있다. 또한, 감사위원의 적극적 자격요건으로 재무적 소양을 갖추거나 합리적 기간 내에 이를 구비할 것, 1인 이상은 회계 또는 재무전문가일 것 그리고 3개 이상 기업의 감사위원회 참여시 업무상 손상 여부 판단과 이를 공시할 것과 같은 기준을 제시하고 있다.

2000년 Enron社의 회계부정 사태가 발생하자 Sarbanes-Oxley Act(이하 "SOA")가 제정되어 상장회사는 감사위원회를 이사회 내 위원회로 설치하도록 의무화하였다. SOA에 의한 감사위원회는 이사회 내 위원회로서 회계 및 재무보고 절차에 대하여 감시업무를 수행하고 재무제표에 대한 감사업무를 수행한다. 감사위원회 위원은 이사회의 구성원이어야 하고 독립적이어야 한다. 감사위원회는 업무감사기능을 효과적으로 수행하기 위하여 경영진으로부터 독립적일 것을 요구하고 있는데, 독립적이기 위해서 감사위원회 위원들은 감사위원회 위원 또는 이사회 구성원 또는 기타 위원회 위원으로서 지급받는 보수 이외에 회사로부터 어떠한 명목이든 컨설팅·자문·기타 보상 수수료를 받을 수 없으며, 당해 회사의 관계자 또는 자회사이어서는 안된다.[4)]

5-5. 일본

일본은 우리나라의 감사제도와 유사한 점이 많았으나 2002년 상법특례법(주식회사의감사등에관한상법의특례에관한법률)에 의하여 위원회 등 설치회사제도가 창설되면서 동 제도를 채택한 회사는 반드시 감사위원회를 두게 하는 등 우리나라와 차별화가 이뤄졌다. 그 후 2005년 회사법이 제정되면서 감사제도가 대폭 변경되었다. 회사법에서는 기업의 자율성을 대폭 강화하여 주식회사의 감사체제를 다양하게 구성할 수 있도록 허용하였으며 새로운 제도로서 회계참여제도를 도입하는 등 종래와는 비교가 되지 않을 정도로 많은 변화가 있었다. 회계참여는 재무제표 등을 이사 또는 집행임원과 공동으로 하는 것을 주임무로 하는 자로서 정관의 규정에 따라 둘 수 있는 주식회사의 임의기관이다.

회사법은 감사에 대하여 규제를 유연화하였는데 원칙적으로 회사법상 감사 또는 감사위원회는 임의기관으로서 정관의 규정에 따라 자유롭게 설치할 수 있다. 다만, 위원회설치회사의 경우에는 3인 이상의 이사로 구성되는 감사위원회를 설치하여야 하며, 위원회설치회사가 아닌 공개회사인 대회사 또는 이사회설치회사는 감사를 설치하여야

4) 2021 계간 세무사, 원동욱 "우리나라 감사위원회제도 – 미국제도와 비교를 중심으로"를 참고.

된다. 회사법상 감사는 회사의 규모를 불문하고 원칙적으로 업무감사권한을 갖고 있으며 대회사가 아닌 비공개회사의 경우에는 정관으로 감사의 감사범위를 회계감사에 국한할 수 있도록 하였다.

일본의 감사회제도는 독일의 감사회제도와는 다른 것인데, 독일의 감사회는 합의체(board)로서 감사회가 감사의 주체이고, 감사는 단지 그 구성원으로 하는 것이나, 일본의 감사회는 협의체(meeting)로서 감사의 주체는 감사이고 감사회는 단지 감사회의 권한 행사를 용이하도록 보좌하는 기능만을 담당하는 방식으로 이는 감사회제도를 도입하면서 일본 감사제도의 장점으로 불리웠던 "감사 개개인이 스스로의 책임과 권한으로 감사직무를 수행한다."는 이른바 '독임제'를 유지하기 위한 것이다.

〈참고 1〉

외부감사 관련 감사 및 감사위원회의 운영 모범사례

금융감독원은 외부감사 관련 감사 및 감사위원회 기능 활성화 및 외부·내부감사의 연계 강화를 유도하기 위하여 2015년 12.30「외부감사 관련 감사 및 감사위원회 운영 모범사례」를 발표하였다. 금융감독원은 "감사위원회(이하 감사포함)는 외부감사인 선임을 승인하고 회사 결산에 대한 감독책임을 지는 등 재무제표 작성에 있어서 매우 중요한 역할을 수행하고 있으나, 일부 감사위원회가 법규인식 부족 및 감독책임에 대한 제재대상 제외 등으로 형식적으로 운영되고 있으며, 외부·내부감사간 기능연계 부족으로 회계의혹, 내부통제의 허점 등 외부감사 과정에서 발견된 문제점 등이 공유되지 않아 감사위원회의 역할이 미흡하다고 판단되어 동「모범사례」를 발표하고 외부감사 과정에 있어서의 감사위원회의 역할을 안내하고 기능 활성화를 유도하고자 한 것이다." 라고 밝혔다.

이하에서 동 모범사례를 원문대로 게시하여 금융회사의 외부감사와의 관계에서 감사위원회의 역할을 이해하는데 있어 참고자료로 활용토록 하고자 한다.

제1장 목 적

1. 외부감사 관련 감사위원회(이하 감사포함) 운영 모범사례(이하 "모범사례")는 외부감사* 과정에서의 감사위원회의 역할을 안내하여, 감사위원회의 기능을 활성화 및 외부감사-내부감사의 연계 강화를 유도하는 것을 주 목적으로 함

* 「주식회사의 외부감사에 관한 법률(이하 "외감법")」에 따른 외부감사

※자료: 금융감독원 보도자료 (2015. 12) 「외부감사 관련 감사 및 감사위원회 운영 모범사례」 에서 발췌

제2장 적용대상 · 범위

2. 이 모범사례는 상법 제415조의2에 따른 감사위원회가 설치된 회사에 적용되며, 감사위원회가 설치되지 않은 회사의 경우 감사의 역할에 이 모범사례를 적용함
3. 이 모범사례는 외부감사 절차와 관련된 감사위원회의 역할에 대해서만 기술하고 있으며, 감사위원회는 이 모범사례에 기술된 내용 이외에도 상법 등 관련법령에 정의된 역할을 수행하여야 함

제3장 외부감사 실시단계별 감사위원회의 역할

제1절 외부감사인 선임단계

〈외부감사계약체결에 대한 승인〉

4. 감사위원회는 외감법 제4조에 따라 외부감사인의 선임에 대한 승인권한*1,*2을 가지며, 외부감사인 선임 전 외부감사인 후보자로부터 외부감사계획 등에 대한 구체적인 내용을 보고받고 이에 대한 적절성을 평가하여 적합한 외부감사인 선임을 승인하고 이를 문서화하여야 함

* 1 회사는 매사업연도 개시일로부터 4개월 이내에 감사인을 선임하여야 하고, 감사계약을 체결한 날부터 2주 이내에 감사인 선임사실을 증선위에 보고

* 2 상법상 감사위원회가 설치되지 않은 경우 감사(監事) 또는 전문성과 독립성이 확보된 감사인선임위원회가 승인권한을 가짐

(1) 외부감사인을 최종 선임 · 승인하는 과정에서 단순히 최저 감사보수를 제시한 후보자를 최종 외부감사인으로 승인하는 대신 다양한 양적 · 질적 요소를 고려하여 적절성을 평가하여야 함

(2) (1)의 양적 · 질적 요소를 고려한 적절성에 대한 평가 시에는 후보자의 독립성

에 대한 평가와 함께 회사의 동종업종에 대한 감사경험, 감사인력의 경력, 투입인력의 변동성, 투입시간, 전문성, 중점감사분야 등에 대한 구체적인 내용을 보고받고 검토해야 함

(3) 외부감사인이 교체된 경우 전임감사인의 의견 청취를 통해 외부감사인 교체 사유를 파악하고 그 타당성에 대해 검토해야 함

〈감사보수, 감사시간에 관하여 외부감사인과 사전 협의〉

5. 감사위원회는 외부감사인과의 계약체결 시에 구체적인 계약조건에 대해 검토하고, 계약조건이 당초 선임 승인단계에서 보고된 내용과 일치하는지 여부를 확인해야 함

6. 외부감사계약체결 이후 외부감사인과 당해 연도 세부 감사계획 수립에 대하여 협의하고 그 과정을 문서화*해야 함

*개정 외감법이 시행된 이후부터는 의무화 될 예정

(1) 분 · 반기 검토 및 기말감사 일정, 감사 투입인원, 실사 · 외부조회와 관련한 사항, 기타 구체적인 감사절차 등

(2) 감사위원회의 내부감사 결과를 외부감사 시 어느정도까지 이용할지 여부 및 외부감사 과정에서 감사위원회와 외부감사인의 협력에 관한 사항 등

제2 절 외부감사 실시단계

〈외부감사인과 주기적인 커뮤니케이션 수행〉

7. 감사위원회는 외부감사인과의 커뮤니케이션을 통해 외부감사에 대한 이해를 제고하고 재무제표에 대한 내부감사기능을 수행해야 함. 또한, 외부감사인에게 구체적인 거래나 사건에 대한 정보를 제공하여 외부감사인의 감사증거 수집에 도움을 주

는 등 외부감사인과 공조를 통해 감사기능을 수행하여야 함

8. 이를 위해 감사위원회는 아래와 같이 주기적으로 외부감사인과 커뮤니케이션을 하고 그 결과를 내부감사업무에 활용해야 함(회계감사기준 260)

(1) 감사위원회의 회의에 외부감사인이 정기적으로 참석하도록 초청
(2) 감사위원회의 위원장 및 구성원은 외부감사인과 주기적으로 의견교류
(3) 감사위원회는 최소 분기*에 한번씩 경영진의 참석없이 외부감사인과 회합하여 주요 사항에 대해 논의

*회계감사기준(260)에서는 최소 1년에 한번 만날 것을 권장하고 있음

9. 감사위원회와 외부감사인이 각자의 직무수행 과정에서 부정행위 및 회계기준 위반행위 등을 발견하는 경우 외감법 제10조에 따라 관련 사항을 즉시 공유하여야 함

(1) 감사위원회가 직무수행과정에서 이사 등 회사 경영진의 직무수행과 관련한 부정행위 또는 법령이나 정관에 위반되는 중대한 사실을 발견하면 외부감사인에 이를 통보하여 외부감사에 참고하도록 함
(2) 외부감사인이 직무수행과정에서 발견한 이사의 부정행위 또는 법령이나 정관에 위반되는 중대한 사실에 대해서 보고를 받고 필요한 조치를 취하여야 함
(3) 외부감사인이 회사가 회계처리 등에 관하여 회계처리기준을 위반한 사실을 발견하는 경우 이 사실을 보고받고 재무제표 재작성 · 수정 필요성에 대하여 검토

10. 감사위원회는 외부감사 과정에서 발생한 경영진의 적격성이나 성실성에 관한 특이사항에 대해 외부감사인과 논의할 수 있음. 이러한 논의는 경영진의 집행책임을 깨닫게 함과 동시에 사실관계와 주요 이슈를 분명히 할 수 있고, 경영진에 추가적인 정보와 설명을 제공할 수 있는 기회를 제공할 수 있음

〈회사의 재무제표 직접작성에 대한 모니터링〉

11. 재무제표 작성책임은 회사에 있으므로, 회사가 외부감사인 및 증선위에 동시에 제출하는 재무제표가 회사에 의해 직접 작성된 것인지 여부와 제출시점에 주석을 포함한 모든 재무제표가 적절히 제출되는지 등에 대해 확인하여야 함

(1) 외부감사인으로 하여금 회사의 임직원을 대신하여 재무제표를 작성하게 하거나 재무제표 작성과 관련한 자문 등*을 수행하도록 하는지 여부에 대해 모니터링

* 자문 · 용역 · 서비스 등 그 명칭 및 대가의 유무를 불문하고 재무제표 작성과 관련된 기초자료의 작성 및 검토, 재무제표에 중요한 영향을 미칠 수 있는 사항 등에 대한 업무를 지원하게 하거나 관여하게 해서는 안됨

(2) 만약 회사의 재무제표 직접 작성능력이 충분하지 않다고 판단할 경우 자문 회계사(Private Accountant) 고용을 이사회에 권고하는 등의 활동을 수행

※ 금융감독원에서 발표한 「회사의 재무제표 작성책임」관련 일반원칙을 참고할 것('14.9.30. 금융감독원 보도자료)

〈외부감사 과정에 대한 모니터링 및 평가〉

12. 외부감사인으로부터 경고사항(Warning Letter)*을 받는 경우 외부감사인이 Warning Letter를 통해 제기한 전문가적 의구심 또는 우려사항에 대해 검토를 수행하여야 함

* ①수익인식 관련 내부통제의 미비점 등 내부통제에 관한 사항, ②수익인식과 관련된 회계정책, 회계추정, 재무제표 공시 등에 대한 외부감사인의 전문가적 의구심, ③감사수행 중 직면한 유의적인 어려움, ④수익인식의 불확실

성을 증가시키는 주요 변동사항이 있는 경우 지배기구의 주의를 환기하고 적절한 경고를 주기 위해 Warning Letter를 감사위원회에 전달

(1) Warning Letter를 통해 제기된 문제와 관련하여 감사위원회가 달리 알고 있거나 외부감사인이 인지해야 할 사항이 있는 경우 지체없이 통보
(2) Warning Letter를 통해 제기된 문제에 대해 필요 시 내부감사를 수행하고 그 결과를 외부감사인에게 통보하여 향후 외부감사 절차 및 감사의견 형성에 참고하도록 함

13. 감사위원회는 실제 감사 수행시 외부감사 수행인력 현황, 감사지원 인력 현황 및 자료제공 등이 감사계약대로 이행되고 있는지 여부를 감시

(1) 현장감사 및 실사 등에 투입된 외부감사 인력 현황 및 주요 감사 활동내용을 보고받고 이에 대해 평가
(2) 현장감사 수행 시 회사가 감사지원 인력을 충분히 제공하였는지 여부 및 외부감사인의 요청자료 제공이 원활히 이루어지는지 등에 대한 적절성 평가
(3) 외부감사인이 수행한 비감사용역이 있는 경우 제공가능 비감사용역인지 여부를 확인하고 용역결과에 대한 평가 수행

제3절 외부감사 종료단계

〈외부감사결과 주요사항에 대한 검토〉

14. 감사위원회는 외부감사결과를 외부감사인으로부터 보고받고 감사보고서, 외부감사인의 권고사항 및 이에 대한 경영진의 입장에 대한 평가를 수행하여야 함

(1) 외부감사인이 감사 과정에서 수행한 증명, 보고, 의견 및 검토에 대한 평가
(2) 감사 과정에서 있었던 외부감사인의 권고사항과 이에 대한 회사의 검토의견 및 경영진의 입장에 대한 평가*

* 특히, 회계처리 관련 회사와 외부감사인의 의견이 불일치하는 사항에 대해서 별도로 보고받고 이와 관련한 회사의 수정여부 결정과정에 대한 평가

(3) 회계처리 방식과 관련한 중요한 변경과 그 선택과 관련한 회사의 내부 의사결정 절차에 대한 평가

15. 회사의 회계처리와 관련하여 각종 평가 및 추정이 수반되는 경우, 감사위원회는 외부감사인으로부터 가정 및 기초자료 등을 문서로 보고받아 비교검증하고 처리의 적절성에 대한 검토를 수행하여야 함

(1) 진행률 적용기업의 경우 총공사원가 추정과 관련한 사항

* (예시) 진행률 산정의 기초자료 변동내역 및 미청구공사, 공사선수금, 공사손실 충당금의 산정에 관한 사항 등

(2) 중요한 계약체결 · 변경 등 최근 정보를 신속히 반영하였는지 여부

(3) 대규모 자산 양수도, 신규진출사업의 사업성 평가 등에 관한 사항 등

16. 감사보고서 발행 단계에서 감사의견 비적정, 강조사항 등 감사의견의 변형과 관련한 주요사항이 발생하는 경우 감사위원회는 외부감사인으로부터 감사의견에 영향을 미친 주요 사항 및 검토내용에 대한 보고를 받고 처리의 적절성에 대해서 평가

17. 이와 관련, 감사위원회는 외부감사종료 후 외부감사인으로부터 보고받은 감사의견의 변형 등*과 관련한 주요사항에 대해서 독립적으로 내부감사를 실시하고, 그 결과를 외부감사인에 통보하여 외부감사인의 차기 사업연도 감사절차 수행 시 외부감사인이 해당 사항을 다시 확인하고 감사의견 등에 반영하도록 함

* 적정의견에 강조사항, 한정, 부적정, 의견거절 등

제4장 기 타

〈내부회계관리제도 운영실태 평가〉

18. 감사위원회는 외감법 제2조의2에 따라 경영진과 독립적인 입장에서 내부회계관리제도의 운영실태를 평가하고 그 결과를 이사회에 보고하여 미비점이나 취약점을 시정하게 함으로써 내부회계관리제도가 원활하게 운영되도록 하는 역할을 수행

(1) 내부회계관리제도에 대한 전반적 평가결과의 이사회 보고

(2) 내부회계관리제도의 개선을 위한 권고안 제시

(3) 내부회계관리제도 상의 미비점이나 취약점 및 개선방안에 대한 이행여부 확인

〈정보수집 활동〉

19. 감사위원회는 회사의 재무제표에 영향을 줄 수 있는 아래와 같은 정보를 모니터링하고 이러한 정보가 회사의 회계처리에 미치는 영향에 대한 평가를 수행. 또한, 필요시 해당 내용을 외부감사인과 공유하여 외부감사 업무에도 참고할 수 있도록 함.

(1) 환율, 유가, 원재료가격 등 회사 실적에 영향을 줄 수 있는 외부 시장상황

(2) 회사의 사업계획, 주요 계약사항의 변경여부 등 회사 내부정보

〈참고 2〉

「주식회사 등의 외부감사에 관한 법률」 상 외부감사와 감사위원회 관련 법규

1. 법규

第8조(내부회계관리제도의 운영 등) ⑤ 회사의 감사는 내부회계관리제도의 운영실태를 평가하여 이사회에 사업연도마다 보고하고 그 평가보고서를 해당 회사의 본점에 5년간 비치하여야 한다. 이 경우 내부회계관리제도의 관리 · 운영에 대하여 시정 의견이 있으면 이를 포함하여 보고하여야 한다.

第10조(감사인의 선임) ⑤ 감사 또는 감사위원회(제4항제2호 단서에 따라 감사인을 선임한 회사는 회사를 대표하는 이사를 말한다. 이하 이 조에서 같다)는 감사인의 감사보수와 감사시간, 감사에 필요한 인력에 관한 사항을 문서로 정하여야 한다. 이 경우 감사위원회가 설치되지 아니한 주권상장법인, 대형비상장주식회사 또는 금융회사의 감사는 감사인선임위원회의 승인을 받아야 한다.

⑥ 감사 또는 감사위원회는 제23조제1항에 따라 감사보고서를 제출받은 경우 제5항에서 정한 사항이 준수되었는지를 확인하여야 한다. 이 경우 감사위원회가 설치되지 아니한 주권상장법인, 대형비상장주식회사 또는 금융회사의 감사는 제5항에서 정한 사항이 준수되었는지를 확인한 문서를 감사인선임위원회에 제출하여야 한다.

第13조(감사인의 해임) ② 제10조제3항에도 불구하고 주권상장법인, 대형비상장주식회사 또는 금융회사는 연속하는 3개 사업연도의 동일 감사인으로 선임된 감사인이 직무상 의무를 위반하는 등 대통령령으로 정하는 사유에 해당하는 경우에는 연속하는 3개 사업연도 중이라도 매 사업연도 종료 후 3개월 이내에 다음 각 호의 구분에 따라 해임요청된 감사인을 해임하여야 한다. 이 경우 회사는 감사인을 해임한 후 2개월 이내에 새로운 감사인을 선임하여야 한다.

1. 감사위원회가 설치된 경우: 감사위원회가 해임을 요청한 감사인
2. 감사위원회가 설치되지 아니한 경우: 감사가 감사인선임위원회의 승인을 받아 해임을 요청한 감사인

③ 주권상장법인, 대형비상장주식회사 또는 금융회사는 제1항 또는 제2항에 따라 감사계약을 해지하거나 감사인을 해임한 경우에는 지체 없이 그 사실을 증권선물위원회에 보고하여야 한다.

제22조(부정행위 등의 보고) ① 감사인은 직무를 수행할 때 이사의 직무수행에 관하여 부정행위 또는 법령이나 정관에 위반되는 중대한 사실을 발견하면 감사 또는 감사위원회에 통보하고 주주총회 또는 사원총회(이하 "주주총회등"이라 한다)에 보고하여야 한다.

② 감사인은 회사가 회계처리 등에 관하여 회계처리기준을 위반한 사실을 발견하면 감사 또는 감사위원회에 통보하여야 한다.

③ 제2항에 따라 회사의 회계처리기준 위반사실을 통보받은 감사 또는 감사위원회는 회사의 비용으로 외부전문가를 선임하여 위반사실 등을 조사하도록 하고 그 결과에 따라 회사의 대표자에게 시정 등을 요구하여야 한다.

④ 감사 또는 감사위원회는 제3항에 따른 조사결과 및 회사의 시정조치 결과 등을 즉시 증권선물위원회와 감사인에게 제출하여야 한다.

⑤ 감사 또는 감사위원회는 제3항 및 제4항의 직무를 수행할 때 회사의 대표자에 대해 필요한 자료나 정보 및 비용의 제공을 요청할 수 있다. 이 경우 회사의 대표자는 특별한 사유가 없으면 이에 따라야 한다.

⑥ 감사 또는 감사위원회는 이사의 직무수행에 관하여 부정행위 또는 법령이나 정관에 위반되는 중대한 사실을 발견하면 감사인에게 통보하여야 한다.

⑦ 감사인은 제1항 또는 제6항에 따른 이사의 직무수행에 관하여 부정행위 또는 법령에 위반되는 중대한 사실을 발견하거나 감사 또는 감사위원회로부터 이러한 사실을 통보받은 경우에는 증권선물위원회에 보고하여야 한다.

제29조(회사 및 감사인 등에 대한 조치 등) ① 증권선물위원회는 회사가 다음 각 호의

어느 하나에 해당하면 해당 회사에 임원의 해임 또는 면직 권고, 6개월 이내의 직무 정지, 일정 기간 증권의 발행제한, 회계처리기준 위반사항에 대한 시정요구 및 그 밖에 필요한 조치를 할 수 있다.

1. 재무제표를 작성하지 아니하거나 제5조에 따른 회계처리기준을 위반하여 재무제표를 작성한 경우
2. 제6조, 제10조제4항부터 제6항까지, 제12조제2항, 제22조제6항 또는 제23조제3항부터 제6항까지의 규정을 위반한 경우
3. 정당한 이유 없이 제11조제1항 및 제2항에 따른 증권선물위원회의 요구에 따르지 아니한 경우
4. 정당한 이유 없이 제27조제1항에 따른 자료제출 등의 요구 · 열람 또는 조사를 거부 · 방해 · 기피하거나 거짓 자료를 제출한 경우
5. 그 밖에 이 법 또는 이 법에 따른 명령을 위반한 경우

제39조(벌칙) ① 「상법」 제401조의2 제1항 및 제635조 제1항에 규정된 자나 그 밖에 회사의 회계업무를 담당하는 자가 제5조에 따른 회계처리기준을 위반하여 거짓으로 재무제표를 작성 · 공시하거나 감사인 또는 그에 소속된 공인회계사가 감사보고서에 기재하여야 할 사항을 기재하지 아니하거나 거짓으로 기재한 경우에는 10년 이하의 징역 또는 그 위반행위로 얻은 이익 또는 회피한 손실액의 2배 이상 5배 이하의 벌금에 처한다.

② 제1항에도 불구하고 제5조에 따른 회계처리기준을 위반하여 회사의 재무제표상 손익 또는 자기자본 금액이 자산총액의 일정 비중에 해당하는 금액만큼 변경되는 경우에는 다음 각 호에 따라 각각 가중할 수 있다. 다만, 자산총액의 100분의 5에 해당하는 금액이 500억 원 이상인 경우에만 적용한다.

1. 재무제표상 변경된 금액이 자산총액의 100분의 10 이상인 경우에는 무기 또는 5년 이상의 징역에 처한다.
2. 재무제표상 변경된 금액이 자산총액의 100분의 5 이상으로서 제1호에 해당하지 아니하는 경우에는 3년 이상의 유기징역에 처한다.

제40조(벌칙) ① 감사인, 감사인에 소속된 공인회계사, 감사, 감사위원회의 위원 또는

감사인선임위원회의 위원이 그 직무에 관하여 부정한 청탁을 받고 금품이나 이익을 수수(收受) · 요구 또는 약속한 경우에는 5년 이하의 징역 또는 5천만 원 이하의 벌금에 처한다. 다만, 벌금형에 처하는 경우 그 직무와 관련하여 얻는 경제적 이익의 5배에 해당하는 금액이 5천만 원을 초과하면 그 직무와 관련하여 얻는 경제적 이익의 5배에 해당하는 금액 이하의 벌금에 처한다.

② 제1항에 따른 금품이나 이익을 약속 · 공여하거나 공여의 의사를 표시한 자도 제1항과 같다.

제41조(벌칙) 「상법」 제401조의2제1항 및 제635조제1항에 규정된 자, 그 밖에 회사의 회계업무를 담당하는 자, 감사인 또는 그에 소속된 공인회계사나 제20조제4호에 따른 감사업무와 관련된 자가 다음 각 호의 어느 하나에 해당하는 행위를 하면 5년 이하의 징역 또는 5천만 원 이하의 벌금에 처한다.

1. 상법 제401조의2제1항 및 제635조제1항에 규정된 자나 그 밖에 회사의 회계업무 등 내부회계관리제도의 운영에 관련된 자로서 제8조제2항을 위반하여 내부회계관리제도에 따라 작성된 회계정보를 위조 · 변조 · 훼손 또는 파기한 경우
2. 감사인 또는 그에 소속된 공인회계사나 감사업무와 관련된 자로서 제19조제3항을 위반하여 감사조서를 위조 · 변조 · 훼손 또는 파기한 경우
3. 제22조에 따른 이사의 부정행위 등을 보고하지 아니한 경우
4. 제24조에 따른 주주총회등에 출석하여 거짓으로 진술을 하거나 사실을 감춘 경우
5. 제28조제2항을 위반하여 신고자등의 신분 등에 관한 비밀을 누설한 경우

제42조(벌칙) 「상법」 제401조의2제1항 및 제635조제1항에 규정된 자, 그 밖에 회사의 회계업무를 담당하는 자, 감사인 또는 그에 소속된 공인회계사나 제20조제4호에 따른 감사업무와 관련된 자가 다음 각 호의 어느 하나에 해당하는 행위를 하면 3년 이하의 징역 또는 3천만 원 이하의 벌금에 처한다.

1. 제6조 및 제23조제3항을 위반하여 재무제표를 제출하지 아니한 경우
2. 제6조제6항을 위반하여 감사인 또는 그에 소속된 공인회계사가 재무제표를 작성하거나 회사가 감사인 또는 그에 소속된 공인회계사에게 재무제표 작성을 요구하는 경우

3. 정당한 이유 없이 제7조 및 제21조에 따른 지배회사 또는 감사인의 열람, 복사, 자료제출 요구 또는 조사를 거부 · 방해 · 기피하거나 거짓 자료를 제출한 경우
4. 정당한 이유 없이 제10조제1항 · 제2항 또는 제8항에 따른 기간 내에 감사인을 선임하지 아니한 경우
5. 제20조를 위반하여 비밀을 누설하거나 부당한 목적을 위하여 이용한 경우
6. 정당한 이유 없이 제27조제1항에 따른 자료제출 등의 요구 · 열람 또는 조사를 거부 · 방해 · 기피하거나 거짓 자료를 제출한 경우
7. 재무제표를 작성하지 아니한 경우
8. 감사인 또는 그에 소속된 공인회계사에게 거짓 자료를 제시하거나 거짓이나 그 밖의 부정한 방법으로 감사인의 정상적인 회계감사를 방해한 경우

제43조(벌칙) 제28조제3항을 위반하여 신고자등에게 「공익신고자 보호법」 제2조제6호에 해당하는 불이익조치를 한 자는 2년 이하의 징역 또는 2천만 원 이하의 벌금에 처한다.

제44조(벌칙) 「상법」 제401조의2제1항 및 제635조제1항에 규정된 자, 그 밖에 회사의 회계업무를 담당하는 자, 감사인 또는 그에 소속된 공인회계사가 다음 각 호의 어느 하나에 해당하는 행위를 하면 1년 이하의 징역 또는 1천만 원 이하의 벌금에 처한다.
1. 정당한 이유 없이 제11조제4항을 위반하여 증권선물위원회의 요구에 따르지 아니한 경우
2. 제11조제6항을 위반하여 감사인을 선임한 경우
3. 제23조제1항에 따른 감사보고서를 제출하지 아니한 경우
4. 제23조제6항을 위반하여 감사인의 명칭과 감사의견을 함께 적시 아니한 경우.

2. 감사기준서 260

A7. 감사위원회(또는 이와 유사한 다른 명칭의 하위그룹)는 많은 국가에서 존재하고 있다. 비록 그 구체적인 권한 및 기능은 다를 수 있지만, 감사위원회가 존재하는 경우 이들과의 커뮤니케이션은 지배기구와의 커뮤니케이션에 있어 중요한 요소가 된다. 이와 관련하여, 양호한 지배원칙은 다음과 같다.

- 감사위원회의 회의에 감사인이 정기적으로 참여하도록 초청함
- 감사위원회의 위원장 및, 관련되는 경우 감사위원회의 구성원은 감사인과 주기적으로 연락함
- 감사위원회는 최소한 1년에 한번씩 경영진을 참석시키지 않고 감사인과 만남

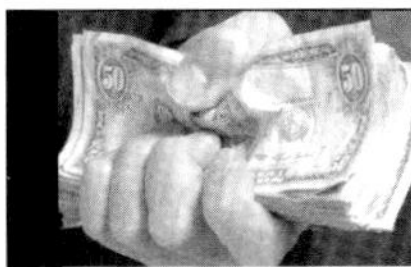

제3절

준법감시인 및 위험관리책임자 제도

1. 개요

1-1. 제도의 의의

금융회사는 법령을 준수하고 자산을 건전하게 운용하며 예금자, 투자자 및 계약자 등을 보호하기 위하여 당해 금융회사의 임직원이 그 직무를 수행함에 있어 따라야 할 기본적인 절차와 기준(내부통제기준)을 구축, 운용하여야 한다. 이러한 내부통제기준에는 금융회사가 안전하고 건전하게 운용될 수 있도록 하기 위한 업무분장 및 조직구조, 임직원이 업무수행을 함에 있어서 반드시 준수되어야 할 절차, 내부통제기준 준수 여부를 확인하는 절차 등이 포함되어야 한다.

준법감시인은 이러한 내부통제기준의 준수 여부를 점검하고 내부통제기준에 위반하는 경우 이를 조사하여 필요시 감사위원회에 보고하는 자를 말하며, 준법감시업무는 준법감시인(준법감시조직 포함)이 임직원 모두가 업무수행 시 내부통제기준을 철저하게 준수하고 있는지를 점검하고 위반사항에 대해서는 조사하는 활동을 말한다.

한편, 금융회사는 자산의 운용이나 업무의 수행, 그 밖의 각종 거래에서 발생하는 위험을 제때에 인식 · 평가 · 감시 · 통제하는 등 위험관리를 위한 기준 및 절차(위험관리기준)을 마련하여야 한다. 다만, 금융지주회사가 자회사 등의 위험관리기준을 마련하는 경우에는 그 자회사 등은 별도로 위험관리기준을 마련하지 아니할 수 있다. 금융회사는(투자자문업자 및 일임업자 제외) 자산의 운용이나 업무의 수행, 그 밖의 각종 거래에서 발생하는 위험을 점검하고 관리하는 위험관리책임자를 1인 이상 두어야 한다.

1-2. 제도의 도입배경

가. 내부통제제도 강화 필요성 부각

외환위기를 겪으면서 금융회사 등의 경영투명성 및 회계정보의 신뢰성 제고를 위한 경영활동에 대한 감시기능의 미흡 등이 주요한 원인으로 부각되었다. 또한, 금융회사의 경영지배구조 개선 및 내부통제기능을 제고하여 경영의 투명성과 효율성을 향상시키는 것이 중요한 과제로 등장하였다.

이에 따라 금융회사가 효과적인 내부통제제도를 구축, 운영하고, 이에 대한 독립적인 평가를 수행하는 내부감사기능이 강화되어야 한다는 공감대가 형성되었으며, 이러한 노력의 일환으로 사외이사, 감사위원회 제도, 준법감시인 및 위험관리책임자 제도 등이 도입되었다.

나. 금융산업의 특수성

금융산업의 특성상 관련법규만으로는 금융거래자 보호에 미흡한 면이 많으므로 거래상의 안전을 도모하기 위한 방편으로도 준법감시제도가 필요하다고 본다. 즉 금융산업은 타인의 자산을 위탁받아 운용 · 관리하는 것이 주요 업무이므로 그 속성상 고객자산을 유용하거나 고객의 이익을 침해할 가능성이 그 어느 산업보다 높다. 따라서 금융인의 엄격한 도덕성과 신뢰성이 금융산업의 유지 · 발전에 필수적인 요소이며, 이를 위하여 상시적인 통제 · 감독장치가 필요하다.

또한, 금융산업의 공공성을 고려할 때 사전적 통제 실패의 결과는 심각한 결과를 초래하며 금융거래자에게 피해를 가할 수 있으므로 상시적으로 엄격한 내부통제를 할 필요가 있을 것이다.

특히 급속도로 발전하는 첨단 금융상품의 속성을 고려할 때 임직원의 행위를 내부에서 적절히 제어하지 않고 관련 법규에 의한 사후 감독만으로는 금융재산의 안정성 유지와 금융거래자 보호라는 기본적 역할을 수행하는 데에 한계가 있으며, 그 결과가 해당 금융회사뿐만 아니라 금융시장 전반에 심각한 영향을 초래할 수 있다. 즉 자산규모의 대형화, 첨단 금융상품과 투자기법의 등장 등으로 금융산업의 경우 임직원이 언제든지 고객재산에 큰 손실을 가져오고 시장질서를 저해할 수 있는 가능성이 높다고 할 것이며, 이러한 점에서 임직원을 사전에 교육 · 훈련 · 통제시킬 수 있는 제도적 장치와 운용부서 등에 대하여 철저한 사전 또는 상시감독이 가능하도록 하는 조직 및 운영체계를 수립하는 것이 금융회사 내부에 잠재된 위험성을 사전에 최대한 제어할 수 있는 수단이다. 다시 말하면, 금융산업에 있어서 준법감시인제도는 고객자산의 선량한 관리자로서 선관주의의무(due diligence)에 입각하여 회사가 고객의 이익을 위해 최선을 다하는지, 제반 법규 및 규정 등의 엄격히 준수되고 있는지 등에 대해 상시적으로 점검 · 통제하는 조직을 갖추어 그 기능을 원활하게 작동하는 것이 목적이다.

2. 법적 근거

2-1. 준법감시인

금융회사 지배구조법은 금융회사의 내부통제기준 마련의무를 부과하고 이의 준수여부를 점검하고 위반하는 경우 조사 등 내부통제 관련 업무를 총괄하는 자로 '준법감시인'을 두도록 의무화 하고 있다.

동법 제24조에 의하면 금융회사는 법령을 준수하고, 경영을 건전하게 하며, 주주 및 이해관계자 등을 보호하기 위하여 금융회사의 임직원이 직무를 수행할 때 준수하여야 할 기준 및 절차("내부통제기준")을 마련하여야 한다. 금융지주회사가 내부통제기준을 마련한 경우 그 자회사는 내부통제기준을 마련하지 아니할 수 있음은 이미 기술한 바와 같다.

2-2. 위험관리책임자

금융회사 지배구조법은 금융회사로 하여금 자산의 운용이나 업무의 수행, 그 밖의 각종 거래에서 발생하는 위험을 제때에 인식 · 평가 · 감시 · 통제하는 등 위험관리를 위한 기준 및 절차("위험관리기준")을 마련하도록 하고있으며(동법 제27조) 동기준의 이해상황을 점검하는 위험관리 책임자를 두도록 규정하고 있다.

다만, 금융지주회사가 금융회사인 자회사 등의 위험관리기준을 마련하는 경우 그 자회사 등은 별도로 위험관리기준을 마련하지 아니할 수 있다.

3. 제도의 운영

3-1. 준법감시인

가. 준법감시인 설치의무 금융회사

금융회사는 내부통제기준의 준수여부를 점검하고 이의 위반여부를 조사하는 등 내부통제 관련 업무를 총괄하는 준법감시인을 1명 이상 두어야 한다. 다만, 「자본시장과 금융투자업에 관한 법률」에 따른 투자자문업이나 투자일임업 외의 다른 금융투자업을 겸업하지 아니하는 자로서 최근 사업연도 말 현재 운용하는 투자일임재산의 합계액이 5천억 원 미만인 자는 준법감시인을 두지 아니할 수 있다.

나. 자격요건

준법감시인은 준법감시와 관련한 전문적인 지식과 경험을 갖춘자로서 다음 각호의 요건중 하나에 해당하는 자격을 갖추어야 한다.

- 금융위원회 설치 등에 관한 법률 제38조에 따른 검사대상기관(외국금융회사 포함)에서 10년 이상 근무한 자
- 금융관계분야의 석사학위 이상 학위소지자로서 연구기관 또는 대학에서 연구원 또는 조교수 이상의 직에 5년 이상 종사한 자
- 변호사 또는 공인회계사 자격을 가진 자로서 당해 자격과 관련된 업무에 5년 이상 종사한 경력이 있는 자
- 기획재정부, 금융위원회, 증권선물위원회, 감사원, 금융감독원, 한국은행, 예금보험공사에서 7년 이상 근무경력이 있는 자로서 퇴임・퇴직후 5년이 경과한 자
- 결격사유(미성년자, 금치산자, 벌금 이상형 선고 후 5년을 경과하지 아니한 자 등)에 해당되지 아니한 자
- 최근 5년간 금융관련 법령을 위반하여 금융감독원 또는 금융위원회, 기타 당해 준법감시인이 속해 있던 기관이나 금융관계법령에서 조치권한을 가진 자로부터 문책경고 또는 감봉요구 이상에 해당하는 조치를 받은 사실이 없는 자
- 보험계리사로서 관련 업무에 5년(보험회사 준법감시인의 경우만 해당), 기타 각 금융업법상 협회 등에서 7년 이상 종사한 자
- 금융위원회가 정하여 고시한 기관에서 7년 이상 근무한 자

다. 임기 및 임면

금융회사는 사내이사 또는 업무집행책임자 중에서 준법감시인을 선임하여야 한다. 다만, 자산규모, 영위하는 금융업무 등을 고려하여 "대통령령으로 정하는 금융회사" 또는 외국 금융회사의 국내지점은 사내이사 또는 업무집행 책임자가 아닌 직원(단, 기간제 및 단시간근로자 제외) 중에서 선임할 수 있다.

여기서 "대통령령으로 정하는 금융회사"라 함은 다음 중 하나에 해당하는 회사를 말한다. 다만, 해당 금융회사가 주권상장법인으로서 최근 사업연도 말 현재 자산총액이 2조 원 이상인 경우는 여기에 해당하지 아니한다.

- 최근 사업연도 말 현재 자산총액이 7천억 원 미만인 상호저축은행
- 최근 사업연도 말 현재 자산총액이 5조 원 미만인 금융투자업자, 다만, 최근 사업연도 말 현재 운용하는 집합투자재산, 투자일임재산 및 신탁재산의 전체 합계액이 2조 원 이상인 금융투자업자는 제외한다.
- 최근 사업연도 말 현재 자산총액이 5조 원 미만인 보험회사
- 최근 사업연도 말 현재 자산총액이 5조 원 미만인 여신전문금융회사
- 그 밖의 자산규모, 영위하는 금융업무 등을 고려하여 금융위원회가 정하여 고시하는 자

금융회사(외국은행 국내지점은 제외)가 준법감시인을 임면하려는 경우에는 이사회의 의결을 거쳐야 하며 해임할 경우에는 이사 총수의 3분의 2 이상의 찬성으로 의결한다.

또한 금융회사는 준법감시인에 대하여 재무적 경영성과와 연동하지 아니하는 별도의 보수지급 및 평가기준을 마련하여 운영하여야 한다. 이는 준법감시인으로 하여금 금융회사의 단기적 경영성과와는 중립적인 입장에서 업무를 수행할 수 있도록 하기 위함이다.

라. 겸직금지

준법감시인은 선량한 관리자의 주의로 그 직무를 수행하여야 하며, 다음의 업무를 수행할 수 없다.

- ■ 자산운용에 관한 업무
- ■ 해당 금융회사의 본질적인 업무 및 그 부수업무
- ■ 해당 금융회사의 겸영업무
- ■ 금융지주회사의 준법감시인 경우에는 자회사 등의 업무

- 그 밖에 이해가 상충할 우려가 있거나 내부통제 및 위험관리 업무에 전념하기 어려운 경우로서 대통령령으로 정하는 업무

마. 독립성 확보

금융회사는 준법감시인의 준법감시업무와 관련하여 자신의 직무를 공정하게 집행할 수 있도록 업무상 독립성이 보장하여야 한다. 당해 업무와 관련한 사유로 인사상 불이익을 받아서는 아니된다. 아울러, 그 직무를 수행함에 있어 필요한 자료나 정보에 대해서는 관련 임직원에게 요청하여 제출받을 수 있어야 한다.

3-2. 위험관리책임자

가. 위험관리책임자 설치의무 금융회사

금융회사는 자산의 운용이나 업무의 수행, 그 밖의 각종 거래에서 발생하는 위험을 점검하고 관리하는 위험관리책임자를 1명 이상 두어야 한다. 다만 「자본시장과 금융투자업에 관한 법률」에 따른 투자자문업이나 투자일임업 외의 다른 금융투자업을 겸업하지 아니하는 자로서 최근 사업연도 말 현재 운용하는 투자일임재산의 합계액이 5천억 원 미만인 금융회사는 위험관리책임자를 두지 아니할 수 있다.

나. 자격요건

위험관리책임자는 위험관리에 대한 전문적인 지식과 실무경험을 갖춘 자로서 다음 각 호의 요건에 해당하는 자격을 갖추어야 한다.

- 최근 5년간 금융회사지배구조에 관한 법률 또는 금융관계법령을 위반하여 금융위원회 또는 금융감독원장, 그 밖에 대통령령으로 정하는 기관으로부터 금융회사지배구조법에서 정하는 문책 경고 또는 감봉 이상에 해당하는 조치를 받은 사실이 없

을 것(위험관리책임자가 된 사람이 이 요건을 충족하지 못하게 된 경우에는 그 직을 잃는다.)

- 「금융위원회의 설치 등에 관한 법률」 제38조에 따른 검사 대상 기관(이에 상당하는 외국금융회사를 포함한다)에서 10년 이상 근무한 사람
- 금융 관련 분야의 석사학위 이상의 학위소지자로서 연구기관 또는 대학에서 위험관리와 관련하여 연구원 또는 조교수 이상의 직에 5년 이상 종사한 사람
- 금융감독원, 한국은행, 예금보험공사, 그 밖에 금융위원회가 정하는 금융 관련 기관에서 위험관리 관련 업무에 7년 이상 종사한 사람(단, 동 기관에서 퇴임하거나 퇴직 후 5년이 지나지 않은 사람은 제외)
- 상기 요건에 준하는 자격이 있다고 인정되는 사람으로서 대통령령으로 정하는 자

다. 임면 및 임기

위험관리책임자의 임면과 임기는 준법감시인의 경우와 동일하다.

라. 겸직금지

위험관리책임자의 겸직금지 대상 업무는 준법감시인의 경우와 동일하다.

마. 독립성 확보

위험관리책임자의 독립성 확보를 위한 금융회사의 의무는 준법감시인의 경우와 동일하다.

3-3. 준법감시시스템

가. 개요

금융회사는 회사규모 및 업무특성 등을 감안하여 준법감시인이 효율적으로 내부통제기준(법규준수기준)의 준수를 점검할 수 있는 효과적인 준법감시시스템을 구축, 운영하여야 한다. 특히 이사회 또는 경영진은 내부 통제기준 준수 여부 점검업무가 효율적으로 수행될 수 있도록 우수한 인력 및 업무수행에 필요한 각종 물적 자원을 적극 지원하는 한편, 임직원의 내부통제기준에 대한 준수의식을 고양하는 조직문화 형성에도 노력하여야 한다.

나. 준법감시조직

금융회사는 준법감시인의 직무수행을 보좌하고 준법감시인의 효율적인 업무수행을 위하여 적정한 준법감시 보조조직을 설치할 수 있다. 준법감시 보조조직의 인원구성은 금융회사의 규모 등을 고려하여 자율적으로 하되, 준법감시업무를 효율적으로 수행할 수 있는 적정규모로 하여야 하며, 실무경험이 풍부한 우수직원을 배치하도록 노력하여야 한다.

또한, 금융회사는 자율에 따라 내부통제기준의 실질적 이행 여부를 효율적으로 점검하기 위해 적정한 단위로 준법감시인 또는 준법감시 보조조직의 업무를 보좌하는 담당자(준법감시담당자)를 지정하여 운영할 수 있다.

준법감시조직의 직원도 준법감시업무 수행과 관련하여 자신의 직무를 공정하게 수행할 수 있도록 업무상 독립성이 보장되어야 하며, 당해 업무수행과 관련한 사유로 부당한 인사상의 불이익을 받아서는 아니 된다.

다. 준법감시대상부서(일반부서)

영업부서 등 일반부서(장) 및 직원은 내부통제기준 준수매뉴얼 등을 참고하여 업무처리 시 내부통제기준을 철저하게 준수하여야 하며, 준법감시인 또는 준법감시 보조조직 등이 수행하는 내부통제기준 준수 여부 점검업무에 적극 협조하여야 한다.

일반현업부서장 또는 준법감시담당자는 준법감시인의 내부통제제도 관련 통보사항을 수시로 확인하여 부서직원에게 주지시켜주거나 교육을 실시하여야 한다.

3-4. 준법감시인의 권한, 의무 및 직무

가. 권한

- ■ 금융회사의 모든 업무에 접근하여 자료 및 정보에 대한 열람과 제출을 요구할 수 있는 권한
- ■ 내부통제기준 위반자에 대한 조사
- ■ 내부통제기준 준수 관련 문제점이나 미비사항에 따른 경영진 또는 유관 부서에 대한 시정 건의
- ■ 중대한 위법 · 부당행위의 발견 등 필요 시 감사위원회 앞 제재의견 표명
- ■ 이사회, 감사위원회 회의 등 각종 회의에 참석 · 발언 및 중요사항의 직접 보고
- ■ 기타 이사회가 필요하다고 인정하는 사항

나. 의무

- ■ 선량한 관리자로서의 의무
- ■ 내부통제기준의 위반사실 발견 시 감사위원회 및 이사회 앞 보고

다. 준법감시인의 주요 직무 예시

1) 내부통제기준 준수 여부에 대한 점검 및 조사

준법감시인은 내부통제기준의 운영실태에 대하여 점검 및 조사를 행한다. 즉, 내부통제기준 운영에 대한 전반적인 준수 여부를 점검하고, 위법 · 부당행위 발견시 특정사안에 대하여 직접 조사하거나 감사조직 등과 공동조사를 실시 할 수 있다.

또한, 준법감시인은 내부통제제도의 운영과 관련한 문제점 및 미비사항에 대하여 경영진 또는 유관부서에 대해 시정건의를 할 수 있다.

아울러, 준법감시인은 임직원의 내부통제기준 운영과 관련한 위법 · 부당행위에 대해서는 감사위원회에 보고하여야 하며 중대위반의 경우 등 필요 시 제재의견을 첨부할 수 있다.

2) 내부통제기준 준수매뉴얼 작성 · 배포

[표 1-5] 내부통제기준 준수매뉴얼의 주요내용(예시)

항 목	내 용
목 적	■ 내부통제기준 준수 목적, 경영이념과의 관계, 내부통제기준 준수 관련 용어의 정의 및 범위 등을 명시
조 직	■ 준법감시인, 준법감시조직, 준법감시담당자 및 준법감시 대상부서(일반부서)의 역할과 책임을 명시 ■ 이사회 및 감사위원회(감사) 등과의 관계를 명시
취 급	■ 매뉴얼의 비치 · 배부 및 활용 방법을 명시 ■ 매뉴얼의 수정 시기 및 방법을 명시(일반적으로 1년에 최소 1회 이상 필요)
법 령	■ 준수하여야 할 법령, 규정, 지시, 내규(금융 관련 법률 내규중 관련 조문만 해당)의 내용 및 그 해설 등을 명시
행 위	■ 법규준수의 대상을 법령 등으로 제한하지 않고 윤리 및 도덕적인 부분까지 포함하는 경우 이들 행위를 명시 ■ 관련규정(행동규범, 접대방침, 내부자거래규정 등) 존재 시 그 내용을 명시
준법감시프로그램 (별도작성 가능)	■ 준법감시프로그램의 내용을 명시 ■ 준법감시업무를 수행하기 위한 일정 및 계획을 명시
위반행위 발견 시 대응	■ 문제 발생 시 보고 · 연락 · 상담 라인을 명시

준법감시인은 금융회사의 규모, 사업의 범위 · 복잡성, 업무특성 등 각 금융회사의 특성에 맞는 내부통제기준 준수매뉴얼을 마련하여 임직원들이 내부통제기준 준수를 위한 세부지침서로 활용할 수 있도록 할 수 있으며, 매뉴얼 작성을 위해 필요한 경우 준법감시대상부서(일반현업부서)에 협조를 요청할 수 있다. 내부통제기준준수매뉴얼에는 내부통제기준 준수를 유지하기 위한 과정 등을 상세히 기술하여야 한다.

3) 준법감시프로그램 수립시행

준법감시프로그램은 내부통제기준 준수 여부 점검 및 위반사항조사 방법 및 일정계획, 보고서 작성 및 보고체계 등 준법감시업무를 수행하는 방법을 구체적으로 기술한 것이다. 따라서 동 프로그램에는 다음과 같은 내용이 포함되어야 한다.

[표 1-6] 준법감시프로그램의 주요내용(예시)

항 목	내 용
점검 및 조사	■ 내부통제기준 준수 여부에 대한 점검 및 조사와 관련하여 누가, 무엇을 어떻게 점검하고 조사할 것인지를 명시
현장프로그램	■ 부서별로 이행하여야 할 내부통제기준 준수 관련 실천 항목을 명시 ■ 부문별 자기점검 및 준법감시인(또는 준법감시조직)에 대한 정기 보고 일정을 명시(보고주기 등에 관하여는 업무내용에 따라 판단)
보고체계	■ 내부통제기준 준수 여부 점검을 통하여 파악된 위반사항 및 문제점 등을 준법감시인(또는 준법감시조직)에 보고하는 절차를 명시
일정	■ 준법감시업무를 수행하기 위한 일정을 명시
보고서	■ 보고서 작성 목적 및 내용을 명시 ■ 보고서 회람인을 명시
연수프로그램	■ 임직원에 대한 법규준수 관련 연수(준수하여야 할 법령 및 규정, 기타 사항 등에 관하여 정기연수 등)의 내용과 구체적인 시기의 결정 ■ 연수 수강자의 범위 등을 결정

4) 이사회, 경영진, 유관부서에 대한 지원 및 자문

준법감시인은 소송사건, 민원처리, 법규준수 및 내부통제 등과 관련한 유관부서의 협조요청에 대한 자문을 행한다.

다만, 준법감시인은 준법감시관련 모니터링 및 조사차원에서 민원업무처리의 적정성 여부를 점검하거나 준법감시관련 자문 및 지원차원에서 소송업무에 대하여 자문 · 지원할 수 있을 뿐이며 이들 업무의 직접적 처리는 민원처리부서 및 소송처리부서에 담당 한다.

5) 주요업무에 대한 법규준수 측면의 사전검토

준법감시인은 정관 · 규정 등의 제정 및 개폐, 이사회 또는 이사회 산하위원회의 부의사항(단, 감사위원회 부의사항 제외), 신상품 개발 등 신규업무 개발 및 추진, 감독기관에 제출하는 중요한 자료나 문서 등 주요 업무에 대해 법규준수 측면에서 사전 검토할 수 있다.

6) 임직원 교육

준법감시인은 법규준수 등과 관련하여 정기 · 수시로 임직원 교육을 실시할 수 있다. 연수는 본점 및 영업점에 대하여 준법감시인(또는 준법감시조직) 주관 하에 실시하되, 필요 시 영업점은 준법감시인(또는 준법감시조직)이 실시한 연수내용을 중심으로 자체적으로 실시할 수 있다. 주요 교육내용에는 내부통제기준 준수 매뉴얼 내용, 유의해야 할 법령 · 규정 · 지시 · 내규, 법규개정 내용 등을 포함한다.

[표 1-7] 임직원 윤리강령에 포함되는 사항(예시)

- 제반 법령 및 내규 등의 준수
- 사회적 규범이나 시장규율에 따른 상식과 선의의 판단에 따라 행동
- 고객에게 친절 · 공정하여야 하며, 이들의 이익을 위하여 노력
- 회사의 재산을 횡령 · 유용하거나 불법적인 행위에 사용하여서는 안됨
- 고용, 업무, 승진 등에 있어 성별, 연령, 종교, 신체장애 등을 이유로 차별 대우하여서는 안되며, 성희롱 행위가 발생하지 않도록 함
- 직무와 관련하여 금품 기타 이익을 받거나 자기의 이익을 위하여 사금융을 알선하는 행위를 하여서는 안됨
- 고객 등에 대하여 법령 및 내규에 의하여 금지된 접대 및 이익을 제공하거나 요구하여서는 안됨
- 강연 등 외부활동에 있어서 회사의 명예를 실추시키는 발언이나 공익에 반하는 행동을 삼가하여야 함
- 유가증권 시세조종 행위, 부당한 공동행위, 부정 경쟁행위와 영업비밀 침해행위 등 불공정거래행위를 하여서는 안됨

7) 임직원 윤리강령의 제정・운영

준법감시인은 임직원 윤리강령을 제・개정하고 세부 실천방안을 마련하여 전 직원을 대상으로 연수를 실시하거나 책자로 발간하여 영업점에 비치하고 준수 여부를 점검할 수 있다. 다만, 금융회사의 특성에 따라 윤리강령 제・개정 및 운영은 준법감시부서가 아닌 여타관련부서에서 담당할 수 있고 준법감시인은 이의 준수 여부를 점검하는 기능을 갖는 것으로 업무를 분장하기도 한다.

8) 감독당국 및 감사조직과의 협조

준법감시인은 내부통제기준 준수 점검결과 중요한 문제점을 발견하는 경우 감독당국에 관련사실을 종합보고하여야 한다. 준법감시인의 내부통제기준 준수 점검계획 및 감사위원회의 감사계획 수립 시 상호 간의 관심사항이 이들 계획에 반영될 수 있도록 준법감시인과 감사위원회가 상호협의 할 수 있다. 준법감시인의 내부통제기준 준수 감시결과는 감사계획에, 감사위원회(감사)의 감사결과는 내부통제기준 준수 점검계획에 각각 반영될 수 있다.

9) 내부통제기준 준수 점검결과의 기록 유지 및 보고

준법감시조직 및 준법감시담당자 등은 내부통제기준 점검관련 업무처리 내용을 기록, 유지하여야 하며, 준법감시인은 연간업무운영계획 및 그 결과에 관하여 보고서를 작성하여 경영진 또는 감사위원회에 보고한다.

3-5. 준법감시부문과 타 부문과의 업무구분

가. 내부감사기능(Internal Audit) 부문과의 비교

준법감시기능은 경영진 입장에서 임직원의 내부통제기준의 준수 여부를 점검하는 역할을 수행하는 데 비하여, 내부감사기능은 경영진과는 독립적인 제3자적 관점에서 내부통제제도 구축, 운영에 대해 평가를 실시하는 등 경영진의 직무를 견제 · 감시하는 역할을 수행한다.

준법감시인이 준법감시매뉴얼에 따라 내부통제기준 준수 여부를 점검 및 조사하는 데 비해 감사위원회(감사)는 준법감시조직을 포함한 금융회사의 모든 부서에 대하여 업무감사, 준법감사, 재무감사, 경영감사, IT감사를 실시한다.

[표 1-8] 내부감사기능과 준법감시기능의 비교

구 분	내부감사기능	준법감시인
주요역할	■ 내부통제시스템의 적정성과 경영성과의 평가 및 개선방안 제시	■ 임직원의 내부통제기준 준수 여부 점검 및 위반사항 발견시 조사하여 필요시 감사위원회에 보고
근거법규	■ 상법 및 금융관련법률	■ 금융회사의 지배구조에 관한 법률
활동주체	■ 감사위원회 및 그 보조기구	■ 준법감시인 및 그 보조기구
주된업무	■ 재무감사, 업무감사, 준법감사, 경영감사, IT감사 ■ 전반적인 내부통제시스템에 대한 평가 및 개선방안 제시 ■ 내부감사부서장과 감사의 직무수행상 필요한 직원의 임면에 대한 동의 ■ 외부감사인의 선임에 대한 승인 ■ 외부감사인의 감사활동에 대한 평가 ■ 감사결과 지적사항에 대한 조치 ■ 준법감시인의 보고사항에 대한 조치 ■ 기타 관련법령, 정관에서 정한 사항과 이사회가 위임한 사항의 처리	■ 내부통제기준 준수 여부(법규준수 여부에 중점)점검 및 조사 ■ 내부통제기준 준수매뉴얼 작성 · 배포 ■ 주요 일상업무에 대한 법규준수 측면에서의 사전검토 ■ 법규준수 관련 임직원 교육 ■ 임직원윤리강령의 제정 · 운용 등
상호관계	■ 준법감시인 및 그 보조기구에 대하여도 감사 실시	■ 내부통제기준 위반사실 발견 시 필요시 감사위원회에 보고 의무

나. 위험관리(Risk Management) 부문과의 비교

금융회사의 경영방침에 따라 리스크 관련 정책을 수립하고 시행하는 부서는 리스크관리부서이다. 이에 비해 자산의 운용 또는 업무 영위과정에서 발생하는 위험을 점검하고 관리하는 업무를 수행하는 자는 위험관리책임자이다. 준법감시인은 위험관리 책임자와 협업하여 효율적인 준법감시체제를 구축하여야 한다.

다. 법률자문(Legal Consulting) 부문과의 비교

법률자문부문과 준법감사부문의 기능은 조직 내 역할에 따라 모호하며 다소 상충되는 면이 있다. 원칙적으로 법률자문부문은 법적으로 모호한 부문에 대하여 영업전략수립 측면에서 지원업무를 수행하는 반면, 준법감시부서는 법률적 리스크가 포함된 위반여부에 대하여 점검, 조사하는 기능을 수행한다고 할 수 있다. 준법감시인은 준법감시 기능 수행을 위하여 법률자문부문과 협조를 통하여 효율적인 점검체계를 구축할 필요가 있다.

4. 외국의 준법감시인제도 운영

4-1. 미국

미국의 금융회사는 변호사 등 법률전문가들을 위주로 구성하는 Compliance Department를 설치하고 운영하는 경우가 일반적이나, 조직이 큰 대형회사의 경우에는 Compliance Department 외에 법률문제만을 전담하는 Legal Department를 별도로 설치 · 운영하는 경우도 있으며, 소규모 회사의 경우 Compliance 업무에 대한 자문을 전문으로 하는 외부기관의 지원을 받아 업무를 수행하는 것이 일반적이다.

미국의 금융회사는 주주의 견제가 강하여 법규준수를 당연시하고 있으며 감독당국도 검사 시 법규준수를 주요 점검사항으로 하고 있으므로 금융회사는 자기보호를 위하여 자발적으로 내부통제기준 및 절차를 마련하고 준법감시인(CO: Compliance Officer)을 선임하여 이를 점검하고 있다. 즉, 준법감시인을 중심으로 법무부서 등이 준법감시업무를 수행하고 있으며, 영업 및 업무 부서별로 별도의 준법감시담당자를 선임하여 점검하고 있다.

미국의 감독당국에서는 검사업무편람 등에 법규준수 관련사항(법규준수에 대한 감시여부 등)을 명시하고, 법규준수에 대한 검사목적 및 검사절차 등을 상세히 규정하여 검사 시 집중 점검하고 있다.

4-2. 일본

일본의 금융회사는 과거에 거액 해외손실 은폐, 거액의 불량채권 발생 및 관민유착 · 독직 등의 금융 불상사가 잇달아 발생하고 이로 인하여 대내외적으로 일본시장에 대한 신뢰를 상실하게 되자 금융시장의 신뢰회복, 자기 및 고객보호 차원에서 법규준수체제를 한층 더 강화하고 있다. 법규준수체제는 준법감시위원회를 중심으로 준법감시총괄부서, 법무부서 등이 준법감시업무를 수행하고 있으며, 준법감시 총괄부서에 준법감시인을, 기타 영업 및 영업부서에 준법감시담당자를 배치하여 운영하고 있다.

일본의 감독당국 및 업계에서도 현대의 일본 금융시장 및 업계의 법규준수 체제개선을 위하여 1999년 중 검사업무편람 등을 발간하여 리스크의 인식 및 평가를 근간으로 한 법령준비태세에 대하여 검사업무를 수행할 수 있도록 하였다.

〈참고 3〉

은행권 표준내부통제기준

각 업권별 금융협회는 2016년 시행된 금융회사지배구조법의 안착을 위해 업권별로 '표준내부통제기준'을 제정하였으며, 금융협회의 소속 금융회사들은 동 표준기준을 벤치마킹하여 자체 실정에 맞게 내부통제기준을 내규로 마련하여 준수하고 있다. 은행권 표준내부통제기준을 기준으로 살펴보면, 내부통제 조직 및 역할, 준법감시인 및 준법감시체제 운영, 내부통제 관련 은행(임직원) 준수사항 등이 규정되어 있다.

은행권 표준내부통제기준(은행연합회)

제1장 총칙

제1조(목적) 이 기준은 「금융회사의 지배구조에 관한 법률」 제24조에 따라 은행이 법령을 준수하고 경영을 건전하게 하며 주주 및 이해관계자 등을 보호하기 위하여 은행의 임직원이 직무를 수행할 때 준수하여야 할 기준 및 절차를 마련하는데 그 목적이 있다.

제2조(적용범위) 이 기준은 은행의 임직원이 은행의 업무와 관련하여 행하는 직무 전반에 대하여 적용되며, 계약에 따라 은행의 업무 일부를 위탁받은 자의 행위는 그 위임받은 업무 범위 내에서는 이를 은행의 업무행위로 본다.

제3조(용어의 정의) ① 이 기준에서 사용하는 용어의 정의는 다음과 같다.

1. "내부통제"란 은행의 목표 달성을 위하여 모든 임직원이 직무수행시 준수하여야 하는 일련의 통제 과정을 말한다.
2. "내부통제체계"란 효과적인 내부통제 활동을 수행하기 위한 조직구조, 업무분장 및 승인절차, 의사소통 · 모니터링 · 정보시스템 등의 종합적 체

계를 말한다.

3. "내부통제기준"이란 법령을 준수하고 경영을 건전하게 하며 주주 및 예금자 등을 보호하기 위하여 은행의 임직원이 직무를 수행할 때 준수하여야 할 기준 및 절차를 말한다.
4. "주법감시"란 내부통제의 일부분으로서 은행 임직원의 직무 수행시 법령을 준수하도록 하거나 법령 위반행위를 신속히 발견하도록 하는 사전적 · 상시적 통제 과정을 말한다.
5. "준법감시체제"란 내부통제체계의 일부분으로서 효과적인 준법감시 활동을 수행하기 위한 조직구조, 업무분장 및 승인절차, 의사소통 · 모니터링 · 정보시스템 등의 종합적 체제를 말한다.
6. "준법감시인"이란 내부통제기준의 준수 여부를 점검하고 내부통제기준을 위반하는 경우 이를 조사하는 등 내부통제 관련 업무를 총괄하는 사람으로서 제12조에 따라 선임된 자를 말한다.
7. "법령"이란 상법, 「금융회사의 지배구조에 관한 법률」 제2조에 따른 금융관계법령 및 금융소비자 · 투자자 보호와 직접 관련이 있는 법률을 말한다.

② 그 밖에 이 기준에서 사용하는 용어의 정의는 「금융회사의 지배구조에 관한 법률」, 「은행법」 등에서 정하는 바에 따른다.

제4조(업무분장 및 조직구조) ① 은행은 임직원의 역할과 책임을 명확히 하고, 업무의 종류 및 성격, 이해상충의 정도 등을 감안하여 업무의 효율성 및 직무 간 상호 견제와 균형이 이루어질 수 있도록 업무분장 및 조직구조를 수립하여야 한다.

② 은행은 업무분상 및 조직구조에 관한 내규를 제 · 개정할 때에는 제1항의 내용을 충실히 반영하여야 한다.

제2장 내부통제 조직 및 역할

제5조(내부통제 조직) 은행의 내부통제 조직은 이사회, 대표이사, 내부통제위

원회, 준법감시인 등으로 구성된다.

제6조(이사회) ① 이사회는 은행의 내부통제에 대한 최종적인 책임을 지며, 은행의 내부통제체계의 구축 및 운영에 관한 기본방침을 정한다.

② 이사회는 내부통제에 영향을 미치는 경영전략 및 정책을 승인하고 내부통제기준, 내부통제체계 등 내부통제와 관련된 주요사항을 심의 · 의결한다.

③ 이사회는 은행의 내부통제 취약부분에 대한 개선계획 등의 제출을 대표이사에게 요구할 수 있다.

④ 이사회는 내부통제기준을 위반하거나 내부통제 취약부분에 대해 책임있는 임직원에 대한 징계조치를 대표이사에게 요구할 수 있다.

제7조(대표이사) ① 대표이사는 이사회가 정한 내부통제체계의 구축 · 운영에 관한 기본방침에 따라 내부통제체계를 구체적으로 구축 · 운영하여야 한다.

② 대표이사는 은행의 내부통제체계가 적절히 운영되도록 조직구조 등을 구축 · 확립하는 등 내부통제 환경을 조성하여야 하며, 영업환경 변화 등에 따라 내부통제체계의 유효성에 대해 재검토하여야 한다.

③ 대표이사는 내부통제체계 구축 · 운영 등과 관련하여 다음 각 호의 업무를 하여야 한다. 다만, 대표이사는 각 호의 업무의 전부 또는 일부를 임직원에게 위임할 수 있다.

1. 내부통제기준 위반방지를 위한 예방대책 마련
2. 내부통제체계 · 운영에 대한 실태점검
3. 내부통제기준 위반시 위반내용에 상응하는 조치방안 및 기준 마련
4. 기타 이 기준에서 대표이사에게 부과한 업무

④ 대표이사는 내부통제 업무의 효율적인 수행을 위하여 인적 · 물적 자원을 적극 지원하여야 한다.

⑤ 대표이사는 제3항 제2호에 따른 내부통제체계 · 운영에 대한 실태 점검결과를 매년 1회 이상 정기적으로 이사회에 보고하여야 한다.

제8조(내부통제위원회) ① 은행은 내부통제 관련 주요 사항을 협의하기 위하여 내부통제위원회를 설치한다.

② 내부통제위원회는 대표이사를 위원장으로 하고 준법감시인, 위험관리책임자 및 그 밖에 대표이사가 정하는 내부통제 관련 업무 담당 임원을 위원으로 한다.

③ 내부통제위원회는 다음 각 호의 역할을 수행한다.

1. 내부통제 점검결과의 공유 및 임직원 평가 반영
2. 금융사고 등 내부통제 취약부분에 대한 점검 및 대응방안 마련
3. 내부통제 관련 주요 사항 협의
4. 임직원의 윤리의식 · 준법의식 제고 노력 등

제9조(준법감시인) ① 준법감시인은 내부통제기준의 준수 여부를 점검하고 내부통제기준을 위반하는 경우 이를 조사하는 등 내부통제 관련 업무를 총괄하여야 한다.

② 준법감시인은 필요하다고 판단하는 경우 내부통제기준 위반에 대한 조사결과를 감사위원회에 보고할 수 있다.

③ 준법감시인은 내부통제기준을 기초로 내부통제의 구체적인 지침 및 내부통제기준 준수 매뉴얼 등을 제정 · 시행할 수 있다.

제10조(임직원) ① 임직원은 자신의 직무와 관련하여 내부통제에 대한 1차적인 책임이 있으며, 직무수행 시 자신의 역할을 이해하고 관련 법령 및 내규(이하 "법규"라 한다)를 숙지하여 이를 충실히 준수하여야 한다.

② 임원은 소관업무 및 소관조직에 대한 내부통제기준 위반방지를 위한 예방대책을 마련하고 내부통제기준 준수여부를 충실하게 점검하는 등 소관업무 및 소관조직에 대한 내부통제를 총괄한다.

③ 부점장은 소관부점과 관련된 금융사고 예방대책 등 내부통제 제도 및 정책의 실행에 대한 책임을 진다.

제11조(업무수행 시 준수절차) 은행은 임직원이 역할과 책임을 성실히 수행

할 수 있도록 업무수행의 구체적인 절차와 방법 등을 내규 등으로 문서화하고 동 내규 등의 내용이 임직원에게 효과적으로 전달되도록 하여야 한다.

제3장 준법감시인 및 준법감시체제 운영

제1절 준법감시인 및 준법감시조직

제12조(준법감시인의 임면) ① 준법감시인을 임면할 때는 이사회의 의결을 거쳐야 하며 해임의 경우에는 이사 총수의 3분의 2이상의 찬성으로 의결한다.

② 은행은 준법감시인을 금융회사 근무경력자 중에서 선임하는 경우 준법, 리스크 등 내부통제업무 경력을 보유한 자를 선임한다.

③ 은행은 준법감시인 임면시 관련 사실을 법령에서 정하는 바에 따라 공시 및 금융감독당국에 보고하여야 하며 공석 발생시 지체없이 업무대행자를 지정하여 보고하여야 한다.

제13조(준법감시인의 지위 및 임기) 은행은 사내이사 또는 업무집행책임자 중에서 준법감시인을 선임하여야 하며 그 임기는 2년 이상으로 한다.

제14조(준법감시인의 권한 및 의무) 준법감시인은 다음 각 호의 권한 및 의무를 갖는다.

1. 내부통제기준 준수여부 등에 대한 정기 또는 수시 점검
2. 업무전반에 대한 접근 및 임직원에 대한 관련자료 및 정보 제출 요구
3. 내부통제기준 위반자에 대한 조사
4. 내부통제기준 준수 관련 문제점 및 미비사항에 대해 경영진 또는 관련부서에 시정 요구
5. 중대한 위법 · 부당행위 발견 등 필요시 감사위원회 앞 제재 의견 표명
6. 위법사항 등(법령 또는 정관에 위반하거나 현저하게 부당한 사항에 한한다)에 대한 업무정지 요구

7. 필요시 이사회 등 모든 업무회의 참여 및 적법성 등에 대한 의견 진술(다만 회의에서의 의결권 행사는 금지된다)

8. 준법감시 담당직원 등에 대한 일부 근무평정

9. 선량한 관리자의 주의 의무

10. 기타 이사회 · 대표이사 · 내부통제위원회가 필요하다고 인정하는 사항

제15조(준법감시부서등) ① 은행은 준법감시 업무가 효율적으로 수행될 수 있도록 풍부한 경험과 능력 등 전문성을 갖춘 적절한 수의 인력으로 구성된 지원조직("준법감시부서")을 갖추어 준법감시인의 직무수행을 지원하여야 한다.

② 대표이사는 제1항을 준수하기 위해 실질적으로 준법감시업무를 수행하는 인력의 규모(총직원 대비 비율 및 최소인원수) 및 전문성에 대한 세부기준을 마련한다.

제16조(준법감시인의 독립성 확보) ① 은행은 준법감시인이 직무를 공정하게 수행할 수 있도록 업무의 독립성을 보장하여야 하며, 준법감시인이었던 자에 대하여 해당 직무수행과 관련된 사유로 부당하게 인사상 불이익을 주어서는 아니 된다.

② 준법감시인은 내부통제기준의 준수여부 점검업무 이외에 다음 각 호의 직무를 담당해서는 아니된다.

1. 자산운용에 관한 업무
2. 은행이 수행하는 은행업무, 부수업무 및 겸영업무
3. 그 밖에 이해상충의 발생 우려가 있거나 내부통제에 전념하기 어려운 업무로서 관련 법규에서 겸직을 금지한 업무

③ 준법감시인이 제2항 각 호 이외의 직무를 담당하기 위해서는 적절한 이해상충 방지체계를 구축하여 운영하여야 한다.

④ 은행은 준법감시인에 대하여 회사의 재무적 경영성과와 연동하지 아니하는 별도의 보수지급 및 평가기준을 마련하여 운영하여야 한다.

제2절 준법감시체제 운영

제17조(준법감시체제의 구축) ① 대표이사는 임직원 업무수행의 공정성 제고 및 위법 · 부당행위의 사전 예방 등에 필요한 효율적인 준법감시체제를 구축 · 운영하여야 한다.

② 제1항에 의한 준법감시체제에는 다음 각 호의 사항을 포함하여야 한다.

1. 관련 법령, 내부통제기준 준수여부 점검 및 시정조치
2. 주요 업무에 대한 법규준수 측면에서의 사전검토 및 정정 요구
3. 내부통제기준 준수 매뉴얼 작성 · 배포
4. 임직원 윤리강령의 제 · 개정 및 운영
5. 법규준수, 행정지도 등 관련 임직원 교육 및 자문
6. 감독당국, 검사부서 및 유관부서에 대한 협조 · 지원

제18조(내부통제기준 준수여부 확인절차 및 방법) ① 준법감시인은 준법감시체제를 통해 임직원의 내부통제기준 준수여부를 업무의 중요도 및 위험도 등을 감안하여 주기적으로 점검하여야 한다.

② 준법감시인은 각 조직단위의 장으로 하여금 준법감시인이 정한 방법에 따라 소관조직 및 소관업무에 대한 내부통제기준 위반여부를 점검하게 할 수 있다.

③ 준법감시인은 내부통제기준 등의 준수여부를 점검하는 과정에서 위법 · 부당행위 발견 시 직접 조사하거나 필요한 경우 검사조직에 조사를 의뢰할 수 있다.

제19조(법규 위반 방지를 위한 사전검토) ① 준법감시인은 다음 각 호에 대해 법규 준수여부를 사전검토하여 필요시 정정 요구 등을 통해 법규 위반을 방지하여야 한다.

1. 정관 · 규정 등의 제정 및 개폐
2. 이사회, 이사회 산하 각종 위원회의 부의사항(감사위원회 부의사항 제외)
3. 신상품 개발 등 새로운 업무의 개발 및 추진

4. 감독당국에 제출하는 중요한 자료나 문서에 대한 사전검토 등

5. 기타 관련 법규에 따라 준법감시인의 사전검토가 필요한 사항

② 준법감시인은 업무수행 과정 중 발생하는 각종 법규준수, 행정지도 등 관련 의문사항에 대하여 임직원이 필요한 지원 및 자문을 받을 수 있도록 적절한 절차를 마련 · 운영하여야 한다.

제20조(임직원 교육) 준법감시인은 법규준수, 행정지도 등과 관련하여 정기 · 수시로 임직원 교육을 실시하여야 하며, 준법감시 담당 임직원은 은행이 정한 기준에 따라 내부통제 관련 교육을 이수하여야 한다.

제21조(내부통제기준 위반 시 처리) ① 준법감시인은 내부통제기준 위반사항에 대해 관련 부점에 시정 또는 개선을 요구할 수 있으며, 이 경우 해당 부점장은 특별한 사정이 없는 한 요구에 응하여야 한다.

② 준법감시인은 중대한 위법 · 부당행위 등 발견시 필요한 경우 감사위원회 또는 상임감사위원에게 보고할 수 있다.

③ 내부통제기준을 위반한 임직원의 처리에 관하여는 관련 법규에서 정하는 바에 따른다.

제22조(타 조직과의 협조) 준법감시인과 감사위원회는 준법감시인의 내부통제기준 준수여부 점검 계획 및 감사위원회의 검사계획 수립시 상호간의 관심사항이 이들 계획에 반영될 수 있도록 상호 협의 · 조정하는 등 협조체제를 유지하여야 한다.

제4장 내부통제 관련 은행(임직원) 준수사항

제23조(임직원의 의무) ① 임직원은 업무를 수행함에 있어 은행이 제정한 윤리규범을 준수하고, 고객, 주주 및 은행의 재산을 보호하기 위하여 선량한 관리자로서의 의무를 다하여야 한다.

② 임직원은 본인 또는 다른 직원의 업무수행과 관련하여 법규위반 등 위법 ·

부당행위 사실을 인지한 경우에는 이를 은폐하여서는 아니 된다.

③ 임직원은 관련 법령에서 정하는 경우를 제외하고는 고객의 서면상의 요구나 동의를 받지 아니하고 금융거래 및 개인 · 신용정보를 누설, 제공 또는 부당하게 이용하여서는 아니 된다.

④ 임직원은 은행의 고유정보 및 고객과 관련하여 비밀을 요하는 정보를 관련 법규에 따라 보호하여야 하며, 내 · 외부로부터 부당한 정보제공 또는 열람을 요구받은 경우 이를 거절하여야 한다.

⑤ 임직원은 합리적인 이유 없이 은행 이용자의 성별, 종교, 장애, 나이, 출신국가, 학력 등을 이유로 특정 은행 이용자를 우대, 배제, 구별하거나 불리하게 대우하는 차별행위를 하여서는 아니 된다.

제24조(임직원의 타 회사 겸직 관련) ① 은행은 「금융회사의 지배구조에 관한 법률」 제11조 등 관련 법령에 따라 임직원의 타 회사 겸직이 다음 각 호의 사항에 해당하는지 여부를 평가하고 겸직현황을 주기적으로 관리하여야 한다.

1. 은행의 경영건전성을 저해하는지 여부
2. 금융소비자의 이해상충을 초래하는지 여부
3. 금융시장의 안정성을 저해하는지 여부
4. 금융거래질서를 문란하게 하는지 여부

② 은행은 제1항에 따른 검토 · 관리 결과 및 겸직 수행과정에서 제1항 각호에 해당하는 위험이 발생하거나 발생 가능성이 있다고 판단하는 경우, 위험 방지를 위한 적절한 조치를 취하여야 한다.

제25조(신상품 개발등의 업무절차) ① 은행은 새로운 금융상품의 개발 및 금융상품 판매과정에서 금융소비자 보호 및 시장질서 유지 등을 위하여 준수하여야 할 업무절차에 대한 사항을 마련하여야 한다.

② 제1항의 절차에는 다음의 사항을 포함하여야 한다.

1. 상품 기획 · 개발 과정의 소비자보호 체계
2. 상품 판매과정의 소비자보호 체계

3. 상품 판매 이후 과정의 소비자보호 체계

제26조(불건전영업행위 금지) 은행은 「은행법」 제34조의2 등 관련 법령에서 금지하는 은행이용자에 대한 부당한 편익 제공행위, 은행이용자의 부당한 거래 지원행위, 정상적 수준을 초과하는 재산상 이익 제공행위, 기타 은행의 건전한 운영 및 신용질서 저해행위를 하여서는 아니 된다.

제26조의2(재산상 이익제공) ① 은행은 「은행법」 제34조의2 등 관련 법령에서 금지하는 이익제공이 발생하지 않도록 이익제공시 준수해야 하는 기준과 절차를 마련하여야 한다.

② 제1항의 기준 및 절차에는 다음의 사항이 포함되어야 한다.

1. 준법감시인에게 사전 또는 사후 보고
2. 이사회 의결 또는 보고
3. 재산상 이익 제공의 적정성 점검 · 평가절차 등
4. 제3호에 따른 점검 · 평가의 결과 등을 매년 이사회에 보고
5. 기타 관련 법규에서 정하는 기준과 절차

제27조(불공정거래행위 방지) ① 은행은 「은행법」 제52조의2 등 관련 법령에서 정한 바에 따라 공정한 금융거래 질서를 해칠 우려가 있는 예금 가입 등의 강요행위, 부당한 담보 · 보증 요구행위, 부당한 편익 요구 또는 수령행위 기타 은행의 우월적 지위를 이용하여 은행이용자의 권익을 부당하게 침해하는 행위를 하여서는 아니된다.

② 임직원은 업무상 알게 된 미공개 정보를 이용하여 금융투자상품의 매매 또는 거래를 하거나 타인으로 하여금 이를 이용하게 하여서는 아니 된다.

③ 임직원은 고객 및 이해관계에 있는 자와의 각종 거래와 관련하여 그 지위를 남용하거나 허위 · 과장된 표시 및 광고 등에 의한 불건전 영업행위를 하여서는 아니 된다.

제28조(금융사고의 예방) ① 대표이사는 「은행법」 제34조의3 등 관련 법령

에서 정한 바에 따라 다음 각 호의 사항과 관련된 금융사고 예방대책을 마련하여야 한다.

1. 지점(국외지점 및 국외현지법인을 포함한다. 이하 이 조에서 같다)의 금융사고 관리에 관한 사항
2. 지점의 업무운영에 관한 자체적인 검사에 관한 사항
3. 은행이용자의 정보보호에 관한 사항
4. 전산사무, 현금수송사무 등 금융사고 가능성이 높은 사무에 관한 사항

② 제1항에 따른 금융사고 예방대책에는 본부부서의 금융사고 관리에 관한 사항과 임직원의 직급별 역할 · 책임에 관한 사항 등을 포함한다.

③ 대표이사는 금융사고 취약업무의 처리절차 고도화를 위해 다음 각 호의 사항과 관련된 세부기준을 마련한다.

1. 권한없는 자의 시스템 접근통제에 관한 사항
2. 자금인출 시스템의 단계별 확인에 관한 사항
3. 수기문서의 전산관리에 관한 사항

④ 은행의 임직원은 제1항에 따른 금융사고 예방대책을 준수하여야 한다.

제28조의2(자금세탁행위 및 공중협박자금조달행위 방지) ① 「특정 금융거래정보 보고 및 감독규정」에 따른 보고책임자(이하 “보고책임자”라 한다)는 「특정 금융거래정보의 보고 및 이용 등에 관한 법률」 제2조제2호에 따른 금융거래에 내재된 자금세탁행위 등의 위험을 식별, 분석, 평가하여 위험도에 따라 관리 수준을 차등화하는 자금세탁 위험평가체계를 구축 및 운영하여야 한다.

② 보고책임자는 자금세탁행위 등의 방지 업무를 수행하는 부서로부터 독립된 부서 또는 외부전문가가 그 업무수행의 적절성, 효과성을 검토 · 평가하고 이에 따른 문제점을 개선하기 위한 독립적 감사체계를 마련 및 운영하여야 한다.

③ 보고책임자는 임직원이 자금세탁행위 등에 가담하거나 이용되지 않도록 다음 각 호의 사항을 수행하여야 한다.

1. 임직원의 신원사항 확인

2. 임직원의 교육 및 연수

제29조(이해상충 관리방법 및 절차) ①「자본시장과 금융투자업에 관한 법률 시행령」에 따라 정보교류 차단 업무를 독립적으로 총괄하는 임원(또는 총괄·집행책임자)(이하 "정보교류차단총괄임원등"이라 한다)은「은행법」제28조의2 등 관련 법령에서 정한 바에 따라 업무수행 시 은행과 은행이용자 간, 특정 이용자와 다른 이용자 간의 이해상충을 방지하기 위하여, 이해상충 발생 우려가 있는 업무 간에는 이해상충이 발생할 가능성에 대하여 인식·평가하고 정보교류를 차단하는 등 공정하게 관리하여야 한다.

② 정보교류차단총괄임원등은 제1항에 따른 이해상충을 관리하는 방법 및 절차 등에 관한 세부기준을 마련하고 효율적인 관리체계를 구축하여야 한다.

제30조(장기근무 관리) 대표이사는 직원의 장기근무로 인한 금융사고 등을 예방하기 위해 장기근무자 관리에 대한 세부기준을 마련한다.

제31조(보험상품 모집) ① 은행이 보험업법에 의한 보험대리점 또는 보험중개인으로 등록하여 보험모집을 하는 경우에는 관련 법령에서 정한 기준을 준수하여야 한다.

② 소관부서는 다음 각 호의 사항이 포함된 세부기준 및 절차를 마련하여 운용하여야 한다.

1. 제휴보험회사의 선정·해지 기준 및 절차에 관한 사항
2. 판매대상 보험상품 선정기준에 관한 사항
3. 보험회사와 체결하는 제휴계약서에 포함되어야 할 민원 및 분쟁 처리절차와 책임소재에 관한 사항
4. 보험회사와의 제휴계약이 종료될 경우 고객보호에 관한 사항
5. 보험상품판매와 관련한 불공정행위 방지에 관한 사항

제32조(금융투자업 관련 내부통제) 은행은 경영하는 금융투자업과 관련하여 다음 각 호의 사항과 관련하여 마련한 기준 및 절차를 준수하여야 한다. 다

만 「금융회사 지배구조 감독규정」의 별표3 중 4.호(해당 금융회사가 금융투자업자인 경우)가 은행에 적용되지 않는 경우에는 그러하지 아니하다.

1. 집합투자재산이나 신탁재산에 속하는 주식에 대한 의결권 행사와 관련된 법규 및 내부지침의 준수 여부에 관한 사항
2. 집합투자재산이나 신탁재산에 속하는 자산의 매매를 위탁하는 투자중개업자의 선정기준에 관한 사항
3. 투자자 예탁재산의 보관 · 관리방법에 관한 사항
4. 기타 「금융회사 지배구조 감독규정」의 별표3에서 금융투자업자의 내부통제기준에 포함해야 하는 사항으로 명시한 사항

제5장 보칙

제33조(고위험사무 직무분리기준) 조직단위의 장은 준법감시인과 협의하여 담당직무 중 사고발생 우려가 높은 단일거래에 대해서 복수의 인력 또는 부서가 참여하도록 하는 등 직무분리기준을 수립하고 적용하여야 한다. 다만, 인력 부족이나 사안의 시급성 등으로 불가피하게 직무분리의 적용이 어려운 경우에 대한 별도의 보완통제 장치를 마련하여야 운영할 수 있다.

제34조(정보전달체제) ① 대표이사는 임직원 상호간 원활한 의사소통으로 은행의 비전과 전략, 핵심가치 등이 효율적으로 전달 및 공유되도록 적절한 정보전달체제를 구축하여야 한다.

② 대표이사는 전자형태의 정보시스템을 이용하여 제1항에 따른 정보 및 의사전달 체제를 구축하는 경우에는 철저한 보안시스템의 구축과 적절한 비상대책을 수립하여야 한다.

제35조(영업점 등 자체점검) ① 은행은 각 부점의 업무가 법규에 맞게 처리되고 있는지 여부를 해당 부점장 책임 하에 자체적으로 검사(이하 "자점검사"라 한다)하도록 하여야 한다.

② 은행은 자점검사의 방법, 확인사항, 실시 주기 등에 관한 사항이 포함된 세

부사항을 정하여 시행하여야 한다.

제36조(임직원 윤리강령의 제개정) ① 준법감시인은 임직원 윤리강령(또는 행동규범. 이하 같다)을 제・개정하고 세부 실천방안을 마련하여 임직원을 대상으로 연수를 실시하거나 책자로 발간하여 각 부점에 비치하고 그 준수 여부를 점검하여야 한다.

② 준법감시인은 윤리강령 위반에 대한 신고처 운영, 신고자 포상 등과 같은 윤리강령의 실효성 확보를 위한 절차를 구축・운영하여야 한다.

③ 은행은 내부통제체계의 특성 등을 감안하여 윤리강령 제・개정 및 운영을 준법감시부서가 아닌 여타 부서에서 담당하고 준법감시부서는 준수여부 점검만을 수행하도록 할 수 있다.

제37조(내부고발제도) ① 은행은 내부통제가 원활히 이루어질 수 있도록 내부고발제도를 총괄하는 자를 지정하고 내부고발제도 운영 등에 관한 구체적 사항을 정하여 시행하여야 한다.

② 내부고발제도에는 내부고발자에 대한 비밀보장 및 불이익 금지 등 보호조치와 은행에 중대한 영향을 미칠 수 있는 위법・부당한 행위를 인지하고도 은행에 제보하지 않은 미고발자에 대한 불이익 부과 등에 관한 사항이 포함되어야 한다.

제38조(명령휴가) 은행은 임직원의 위법・부당한 행위를 사전에 방지하기 위하여 명령휴가제도 도입 및 그 적용대상, 실시주기, 명령휴가 기간, 적용 예외 등 명령휴가제도 시행에 필요한 사항을 별도의 지침으로 정한다.

제38조의2(상시감시) ① 은행은 본부부서 및 영업점의 이상거래를 상시적으로 감시한다.

② 은행은 상시감시에 대한 세부기준을 마련한다.

제39조(내부통제기준의 제・개정) ① 은행이 내부통제기준(제40조에 따라

마련된 세부지침은 제외한다)을 제정하거나 개정하고자 할 때에는 이사회의 의결을 거쳐야 한다.

② 제1항에도 불구하고 법규 개정에 따른 용어 변경, 단순한 조직체계의 변경, 기타 체제 변경이나 자구수정 등 내부통제기준 내용의 실질적인 변화를 수반하지 않는 개정의 경우에는 대표이사가 이를 승인할 수 있다.

제39조의2(활동 내역의 공시) 은행은 이 기준에 따른 이사회등의 내부통제 관련 활동 내역을 지배구조연차보고서 등을 통하여 공시하여야 한다.

제40조(세부지침 위임) 이 규정의 시행 및 준법감시인의 직무수행에 필요한 세부사항은 대표이사가 별도로 정하는 바에 따른다.

제4절

직업윤리

1. 직업윤리의 확립 필요성

1-1. 금융회사 설립목적의 구현

금융회사는 영리를 목적으로 하는 법인이지만, 한편으로는 불특정 다수로부터 자금을 조달하여 운용할 수 있도록 법적 신뢰성을 부여하고 있는 공공성이 높은 법인이다. 최근 기업의 윤리 또는 사회적 책임이 강조되고 있는 만큼 공공성이 강한 금융회사의 윤리는 일반기업보다 높은 수준을 요구하고 있으며 이는 세계적인 추세이기도 하다.

금융회사 설립근거법 및 이를 근거로 한 감독규정에서는 이러한 신뢰성을 뒷받침하기 위해 건전성 규제장치를 두고 감독당국이 이의 이행여부를 감독하도록 하고 있으며, 규제를 어길 경우 제재조치를 취할 수 있도록 감독수단을 부여하고 있다.

이러한 점에서 금융회사는 주주들의 이익만을 위한 영리법인의 차원을 넘어서 이해관계자를 보호하고, 금융산업의 발전을 통해 국민경제 발전에 동참하여야 할 공공적인 책임이 있는 것이다.

그동안 우리 경제의 걸림돌로 작용하였던 금융부실은 이와 같은 금융회사 설립목적 및 공공적 책임에 대한 인식 소홀에서 비롯한 금융회사 임직원 · 대주주의 도덕적 해이 및 잘못된 금융 관행이 원인으로 작용한 경우가 많으며, 또한 이러한 부실 중 신용리스크 관리 실패에 따른 부실이 대부분을 차지하고 있는 점에 유의할 필요가 있다.

[표 1-8]에서 보는 바와 같이 대부분의 금융회사 설립근거법은 국민경제의 발전에 기여함을 최종 목표로 두고 있다. 한편, 이러한 목표 달성을 위해 금융산업 발전 · 금융시장의 안정 · 신용질서의 유지를 중간목표로 설정하고, 이의 달성을 위해 금융회사의 자금조달 측면에서는 예금자 · 보험가입자 · 투자자 등을 보호하고, 자금운용 측면에서는 기업에 대한 간접금융 지원 및 자본시장 활성화 등을 그 하위 목표로 설정하고 있다.

[표 1-9] 금융회사별 설립근거법의 목적

설립근거법	법제정 목적
은행법	이 법은 금융회사의 건전한 운영을 도모하고 자금중개기능의 효율성을 제고 하며 예금자를 보호하고 신용질서를 유지함으로써 금융시장의 안정과 국민경제의 발전에 이바지함을 목적으로 한다.
자본시장법	이 법은 자본시장에서의 금융혁신과 공정한 경쟁을 촉진하고 투자자를 보호하며 금융투자업을 건전하게 육성함으로써 자본시장의 공정성 · 신뢰성 및 효율성을 높여 국민경제의 발전에 이바지함을 목적으로 한다.
상호저축은행법	이 법은 상호저축은행의 건전한 운영을 유도하여 서민과 중소기업의 금융편의를 도모하고 거래자를 보호하며 신용질서를 유지함으로써 국민경제의 발전에 이바지함을 목적으로 한다.
여신전문금융업법	이 법은 신용카드업 · 시설대여업 · 할부금융업 및 신기술사업금융업을 영위하는 자의 건전하고 창의적인 발전을 지원함으로써 국민의 금융 편의를 도모하고 국민경제의 발전에 이바지함을 목적으로 한다.
보험업법	이 법은 보험사업을 효율적으로 지도 · 감독하고, 보험계약자 · 피보험자 기타 이해관계인의 권익을 보호하여 보험사업의 건전한 육성과 국민경제의 균형 있는 발전에 기여함을 목적으로 한다.

1-2. CRA에 대한 일반인의 신뢰성 확보

CRA는 여신정책수립, 여신심사, RM, 신용리스크 관리업무에 참여하고 금융감독기관의 여신감독 · 검사에 따른 수검업무 등 일반직원과는 다른 다양한 직무를 수행하게 되며, 이러한 업무과정에서 내부적으로는 이사회, 경영진, 타부서 등과 의견접촉이 잦을 수 있다. 특히, 외부적으로는 고객, 주주, 감독기관 등과 직 · 간접적인 다양한 이해관계를 형성하게 될 것이다.

CRA가 직면하는 다양한 이해관계는 항상 방향이 일치하지는 않을 것이며, 때로는 이해상충(conflicts of interest)이 발생하는 경우도 있을 것이다. 이러한 상황에서 CRA는 전문자격자로서 최적의 의사결정과 엄격한 윤리적 행동을 할 것이 요구된다. 그래야만 직장 내에서 뿐만 아니라 일반 국민들로부터 신뢰와 존경을 받게 될 것이며, 이는 CRA 스스로의 자존심과 독립성을 제고시켜 나가는 길이 될 것이다. 이러한 견지에서 CRA의 윤리의식 확보는 중요한 의미를 갖는다고 할 수 있다.

2. CRA 직업 윤리

2-1. 기본취지

CRA 자격과 관련한 명시적인 윤리규범은 현재까지는 없는 것으로 보인다. 따라서 CRA는 직무수행 시 법령, 감독규정 및 지침, 회사내규 및 업무편람 등 직무와 관련된 제 규정을 준수하고 그 기본 취지를 파악하여 수행해야 함은 물론, 업무의 전문성으로 인하여 일반직원과는 구별되는 윤리의식이 요구된다. 이러한 요구에 부응하는 답을 얻기 위해서 CRA가 소속되어 업무에 임할 금융회사의 설립목적, CRA의 직무성격을 음미해 보고, 동 직무를 수행하는 과정에서 CRA가 지녀야 할 윤리의식을 살펴보고자 한다.

또한, 금융회사에 종사하거나 종사하지 않더라도 금융회사와 직 · 간접적인 관계를 유지하고 있는 CRA는 앞에서 기술한 바와 같이 금융회사의 일반적인 법적 · 윤리적 책임을 염두에 두고 직무를 수행하여야 하며, 이와는 별도로 CRA 직무에 특수한 윤리적 책임을 준수하여야 한다.

참고로 KICPA(한국공인회계사), 미국의 CFA(공인재무분석사), CIA(공인내부감사사), AICPA(미국공인회계사) 등은 각각 별도의 윤리강령 및 규칙을 두고 이를 위반할 경우 엄중제재하고 있으며 이를 통해 직업윤리문화를 정립해 나가고 있다.

2-2. CRA 윤리

가. 개황

CRA의 주된 활동 영역은 금융회사이다. 금융회사 취급여신의 부실은 상당부분 관련 법규에 대한 이해의 부족 및 이를 제대로 이행하지 않는데에 기인하고 있음을 감안할 때 특별히 CRA 직무는 금융회사 관련법규 및 CRA제도의 기본 취지에 따라 수행되는 것이 중요하다.

여기서 관련법규라 함은 CRA가 종사하는 금융회사의 설립근거법과 금융위원회 또는 금융감독원에서 제정한 금융업 감독관련 규정 등 직무수행과 관련되는 모든 법규를 총칭한다. CRA 자격제도의 기본취지는 금융회사 차주의 미래채무상환능력을 기준으로 하는 자산건전성분류제도의 정착 및 신용리스크 분석을 위한 여신전문가 양성을 통해 금융회사의 건전성을 제고하는데 있다.

CRA의 윤리는 CRA 직무수행 결과를 보다 윤리적인 방향으로 유도하기 위해서 보수적인 견지에서 엄격히 준수토록 할 필요가 있다.

나. 일반적인 의무

⊙ 청렴성

CRA는 청렴성을 갖추고 윤리적 태도로 행동하여야 한다. 청렴성은 모든 이해 상충 관계를 원만히 해결하기 위한 기본적 소양으로, CRA가 궁극적으로 자신이 결정한 내용의 타당성을 시험할 수 있는 잣대이다. 즉, 관련 규정과 지침 등이 없는 경우나 이해상충문제가 발생할 수 있는 상황에서 CRA는 청렴한 사람이라면 선택하여야 할 의사결정을 하여야 함을 의미한다. 윤리적인 태도란 CRA 업무를 수행하는데 있어 기본적으로 갖추어야 할 마음의 자세와 실천을 의미한다.

⊙ 객관성 및 독립성

CRA는 업무를 수행함에 있어 객관성과 투명성을 유지토록 주의하여야 하며, 특히 독립적인 입장에서 전문적인 판단을 하여야 한다. 객관성은 공평성 · 순수성 · 이해관계의 상충으로부터 영향을 받지 않는 것을 말한다. 특히, 신용분석대상 개인 또는 기업체에 관한 자료수집, 이들과의 의사소통, 평가에 있어 균형적이어야 함을 의미한다.

독립성은 신용분석업무를 수행함에 있어 객관성을 해칠 수 있는 관계를 배제하는 것을 말한다. 즉, 자신의 이익, 특수 이해관계자의 압력 · 감독자의 부당한 지시 등으로부터 영향을 받아서는 안 된다.

⊙ 자질향상 및 주의

CRA는 직무수행과 관련된 전문지식 및 윤리적 기준을 준수하고 직무수행 시 상당한 주의를 기울임으로써 직무의 질을 향상시키도록 노력하여야 한다. 신용분석은 고도의 전문성이 요구되는 업무이다. 따라서 CRA는 자격취득 시 습득한 기본적인 지식 외에도 금융관련법령, 감독규정 및 방침, 회사내규 등의 제 · 개정 내용을 파악하여야 하며, 이러한 노력은 자격증을 소지하고 CRA 직무를 수행하는 한 지속적으로 이루어져야 한다. CRA의 자질은 이러한 법규 및 기준 등의 이해와 업무경험이 어우러져 성숙되는 것이며, 궁극적으로 이러한 노력이 직무의 질을 향상시켜 CRA 자격에 대한 외부의 신뢰를 형성하게 될 것이다.

⊙ 비밀준수

CRA는 직무수행과정에서 알게 된 정보의 사용 및 보호에 신중하야야 하며 이러한 정보를 개인적 이득이나 소속기관의 법적 · 윤리적 목적에 반하여 사용해서는 아니된다.

CRA가 분석하는 신용정보는 개인 또는 개별기업에 관한 자료로서, 외부에 유출될 경우 고객의 신용뿐만 아니라 경우에 따라서 금융시장에 충격을 줄 수 있다. 신용정보는 통상 관련법에서 종사자들에게 유출 금지의무를 부과하고 있으나 CRA는 고객의 고급 정보를 접할 수 있는 기회가 많다는 점에서 일반직원과는 다른 특별한 비밀준수의무를 진다고 할것이다.

다. 직업에 대한 의무

직업에 대한 의무는 CRA 자격제도를 고도의 전문성을 가진 품격 높은 제도로 인정받을 수 있도록 발전시켜 나가기 위해 모든 CRA가 협조하여 준수해 나가야 할 윤리이다. 이를 소홀히 할 경우 개인 뿐만 아니라 동종 직업에 종사하는 모든 CRA에게 영향을 미치므로 유의하여야 한다.

CRA 윤리는 자격제도의 도입취지 및 관련법규의 제정취지에 대한 본질적인 이해로부터 출발하여야 할 것이다. 이러한 이해에 토대를 둔 사명감이 없으면 각종 이해가 상충되는 상황에 직면하는 경우 정당한 의사결정에 부당한 영향을 받을 우려가 있다.

관련법규 및 규범에 대하여는 그 내용뿐만 아니라, 내용의 개정내용 및 개정배경을 지속적으로 파악하고 있어야 한다. 이를 위하여는 법제처 및 감독기구에서 법규 제·개정 내용을 공시하는 관련 인터넷 사이트를 적극 활용할 필요가 있다.

CRA의 직업에 대한 의무는 개인적 윤리뿐만 아니라 CRA 집단의 공동체적 윤리책임도 의미한다. "CRA 직업"이라 함은 향후 CRA들이 금융회사와는 독립적으로 특정한 협회를 구성할 경우 CRA로 구성된 사회적 공동체 및 동 공동체의 직업적 활동 등을 의미한다. CRA는 고용된 직장과 관련하여서 뿐만 아니라 CRA 자격과 관련된 활동에 있어서도 직업 윤리의식을 망각해서는 아니된다. 또한 CRA는 향후 자율규제기구가 구성된 경우 자율규제기구를 통해 회원 전체의 자질향상에 노력함으로써 직업 전체에 대한 외부의 신뢰를 확보하는 데 노력해 나가야 할 것이다.

이러한 집단적인 윤리 준수의무는 일견 행동반경을 좁힘으로써 혜택을 축소시키는 요인으로 보일 수 있겠지만, 모든 자격소지자가 이러한 윤리의무를 준수하여 외부의 신뢰가 구축되면, 궁극적으로 이익집단으로서 CRA의 직업적 활동범위를 확장시키는 기회를 얻게 될 것이다.

한편 CRA는 신용리스크 관리에 적합한 수준의 자격검정시험을 통과한 전문가로서 명함 등에 "신용위험분석사" 또는 'CRA' 표기 등 사회적으로 인정되는 식별표기를 하는 것이 바람직하며, 이를 통해 직업에 대한 자존심과 위엄을 지켜나갈 수 있을 것이다.

CRA가 고객 등 이해관계자와 업무 또는 비업무적 대인관계를 가질 경우에는 고도의 윤리적 태도를 유지하여야 하며, 신용분석결과 또는 대외에 제공하는 연구자료 등에 CRA 자격 표기를 하는 경우에는 이들이 CRA로서의 윤리적 기준을 충족하면서 산출한 결과임을 자신할 수 있어야 한다.

만약, 개인적으로 CRA 자격을 활용하여 직업을 영위하는 CRA가 있다면 자격의 지위를 과장하여 홍보함으로써, 외부에 오해를 주는 일이 있어서는 아니 될 것이다.

CRA는 부정직 · 사기 · 기만 · 허위진술이 개재된 직업적 활동에 간여할 수 없으며, 정직성 · 신뢰도 · 직업적인 자질에 손상을 끼칠 수 있는 어떠한 행위도 하여서는 아니 된다. 직업과 관계없는 대외적 활동에서도 CRA 자격제도에 손상을 주는 행위를 하여서는 아니되며 CRA는 관련법규 및 규범을 아는 상태에서 자격의 투명성을 저해하는 행위를 하거나 연루되어서는 아니 된다.

다만, 고의가 아닌 실수나 견해의 순수한 차이는 청렴성에 어긋나는 것으로 보지 않는다.[5] 그러나 이러한 행위가 청렴성에는 어긋나지 않더라도 법규를 위반하는 경우 과실이 될 수 있음은 물론이다.

라. 고용주에 대한 의무

기본적으로 고용주에 대한 책임은 계약내용에 따라 일반적으로 회사의 내규를 준수함으로써 책임을 다하게 된다. 그러나 CRA의 경우 직무특성상 이해관계에 따라 직무수행결과에 영향을 받기 쉬우므로 고도의 윤리적 방벽(ethical-wall)을 설치해 둘 필요가 있다.

CRA는 고용주가 정한 직무활동에 관한 금지사항을 준수하여야 하며 고용주나 독립적으로 직무를 수행하는 외부인 또는 기관으로부터 서면에 의한 동의 없이는, 고용주

5) AICPA의 "Code of Professional Conduct" Section 54에서 다음과 같이 규정;
"Integrity can accommodate the inadvertent error and the honest difference of opinion; it cannot accommodate deceit or subordination of principle."

와 경쟁 관계에서, 보상을 받거나 기타 이익을 취하게 되는 독립된 직무를 수행해서는 아니된다.

CRA가 다음과 같은 고용주와 경쟁적인 업무를 영위하는 개인사업을 할 경우 고용주의 이익에 반할 수 있으므로 특별히 고용주의 승인을 받아야 할 것으로 보인다.

■ 회사의 신용정보를 개인사업에 사용하는 경우
■ 고객을 위해 컨설팅 업무를 함으로써 신용공여 시 공정성을 상실할 우려가 있는 경우
■ 고용주에 속하는 정보나 사업기회를 자신을 위해 사용하는 경우 등

금융회사에 종사하는 CRA는 직무수행 결과가 금융산업 및 소속 금융회사의 건전성을 악화시키지 않도록 유의하여야 한다. 금융회사 종사자들이 개인 또는 고객의 이익을 위해 회사의 건전성을 저해시키거나, 단기적 이익을 위해 장기 건전성을 저해시키는 행동을 함으로써 금융회사가 부실화 될 경우, 자신은 물론 그 폐해가 결국 사회 전체적인 손실로 귀결될 수도 있으며, 실제 우리는 1997년 외환위기 및 2009년 국제적 금융위기 극복과정에서 이러한 경우를 경험한 바 있다.

CRA는 고용주에게, 그들이 준수해야 할 내용 및 이를 준수할 의무가 있음을 서면으로 고지할 필요가 있다. 또한 CRA는 고용주에 대한 의무와 공정한 직무수행을 저해할 것으로 예상되는 윤리적 이해 상충 가능성이 있는 모든 사실을 고용주에게 고지하여야 한다. 이는 고용주가 CRA를 감시하는 수단을 제공하는 측면도 있으나, 윤리적으로는 고용주가 CRA의 구체적인 행위에 간여하지 않으면서도 CRA에게 도덕적 · 양심적인 행위를 하도록 하는 부담을 줌으로써, 이해상충행위를 사전에 예방하는 효과를 기대할 수 있기 때문이다.

CRA는 고용주가 제공하는 보상 또는 혜택 이외에 고객으로부터 받는 모든 금전적 보상 또는 선물 및 접대 등 기타 혜택에 대하여 고용주에게 서면으로 고지하여야 한다.

소포를 통한 선물과 같이 경우에 따라서는 전혀 예상치 못한 선물을 받을 수 있으며, 고용주와 이해관계가 상충되는 것을 알면서도 고객의 강요에 못 이겨 불가피하게 선물 또는 접대를 받는 경우가 있을 수 있다. 이러한 경우에도 CRA는 일단 고용주에게 사실을 고지하고, 투명한 방법에 의해 이를 반환하여야 한다.

감독자의 지위에 있는 CRA는 부하직원이 신용분석 업무를 수행하는 경우 이들도 CRA와 동등한 수준의 윤리의식을 갖추도록 지도하여야 한다. 부하직원이 수행한 직무 결과도 결과적으로 CRA의 업무로 표시될 것이기 때문이다. 이를 위해 회사의 내규 또는 실무편람 등에 이를 반영하는 것이 바람직하다.

한편, 부하직원의 친족이 고객회사에 근무하는 등 이해상충의 상황에 처한 경우에는 당해 직원이 관련된 직무를 수행하지 않도록 직원들 간 직무분장을 조정할 필요가 있다. 다만, 인력이 없어 불가피하게 이해관련 당사자가 담당할 수밖에 없는 경우에는 이러한 정황이 신용분석결과에 영향을 미치지 않도록 별도의 수단을 강구하여야 한다.

CRA는 상위자 또는 외부의 부당한 지시 · 압력에 의하거나, 이와는 관계없이 하급자인 CRA의 분석내용에 영향력을 행사하여 고객의 신용상태를 사실과 다르게 왜곡하여서는 아니 된다. 신용분석 업무는 독립된 위치에서 객관적 · 전문적 판단을 하여야 하는 직무이다. 부당한 지시나 청탁에 따라 신용분석 결과가 영향을 받는다면 전문가로서의 지위는 인정받지 못하게 될 것이기 때문이다. 최근에는 신용공여와 관련된 금융회사의 의사결정이 협의체에 의한 수평적 의사결정시스템으로 개선되는 등 투명성이 높아졌지만, 이러한 의사결정 이외에도 신용분석 과정에서 공정성을 유지하기 위하여는 외부의 압력 또는 요청을 단호히 배제하여야 한다.

마. 고객에 대한 의무

CRA직업에 대한 대외 신뢰도는 고객에 의해 결정된다고 할 수 있다. 고용주와의 관계는 1:1의 관계이지만 고객 및 고객을 통한 시장의 평판은 1:불특정다수의 관계이므로 고객에 대한 의무를 완수하는 것은 향후 CRA 자격제도 및 직업의 발전에 미치는 영향이 지대하다. 이러한 의미에서 고객에 대한 윤리준수에 각별한 주의가 요구된다.

무엇보다도 CRA는 고객에 대한 신용분석 시 고객의 신용상태를 보다 정확하게 평가하기 위하여 다음사항을 준수하여야 한다.

- 충분한 조사 또는 점검에 의해 합리적이고 적당한 근거를 확보
- 신용분석의 오류를 피하기 위해 적절하고 근면한 노력을 경주

■ 신용분석의 합리성을 뒷받침할 적절한 기록을 유지
■ 신용분석서 작성 시 사실과 의견을 분명히 구분

신용분석의 정확성은 고용주를 위한 것이기도 하지만, 궁극적으로는 고객을 위하여도 필요하다. 예컨대, 신용상태가 좋지 않은 고객에 대하여 신용상태를 실제보다 낙관적으로 평가하는 경우, 단기적으로는 당해 고객이 여신을 수혜함으로써 혜택을 볼 수도 있으나, 장기적으로는 부실의 규모를 키워 경영에 부담을 줌으로써 회생이 불가능한 지경에 이르게 할 수도 있다.

CRA는 환자를 치료하는 의사와 같이, 고객의 신용상태에 대한 정확한 진단을 통한 효과적 처방으로 사전적인 경영개선 조치를 취할 수 있어야 하며, 이러한 점에서 신용분석업무는 일단 공여된 신용의 사후관리업무와 직결되므로 그 중요성은 아무리 강조해도 지나치지 않는다고 하겠다.

CRA는 고객과의 관계에 있어서 자신의 이익보다 고객의 이익을 중요시하여야 하며 고객의 신용상태 변화를 신속히 감지하고 이에 따른 적절한 사후관리를 할 수 있도록 고객과 유기적인 관계를 유지하여야 한다. 고객과의 지속적인 거래관계를 유지하기 위하여 신용상태를 고의적으로 왜곡하거나, 실제보다 낙관적으로 평가하는 경우 장기적으로 고객의 이익을 해치는 결과를 초래할 수 있으므로 CRA는 보다 장기적인 시각을 가지고 고객과 발전적인 관계를 유지해 나가야 할 것이다.

CRA는 고객의 신용상태에 대한 분석 뿐만 아니라 고객의 신용상태를 바람직한 방향으로 유도하는 적극적인 사고를 가지고 직무에 임하여야 한다. 일반적으로 신용분석을 위하여는 고객이 제출한 서면자료, 현장조사, 고객회사 경영진 또는 종업원과의 면담 등을 통해 정보를 입수하게 된다. 그러나 이 과정에서 정보입수를 제약하는 두가지 위험이 있다. 그 중 하나는 고객이 신용상태를 과장하는 분식위험이 있고, 다른 하나는 정보입수를 위한 인력 또는 전문성 부족 등 능력위험이다.

금융회사 여신심사실태를 보면, 인력부족으로 1개 업체에 대한 여신심사를 2~3일 내에 완료하여야 하며, 고객에 대한 최신의 정보를 항상 유지하기는 어려운 경우가 많다. 이러한 위험을 줄이기 위하여는 고객과 유기적인 관계를 유지하여야 하며, 이를 위하여 CRA의 직무가 고객의 신용상태를 바람직한 방향으로 유도한다는 믿음을 심어줄 필요가 있다.

CRA는 고객, 잠재고객 및 고용주의 불법행위에 관한 정보를 입수한 경우 이외에는 직무수행 과정에서 알게된 정보를 정당한 사유 없이 누설하거나 정해진 목적 이외의 용도로 사용하여서는 안된다. 고객의 신용상태에 관한 정보가 금융시장에 노출되는 경우, 금융시장에 충격을 주거나 기업의 생존에 직접 영향을 미칠 수 있다. 이 밖에도 경쟁업체에 경영에 관련된 정보가 유출되는 경우 기업경영에 악영향을 미칠 수 있으므로 유의하여야 한다.

여기서 정해진 목적이라 함은 고객이 의뢰한 직무와 관련된 신용분석업무, 관련법규의 근거에 의해 국회 · 법원 등에 자료로 제출하는 경우, 법관이 발부한 영장에 의해 자료를 제출하는 경우, 감독기관의 감독 및 검사자료로 제출하는 경우 등을 들 수 있겠다.

CRA는 자신이 담당하는 고객과 관련된 직무가 자신의 이해와 관련되거나, 4촌 이내의 친족이 고객회사의 임원, 피고용자 또는 고객회사의 주주 등 이해관련 직무에 종사하는 경우로서 공정한 직무수행이 어렵다고 판단되는 경우에는 당해 직무의 회피 여부 등에 관하여 상급자 또는 고용주와 상담한 후 처리하여야 한다.

이해상충에 대한 회피의무는 공무원 윤리강령, 감독기관의 윤리강령, 금융관련 자격제도의 윤리규범 등 모든 윤리강령에서 정하는 기본적인 사항이다. 정부가 제정한 공무원윤리강령에서는 직무관련 이해관련자의 범위를 4촌 이내의 친족으로 정하고 있다. 이러한 이해관련자가 고객과 관계를 맺고 있는 상황에서는 신용분석에 중대한 영향을 미칠 수 있으므로 원칙적으로 이를 회피하여야 하며, 그렇지 못한 경우에는 이러한 사실을 감독자 또는 고용주에게 고지하여야 할 것이다.

CRA는 고용주가 정한 수수료 등 업무상 정당한 대가 또는 업무추진 목적으로 특별히 인정하는 경우를 제외하고는 직무와 관련하여 고객으로부터 어떠한 명목으로도 선물 또는 접대를 받아서는 안 된다.

CRA는 신용분석을 위한 조사를 위해 고객과 수시로 의사소통을 하게 된다. 차주의 영업상태에 대한 현장검사는 신용분석의 기본적 기술의 하나이다. 이러한 현장검사 과정에서 고객으로부터 접대나 선물을 받는다면 공정한 입장에서 직무를 수행할 수 없다. 예컨대, 금융회사 종사자들이 섭외차원에서 고객을 접대하는 경우가 있으나 이 경우 절대로 고객의 지원을 받아서는 안 될 것이다.

여기서 “선물”이라 함은 대가 없이 제공(대가를 지급한다고 하여도 그 대가가 시장가격 혹은 거래의 관행상 현저히 낮은 경우를 포함한다)되는 물품, 상품권 · 항공권 · 승차권 · 숙박권 · 회원권 · 입장권 등 유가증권과 할인 또는 혜택 등 이에 준하는 것을 말하며 “접대”라 함은 식사 · 술 · 골프 등 응대를 하거나, 교통 · 숙박 그 밖의 편의를 제공하는 것을 말한다.

〈참고 4〉

신용위험분석사(CRA) 윤리규범(예시)

CRA의 윤리규범은 현재까지 공식적으로 명분화된 것은 없는 것으로 보인다. 이는 동 제도의 도입 경과 기간이 상대적으로 일천하고 CRA자격증 소지자도 많지 않아 특별히 일반직원과 다른 별도의 윤리규범을 둘 필요성이 낮기 때문인 것으로 보인다. 그러나 향후 CRA자격증 소지자가 많이 배출되고 이들의 역할이 크게 부각될 것으로 예상되는 바 이러한 경우에 대비하여 별도의 윤리규범을 두는 것이 바람직하다고 본다. 본 윤리규범은 향후 CRA의 윤리규범 제정필요성이 있음을 가정하여 예시적으로 규정화한 것이다.

제1장 총 칙

제1조(목적) 이 윤리규범(이하 "규범"이라 한다.)은 신용위험분석사(이하 "CRA"라 한다.)가 업무수행 과정에서 관련법규의 정신 및 CRA 자격제도의 도입취지에 부합하는 직무를 수행할 수 있도록 행동기준을 제공함으로써 CRA직업의 윤리적 문화를 발전시키는데 그 목적이 있다.

제2조(적용범위) ① 이 규범은 CRA 자격증 또는 합격증을 소지하고 신용분석업무를 수행하는 모든 개인 또는 단체에 적용된다.

② 이 규범보다 관련법규가 더 엄격한 경우 이 규범을 우선 적용하며, 관련법규가 없거나 있더라도 이 규범보다 덜 엄격한 경우에는 이 규범에 따라야 한다.

제3조(정의) 이 규범에서 사용하는 용어의 정의는 다음 각호와 같다.

1. "CRA"라 함은 CRA 자격증 소지자와 CRA 시보를 말한다.
2. "CRA 시보"라 함은 CRA 자격검정시험 합격 후 실무경력을 이수 중에 있는 사람을 말한다.

3. “자격제도 도입취지”라 함은 금융회사 차주의 미래채무상환능력 기준에 의한 자산건전성분류제도의 정착 및 신용리스크 분석을 위한 여신전문가 양성을 통해 금융회사의 건전성을 제고하고자 하는 CRA 자격제도 도입목적을 말한다.
4. “CRA 직업”이라 함은 모든 CRA가 생계를 위하여 영위하는 직업의 개념과 함께 CRA로 구성된 사회적 공동체 및 동 공동체의 직업적 활동 등을 포함한 개념을 말한다.
5. “잠재고객”이라 함은 향후 거래를 할 것이 예정되어 있거나, 거래관계를 가질 것으로 예상되는 고객을 말한다.
6. “선물”이라 함은 대가없이 제공(대가를 지급한다고 하여도 그 대가가 시장가격 혹은 거래의 관행상 현저히 낮은 경우를 포함한다.)되는 물품, 상품권 · 항공권 · 승차권 · 숙박권 · 회원권 · 입장권 등 유가증권과 할인 또는 혜택 등 이에 준하는 것을 말한다.
7. “접대”라 함은 식사 · 술 · 골프 등 응대를 하거나, 교통 · 숙박 그 밖의 편의를 제공하는 것을 말한다.

제4조(윤리강령) CRA는 직무를 수행함에 있어 다음 각 호의 사항을 준수하여야 한다.
1. 청렴성을 갖추고 윤리적인 태도로 행동하여야 한다.
2. 당해 직업 및 CRA 자격에 대한 신뢰를 유지할 수 있도록 객관성 · 투명성을 유지하여야 하며, 독립적인 입장에서 전문적인 판단을 하여야 한다.
3. 직무수행과 관련된 전문지식 및 윤리적인 기준을 숙지하고 직무수행 시 정당한 주의를 기울임으로써 직무의 질을 향상시키도록 노력하여야 한다.
4. 직무수행 과정에서 알게된 정보의 사용 및 보호에 신중을 기해야 하며, 이러한 정보를 개인적 이득 또는 소속기관의 법적 · 윤리적 목적에 반하여 사용할 수 없다.

제2장 직업에 대한 책임

제5조(일반적인 책임) ① CRA는 금융회사의 건전성을 도모하기 위한 자격제도 도입취지 및 수행하는 직무가 금융산업을 포함한 국가 경제에 미치는 영향이 크다는 점

을 충분히 인식하여야 한다.

② 직업적인 활동을 규제하는 모든 적용법규 및 이 규범을 숙지하고 이를 준수하여야 한다.

③ CRA는 자신뿐만 아니라 동료 CRA, 나아가서는 CRA 직업의 자질향상을 통한 신뢰도 제고를 위하여 노력하여야 한다.

제6조(자격의 사용) ① CRA는 회원자격 또는 회원의 지위를 사용할 때에는 품위를 유지할 수 있는 방법에 의하여야 한다.

② 명함 등에 회원의 지위를 이용할 경우에는 “신용위험분석사” 또는 “CRA” 표기를 사용할 수 있으며, CRA 자격시험 합격 후 실무경력 이수 중에 있는 사람은 “신용위험분석사 시보” 또는 “CRA 시보“ 표기를 사용하여야 한다.

제7조(직업적인 부당 또는 불건전 행위) ① CRA는 부정직 · 사기 · 기만 · 허위진술이 개재된 직업적 활동에 간여할 수 없으며, 정직성 · 신뢰도 · 직업적인 자질에 손상을 끼칠 수 있는 어떠한 행위도 하여서는 안 된다.

② CRA는 관련법규 및 규범을 아는 상태에서 자격의 투명성에 위협을 주는 행위를 하거나 연루되어서는 안 된다.

제3장 고용주에 대한 책임

제8조(금지의무) ① CRA는 고용주가 정한 직무활동에 관한 금지사항을 준수하여야 한다.

② CRA는 고용주 · 독립적으로 직무를 수행하는 외부인 또는 기관으로부터 서면에 의한 동의 없이는, 고용주와 경쟁관계에서, 보상을 받거나 기타 이익을 취하게 되는 독립된 직무를 수행할 수 없다.

③ 금융회사에 종사하는 CRA는 직무수행 결과가 금융산업 및 소속 금융회사의 건전성을 악화시키는 행위를 하여서는 안된다.

제9조(고용주와의 이해상충에 대한 고지) ① CRA는 고용주에게, 그들이 윤리규범(윤리강령 및 직무수행기준)의 내용 및 윤리규범을 준수할 의무가 있음을 서면으로 고지하여야 한다.

② CRA는 고용주에 대한 의무와 공정한 직무수행을 저해할 것으로 예상되는 윤리적 이해 상충 가능성이 있는 모든 사실을 고용주에게 고지하여야 한다.

③ CRA는 고용주가 제공하는 보상 또는 혜택 이외에, 제14조 제2항에서 정하는 선물 및 접대 등 고객으로부터 받는 모든 금전적 보상 또는 기타 혜택에 대하여 고용주에게 서면으로 고지하여야 한다.

제10조(감독자로서의 책임) 감독자의 지위에 있는 CRA는 감독업무와 관련하여 다음 사항을 준수하여야 한다.

1. 감독대상 직원들이 관련 법령, 규정 및 윤리규범을 위반하는지에 대하여 적절한 감독을 하여야 한다.
2. 감독대상 직원들의 자질 향상을 위해 노력하여야 한다.
3. 제14조에 의한 상담을 한 경우에는 다른 사람이 당해 신용분석업무를 담당하도록 직무를 재배정하는 등 필요한 조치를 취하여야 한다.
4. 상위자 또는 외부의 부당한 지시 · 압력에 의하거나, 이와는 관계없이 하급자인 CRA의 분석내용에 영향력을 행사하여 고객의 신용상태를 사실과 다르게 왜곡하여서는 안 된다.

제4장 고객에 대한 책임

제11조(합리적 근거 및 표현) CRA는 고객에 대한 신용분석 시 신용상태를 보다 정확하게 평가하기 위하여 다음 사항을 준수하여야 한다.

1. 충분한 조사 또는 점검에 의해 합리적이고 적당한 근거를 확보하여야 한다.
2. 신용분석의 오류를 피하기 위해 적절하고 근면한 노력을 기울여야 한다.
3. 신용분석의 합리성을 뒷받침할 적절한 기록을 유지하여야 한다.
4. 신용분석서 작성 시 사실과 의견을 분명히 구분하여야 한다.

제12조(고객과의 상호관계) ① CRA는 고객과의 관계에 있어서 자신의 이익보다 고객의 이익을 중요시하여야 한다.

② CRA는 고객의 신용상태 변화를 신속히 감지하고 이에 따른 적절한 사후관리를 할 수 있도록 고객과 유기적인 관계를 유지하여야 한다.

③ CRA는 고객의 신용상태에 대한 부석 뿐만 아니라 고객의 신용상태를 바람직한 방향으로 유도하는 적극적인 사고를 가지고 직무에 임하여야 한다.

제13조(고객관련 비밀의 보장) CRA는 고객, 잠재고객 및 고용주의 불법행위에 관한 정보를 입수한 경우 이외에는 직무수행 과정에서 알게 된 정보를 정당한 이유 없이 누설하거나 정해진 목적 이외의 용도로 사용하여서는 안 된다.

제14조(고객 및 잠재고객과의 이해상충의 회피) ① CRA는 자신이 담당하는 고객에 관련된 직무가 자신의 이해와 관련되거나, 4촌 이내의 친족이 고객회사의 임원, 피고용자 또는 고객회사의 주주 등 이해관련 직무에 종사하는 경우로서 공정한 직무수행이 어렵다고 판단되는 경우에는 당해 직무의 회피 여부 등에 관하여 상급자 또는 고용주와 상담한 후 처리하여야 한다.

② CRA는 고용주가 정한 수수료 등 업무상 정당한 대가 또는 업무추진 목적으로 특별히 인정하는 경우를 제외하고는 직무와 관련하여 고객으로부터 어떠한 명목으로도 선물 또는 접대를 받아서는 안 된다.

〈참고 5〉

금융권 윤리헌장※

2015. 5월 6개 협회 · 중앙회*는 공동으로 T/F를 구성하여 '금융권 윤리헌장'을 마련하였다.

* 은행연합회 · 금융투자협회 · 생명보험협회 · 손해보험협회 · 저축은행중앙회 · 여신금융협회

이는 국민들이 금융회사를 믿고 거래하기 위해서는 제도적 기반 뿐만 아니라 금융권 종사자의 투철한 준법의식과 윤리의식 제고를 통해 국민의 신뢰를 회복하고 금융인으로서의 자긍심을 높이기 위한 轉機를 마련할 필요가 있었기 때문이다.

'금융권 윤리헌장'을 토대로 은행 · 금투 · 보험 · 저축은행 · 여전사는 2015. 8~12월 각 금융사별 특성을 반영하여 임직원 복무자세, 법규준수, 공정한 업무수행, 고객 자산 및 정보보호, 임직원간 상호존중 등의 행동지침을 구체화하여 업권별 표준윤리강령을 마련 하였다.

하나, 회사와 임직원은 항상 고객의 입장에서 생각하고 고객에게 보다 나은 금융서비스를 제공하기 위해 노력하여야 한다. **(고객우선)**

둘, 회사와 임직원은 업무를 수행함에 있어 관련 법령 및 제 규정을 이해하고 준수하여야 한다. **(법규준수)**

※자료: 금융감독원 보도자료 (2015. 12. 29)에서 발췌

셋, 회사와 임직원은 정직과 신뢰를 가장 중요한 가치관으로 삼고 신의성실의 원칙에 입각하여 맡은 업무를 충실히 수행하여야 한다. **(신의성실)**

넷, 회사와 임직원은 공정하고 자유로운 시장경제 질서를 존중하고, 이를 유지하기 위하여 노력하여야 한다. **(시장질서 존중)**

다섯, 회사의 경영진은 직원을 대상으로 윤리교육을 실시하는 등 올바른 윤리문화 정착을 위하여 노력하여야 한다. **(경영진의 책임)**

여섯, 회사와 임직원은 업무수행 과정에서 알게 된 회사의 업무정보와 고객정보를 안전하게 보호하고 관리하여야 한다. **(정보보호)**

일곱, 회사와 임직원은 경영환경 변화에 유연하게 적응하기 위하여 창의적 사고를 바탕으로 끊임없이 자기혁신에 힘써야 한다. **(자기혁신)**

여덟, 회사는 임직원 개개인의 자율과 창의를 존중하고 삶의 질 향상을 위하여 노력하여야 하며, 임직원은 서로를 존중하고 원활한 의사소통과 적극적인 협조 자세를 견지하여야 한다. **(상호존중)**

아홉, 회사와 임직원은 합리적인 의사결정과 투명한 경영활동을 통하여 주주와 기타 이해관계자의 가치를 극대화하기 위하여 최선을 다하여야 한다. **(주주가치 극대화)**

열, 회사와 임직원 모두 시민사회의 일원임을 인식하고, 사회적 책임과 역할을 다하여야 한다. **(사회적 책임)**

연습문제

1. 금융기관 내부통제의 필요성과 법적 근거를 논하시오.

2. 금융기관에서의 감사위원회의 권한과 책임을 논하시오.

3. 금융기관 준법감시인의 권한과 의무를 약술하시오.

4. 금융회사지배구조법 상 책무구조도 마련 의무에 대해 약술하시오.

5. CRA가 일반직원과 달리 갖추어야 할 윤리의식에 대하여 약술하시오.

6. CRA가 업무수행과정에서 고객과 고용주와의 이해상충 시 취할 적절한 행동에 대하여 약술하시오.

제 2 장 여신관련 법령상의 규제

제1절 여신관련 규제 일반론

제2절 영역별 여신관련 규제

제3절 여신관련 규제의 실효성 확보수단

제4절 여신관련 제재의 수제

제5절 여신관련 제재의 종류

제6절 금융소비자보호법 상 대출성 상품에 대한 규제

학습목표

금융회사의 여신기능은 금융시장과 실물경제를 연결하여 국민경제를 발전시키는 중요한 역할을 담당하고 있다.

우리나라의 외환위기는 이러한 여신기능의 중요성에 대한 인식 부족 및 관리실패가 어떠한 고통을 안겨주는지 경험적인 교훈을 주고 있다. 여신관련 법규는 이러한 여신기능을 건전하게 유지하기 위한 사전예방적인 규제와 관리실패에 대한 사후관리적 규제, 금융이용자를 보호하는 제도로 크게 구분할 수 있다. 이러한 법적 규제의 기본정신, 통제장치 및 기능을 이해하는 것이 제2장의 학습목표이다.

학습개요

제2장은 여신관련 규제 일반론, 영역별 여신관련 규제, 여신관련 제재의 수단, 여신관련 제재의 주체, 여신관련 제재의 대상, 금융이용자 보호를 위한 주요제도 등 크게 여섯 가지 내용으로 구성되어 있다.

제1절은 여신규제에 관한 일반적인 사항을 설명하고 있다. 제2절은 각 금융영역별로 여신관련 규제가 어떻게 운영되고 있는가를 설명한다. 제3절은 행정강제, 행정형벌, 질서벌 및 행정제제 등 금융감독기구가 여신규제를 효과적으로 하기 위해 동원되는 각종 제재수단에 대해 논하고 있다. 제4절은 이러한 제재조치의 주체인 금융위원회와 금융감독원의 구성과 기능에 대하여 설명하고 있다. 제5절은 금융회사의 여신업무와 관련한 위법부당 행위가 있을 경우 어떠한 제재가 가해지는가를 논한다. 마지막으로 제6절은 금융소비자 보호법 상 대출성 상품에 대한 규제를 설명하고 있다.

제1절

여신관련 규제 일반론

1. 여신

여신이라 함은 '금융회사가 국가 경제의 생산, 유통, 소비를 위하여 자금을 직접 공급하거나 또는 지급보증 등의 신용을 제공하는 것'을 말한다. 일반적으로 여신은 금융회사가 금전의 형태로 자금을 융통해 주는 '대출'과 금융회사의 공신력을 이용하여 채무자의 신용을 보충하거나 대신하는 '지급보증'을 말한다[6].

금융회사는 고객으로부터 예금 등을 통해 자금을 받아들이는 수신업무와 조달한 자금을 운용하는 여신업무 등을 통하여 금융회사 경영에 필요한 수익을 얻으며, 국민경제의 자본조달기능과 경제활동에 필요한 자금의 매개 및 신용창조 기능을 수행한다.

금융회사는 예금, 유가증권 또는 기타 채무증서의 발행 등을 통해 시중자금을 흡수하거나, 한국은행으로부터 차입 또는 자기자본 확충 등 여러 가지 방법을 통해 자금을 조달한다. 조달된 자금은 주로 대출, 유가증권 매입 등의 형태로 운용하기도 하고, 장래 발생할지도 모르는 신용리스크를 감안하여 수용 가능한 범위 내에서 지급보증을 취급

6) 금융위원회는 '여신'의 범위에 팩토링채권, 여신에 갈음하는 유가증권 매입 등도 포함하는 등 감독목적에 따라 여신의 범위를 달리 정의하고 있다. 주채무계열 소속기업체에 대한 채무보증을 취득제한할 경우의 여신의 정의는 은행업감독규정 제81조 제2항, 무수익여신 산정대상 여신은 은행업감독규정시행세칙 별표12, 금융이용자 권익보호와 관련한 여신의 정의는 은행업감독업무시행세칙 제59조 제2호 참조.

한다. 이와 같은 여신업무는 예금업무와 더불어 금융회사의 가장 기본적이고 중요한 업무이다.

금융회사가 취급하는 여신 중 대출을 분류하면 다음과 같다.

[표 2-1] 여신분류기준

분류기준	종 류
대 출 재 원	은행계정대출, 신탁계정대출, 종금계정대출
형 식	어음대출, 증서대출
담 보	담보대출, 보증대출, 신용대출
기 업 규 모	대기업대출, 중소기업대출
차 주	기업자금대출, 공공 및 기타자금대출, 가계자금대출
업 종	차주사의 주요 취급업종에 의한 분류
상 환 방 법	분할상환대출, 일시상환대출
이 자	변동금리대출, 고정금리대출
최 종 수 요 자	직접대출, 간접대출(수요자금융)
자 금 용 도	운전자금대출, 시설자금대출, 기타자금대출
거 래 방 식	회전한도거래대출, 개별거래대출
통 화	원화대출, 외화대출
상 환 기 관	단기대출, 장기대출

2. 여신규제

2-1. 여신규제제도의 의의

과거 금융회사의 여신업무는 기업신용분석 등 여신관리기법이 낙후되어 자금의 효율적 배분기능을 상실하여 막대한 부실을 일으켰고 국가부도위기 사태를 유발하는 중요한 원인이 되었다. 사상 초유의 IMF 관리체제를 겪고 난 우리 사회는 자의적 여신

운용의 폐해를 해소하고 차주의 신용등급 및 상환능력에 근거하여 여신을 운용함으로써 금융회사의 자산 건전성을 확보하기 위하여 여신규제제도를 국제수준(global standard)에 맞게 개편하여 왔다.

여신규제제도에 관한 명확한 정의는 없으나 최근까지 논의된 여신관련 각종 규제의 목적과 수단 및 내용 등을 종합하면, 여신규제제도란 '금융감독정책의 목표 달성을 위하여 금융회사가 수행하는 여신업무를 직 · 간접으로 규제하는 각종 정책수단이나 지도감독행위'라고 정의할 수 있을 것이다. 즉, 여신규제제도는 여신관련 법제도를 중심으로 이루어지는 금융회사에 대한 규제정책을 의미함과 동시에 건실한 여신 운용을 위한 금융회사 내부의 각종 통제장치를 의미한다고 할 수 있다. 이러한 금융기관 내 · 외부의 여신관련 규제장치들은 직 · 간접적으로 연결되어 유기적으로 작동하고 있다.

2-2. 여신규제제도의 목표

여신규제제도는 우선 '금융회사 자산의 건전성 유지'라는 기본적 목표를 가지고 있다. 또한 세부적인 목표로는 ① 신용공여의 편중 억제, ② 내부자 거래 제한, ③ 부실여

[표 2-2] 여신규제제도의 체계

	중간목표	관리수단
금융휘사 자산의 건전성 유 지	신용공여의 편중 억제	동일인 신용공여한도 관리
		동일차주 신용공여한도 관리
		거액 신용공여 총액한도 관리
	내부자거래 제한	대주주 신용공여한도 관리
		자회사 신용공여한도 관리
		임직원 대출제한(소액대출제도)
		주주대표 및 임원과의 거래내역 공표
	부실여신 예방 및 조기 건전화	주채무계열 제도 운영
		기업신용위험 상시평가제도 운영
		신용정보관리제도 운영

신 예방 및 조기 건전화 유도 등을 들 수 있다. 여신규제제도의 목표와 그 수단을 [표 1-2]로 나타냈다.

2-3. 신용공여한도 규제

가. 개요

신용공여한도제는 특정 차주에 대한 신용공여의 총량을 일정한도 내로 제한하여 거액의 부실여신 발생으로 인하여 당해 금융회사가 동반 부실화되는 것을 예방함으로써 경영의 건전성을 확보하기 위한 기본적인 감독수단이다. 금융회사가 자금의 효율적 운용을 위하여 우량 대기업 등 특정 기업에만 자금을 집중 공급할 경우 담보력이 취약한 중소기업 등에 원활한 자금 공급이 이루어지지 않음으로써 결과적으로 국민경제의 균형적 발전을 저해하는 요인으로 작용할 가능성이 있다. 뿐만 아니라 동일인에 대한 신용공여가 무제한 허용된다면 금융자산이 몇 개의 차주에 의하여 독점되거나 금융자본에 의한 기업 및 산업의 지배가 이루어져 금융재벌이 형성될 수도 있다. 따라서 신용공여한도 규제는 금융자금의 균형적 배분을 도모하고 금융회사에 의한 기업경영지배를 방지하는 기능도 있다.

은행법은 특정 차주에 대한 동일인 신용공여한도 뿐만 아니라 차주사와 같은 기업집단에 속하는 회사, 즉 동일차주에 대한 신용공여한도도 규제하고 있다. 이는 같은 기업집단에 속하는 회사는 상호출자, 내부거래 등으로 신용위험을 공유하고 있어 한 기업이 부실화될 경우 같은 기업집단에 속하는 다른 회사들도 동반 부실화될 우려가 높기 때문이다[7].

---

7) 바젤 은행감독위원회의 「은행감독핵심준칙」에서도 다음과 같이 동일차주에 대한 신용공여한도를 설정 · 운용하도록 명시하고 있다.
"감독당국은 여신편중현상이 발생하지 않도록 동일인(single borrowers) 또는 동일차주(groups of related borrowers)에 대한 신용공여한도를 설정하여야 한다. 민간부문의 비은행 차입자(동일인 또는 특수관계자를 포함한 동일차주 집단)에 대해서 25% 기준이 보편적으로 적용된다"(Basel Committee on Banking Supervision, Core Principles for Effective Banking Supervision, 1997.9., p.25~26).

한편, 금융회사의 대주주, 임직원, 자회사 등 특수관계인에 대하여는 내부자 간 불공정한 거래가 이뤄질 소지가 높으므로 금융회사의 건전성을 유지하기 위하여 신용공여 한도를 제한하고 있다.

나. 금융권역별 신용공여규제 제도

각 금융권역의 신용공여한도제도는 은행법의 내용을 기본으로 하여 설정된 것으로 동일인 또는 동일차주에 대한 신용공여, 거액신용공여를 금융회사의 자기자본을 기준으로 일정비율 이내로 유지토록 하는 형태를 취하고 있다.

은행, 종합금융회사의 경우 동일인, 동일차주, 거액 신용공여한도의 제한 내용이 동일하며 지주회사는 동일인, 동일차주 신용공여한도를 제한하고 있다. 은행법상 대주주 신용공여한도 제한은 금융지주회사와는 그 내용이 동일하고 같은 취지로 종합금융회사도 대주주 신용공여한도제도를 두고 있으며, 상호저축은행에 대하여는 대주주 등에 대한 신용공여를 금지하는 별도의 규정을 두고 있다.

보험업법의 경우 신용공여규제 비율의 기준을 자기자본이 아닌 총자산을 기준으로 동일인, 동일차주, 거액 신용한도와 대주주, 자회사 신용공여한도를 규제하고 있는데 이는 주주배당만 실시하고 있는 타 금융권과 달리 보험회사의 이익은 대부분 계약자배당으로 환원되고 있어 주주의 이익과 직결되는 자기자본을 기준으로 규제하기에는 부적합하기 때문이다. 또한 현실적으로 국내 생보사의 경우 일부는 자본잠식상태에 있거나, 자기자본이 正(+)이라 하여도 그 규모가 지나치게 작아서 자기자본을 기준으로 할 경우 자산운용이 불가능한 실정임을 감안한 것으로 볼 수 있다. 미국, 일본, 독일 등 외국의 경우에도 보험회사의 자산운용한도는 보험자금의 성격 및 계약자 이익 보호를 위해 자산규모를 기준으로 규제하고 있다.

유가증권을 통한 직접 자금중개기능을 주 내용으로 하는 금융투자회사의 경우 대주주에 대한 신용공여한도를 금지하는 이외에 원칙적으로 신용공여에 대한 규제가 없다. 다만, 증권과 관련하여 금전의 융자 또는 증권의 대여의 방법으로 신용공여를 하는 경우에 대하여는 당해 금융투자회사의 자기자본 범위 내로 제한하고 있다.

3. 여신관련 법령

현재 금융회사의 여신관련 법규정은 법령→규정→세칙→금융회사내규로 체계화되어 있다. 은행의 여신관련 기본법은 「은행법」, 「금융위원회의설치등에관한법률」 그리고 「한국은행법」 등이며, 보다 구체적인 사안은 이들 법률의 위임에 따라 시행령 형태로 제정되고 다시 금융위원회나 금융통화위원회에 의해서 보다 세부적인 사항에 대한 규정, 세칙, 지침 등이 만들어져 시행되고 있다. 은행 이외 금융회사의 여신규제에 대해서는 각 금융회사의 설립근거법령 및 규정, 세칙 등에서 규정하고 있다.

[표 2-3] 여신관련 법규의 체계

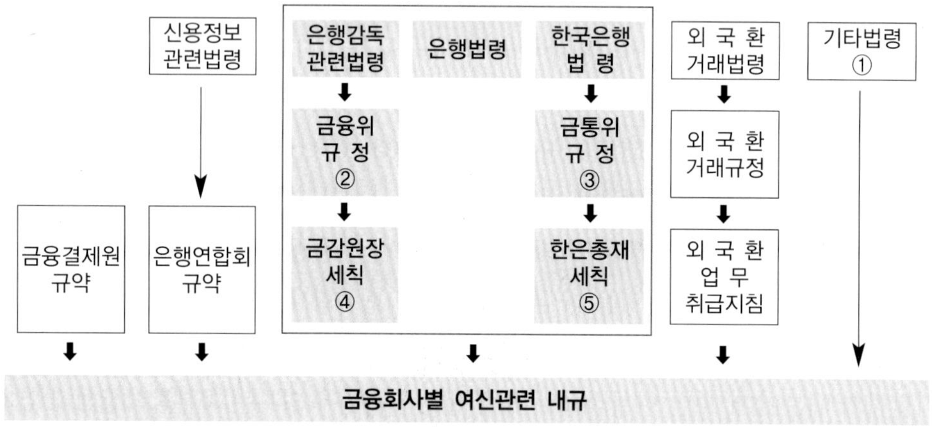

※ ① 상법, 민법, 어음법, 수표법, 신탁법, 신용정보의 이용 및 보호에 관한 법률, 공장저당법, 채무자 회생 및 파산에 관한 법률, 산업발전법, 기업구조조정 촉진법, 사회기반시설에 대한 민간투자법, 지방세법, 금융회사 부실자산 등의 효율적 처리 및 한국자산관리공사의 설립에 관한 법률, 금융실명거래 및 비밀보장에 관한 법률, 독점규제 및 공정거래에 관한 법률, 특정경제범죄 가중처벌 등에 관한 법률, 주택저당채권유동화회사법, 사립학교법, 공익법인의 설립운영에 관한 법률 등

② 은행업감독규정, 금융회사검사 및 제재에 관한 규정 등

③ 금융회사 여신운용규정, 한국은행의 금융회사대출규정, 수출환어음담보대출 취급규정 등

④ 은행업감독업무시행세칙, 금융회사검사 및 제재에 관한 규정 시행세칙

⑤ 금융회사 여신운용세칙, 한국은행의 금융회사대출세칙, 한국은행 총액한도대출관련 무역금융취급세칙 및 동 절차, 한국은행 총액한도대출관련 기업구매자금대출 취급세칙 및 동 절차, 한국은행총액한도대출관련 전자방식 외상매출채권 담보대출 취급세칙 및 동 절차, 수출환어음담보대출 취급세칙 및 동 절차 등

제2절

영역별 여신관련 규제

1. 은행법상의 규제

1-1. 은행법의 성격

은행법은 은행의 운영에 있어 자금중개기능 효율성, 예금자 보호와 신용질서 유지에 관한 사항(은행법 제1조)을 규정하고 있는 법률로서 금융관련규제에 있어 기본이 되는 법률이다. 즉, 은행법은 대한민국 내에 있는 모든 은행의 운영에 관한 사항을 한국은행법과 「금융위원회의 설치 등에 관한 법률」(이하 "금융위원회법"이라 한다)과 함께 규제하며, 상법 기타 법령에 대하여는 특별법적 성격을 지닌다(은행법 제3조).

1-2. 은행법의 규제대상과 신용공여의 범위

가. 개요

은행법 규제대상이 되는 금융회사는 은행업을 규칙적 · 조직적으로 영위하는 한국은행 외의 모든 법인을 가리킨다(은행법 제2조 제1항 제2호). 또한 은행업이라 함은 예금의 수입, 유가증권 기타 채무증서의 발행에 의하여 불특정 다수인으로부터 채무를 부담함으로써 조달한 자금을 대출하는 것을 업으로 행하는 것을 말한다(은행법 제2조 제1항 제1호).

은행법에서 말하는 신용공여라 함은 대출, 지급보증 및 유가증권의 매입(자금지원적 성격의 것에 한한다.) 기타 금융거래상의 신용위험을 수반하는 은행의 직접 · 간접적 거래이다(은행법 제2조 제1항 제7호). 여기서 지급보증이라 함은 은행이 타인의 채무를 보증하거나 인수하는 것을 말한다(은행법 제2조 제1항 제6호).

과거 은행법은 특정 차입자에 대한 편중 여신을 규제하기 위하여 동일인 등에 대한 대출한도 및 지급보증한도를 규제하였으나 1999년 2월 5일 은행법 개정(2000년 1월 1일부터 시행)시 한도관리 대상의 범위를 신용공여로 확대하였다. 즉, 은행법상 신용공여는 대출, 지급보증 및 유가증권 매입 등 금융거래상 신용위험을 수반하는 모든 금융거래를 포함한다. 따라서 좁은 의미로 여신은 대출만을 의미할 수도 있지만, 일반적 의미의 여신이란 대출은 물론 콜론, 지급보증, 유가증권 매입 등을 모두 포함하는 신용공여를 말한다. 바젤은행감독위원회도 은행은 은행계정과 트레이딩계정, 난내계정과 난외계정에서 발생하는 모든 형태의 여신을 합산한 기준으로 은행이 공여할 수 있는 총여신한도(총신용공여한도)를 설정 · 운용하여야 한다고 권고하고 있다(Principle 5)[8].

신용공여의 구체적 범위는 대출, 지급보증, 지급보증에 따른 대지급금, 어음 및 채권의 매입, 기타 거래상대방의 지급 불능 시 이로 인하여 은행에 손실을 초래할 수 있는 거래 등을 말하므로 은행이 신용리스크를 부담하는 모든 거래가 신용공여에 해당되나 상세한 사항은 금융위원회가 정하는 바에 의한다(은행법시행령 제1조의3 제1항)[9].

금융위원회는 은행업감독규정 제3조 〈별표2〉에서 다음과 같이 신용공여의 범위를 정하고 있다.

---

8) Basel Committee on Banking Supervision, Principles of the Management of Credit Risk, Sep. 2000.

9) 종래 대출금과 지급보증을 대상으로 각각 편중여신한도를 규제하였으나 1999년 2월 5일 은행법 개정에 따라 2000년 1월 1일부터 대출금 및 지급보증뿐만 아니라 사모사채, CP 등 유가증권 매입형태의 여신을 포함한 신용공여를 대상으로 편중여신을 규제하였으며 2003년 1월부터는 공모회사채도 신용공여의 범위에 포함하였다.

[표 2-4] 은행업 신용공여의 범위

계정	대분류	소분류
은행 계정	대차대조표 난내 (대출채권) (유가증권) (기타)	원화대출금[1], 외화대출금, 은행간외화대여금[2], 내국수입유산스, 역외외화대출금, 외화차관자금대출금, 지급보증대지급금, 매입어음, 매입외환[3], 팩토링채권, 신용카드채권, 직불카드채권, 환매조건부채권매수, 콜론, 사모사채
		CP(보증어음 포함), 대여유가증권, 공모사채[4], 후순위수익증권[5]
		여신성가지급금, 미수금, 예치금
	난외	확정지급보증[6], 미확정지급보증[7], 자산유동화에 따른 하자담보책임
		원화대출약정, 외화대출약정, 역외외화대출약정, 배서어음, 환매권부대출채권매각, 자산담보부기업어음(ABCP)매입약정
신탁 계정[8]	대차대조표 난내 (대출채권) (유가증권) (기타)	대출금[1], 콜론, 환매조건부채권, 금전채권, 사모사채
		매입어음, 신용카드채권, 공모사채[9], 후순위수익증권[5]
		여신성가지급금, 예치금
	난외	대여유가증권, 환매권부대출채권매각
종금 계정	대차대조표 난내 (대출채권) (리스채권) (기타)	할인어음, 할인무역어음, 팩토링어음, CMA할인어음, CMA할인무역어음, CMA팩토링어음, 기일경과어음, 관리어음, 지급보증대지급금
		금융리스채권(금융리스선급금 포함) 운용리스자산(운용리스선급금 포함)
		여신성가지급금
	난외	어음지급보증, 무역어음인수
		담보배서어음매출

주: 1) 상업어음 할인 제외
2) 모은행 및 모은행의 다른 자은행에 대한 신용공여, 자은행과 모은행 및 모은행의 다른 자은행 상호 간의 신용공여(은행법 제37조 제6항 제3호, 동조 제7항 및 시행령 제21조 제5항 내지 제8항)에 한함
3) 2002년 말까지 최초 매입일로부터 6개월 이내에 만기가 도래하는 D/A어음 매입은 "매입외환"에 포함하지 아니한다. 다만, 이규정 제79조 제3항 제1호에는 이를 적용하지 아니함
4) 만기보유증권 및 매도가능증권으로 분류된 공모사채(금융채를 포함)에 한함
5) 『신탁업법』에 의한 신탁회사가 자산유동화 과정에서 발행한 수익증권 중 제1종 수익증권을 제외한 것으로, 무액면인 경우에는 자산실사기관의 유동화 자산평가액에서 제1종 수익증권 가액을 공제한 금액
6) 입찰보증 제외
7) 금융회사가 지정하는 계좌로 입금토록 되어 있는 선수금에 대한 선수금환급보증 중 금융회사의 환급의무가 발생하지 않은 미입금선수금 해당 선수금환급보증금액은 제외
8) 원본 또는 이익보전 약정 신탁계정에 한함
9) 투자목적으로 취득한 공모사채(금융채를 포함)에 한함

※ 신용공여 산출방법 : 신용공여금액은 대차대조표 해당 항목에 계상된 금액으로 한다. 다만 난외항목의 경우 대차대조표에 계상된 금액에 「은행업감독업무시행세칙」<별표3> '위험가중자산에 대한 자기자본비율 산출기준' 45.에서 정하는 신용환산율을 곱한 금액으로 함

나. 신용공여한도의 필요성

동일인, 동일 차주 또는 특정국가, 예를 들어 저개발국가(less development countries: LCDs)에 대해 신용공여가 집중되는 경우, 위험의 과다한 노출로 인하여 은행의 건전성이 악화되거나 도산에 이르는 경우를 수없이 경험한 바 있다. 신용공여한도제도는 위험분산(risk diversification)의 원칙에 따라 은행의 자산구성(portfolio)을 다양화시켜 건전성을 제고하고자 하는 것이 그 목적이다.

미국의 경우에는 연방은행제도가 생길 때부터 대출한도제한이 규정화되었다(national currency Act of 1863). EU의 경우에도 1993년 과다노출규제(large exposure regulation)가 도입되어 현재에 이르고 있다.

다. 우리나라 은행 신용공여한도제도의 연혁

은행법은 은행업의 자금중개기능의 공공성과 은행자산의 위험분산을 위하여 1954년 8월에 시행된 제정 은행법부터 동일인에 대한 대출한도를 은행 자기자본의 20% 이내로 제한하고 있었다. 1980년대 들어서 수출입과 해외건설용역 관련 대외지급보증이 지속적으로 확대됨에 따라 1982년 12월의 은행법 제6차 개정 시 종전에 한국은행 은행감독원의 통첩으로 운용되고 있는 동일인 지급보증한도(은행 자기자본의 50% 이내)를 신설하였다.

1991년 12월 은행법 제7차 개정 시에는 1980년대 후반 은행의 자기자본 규모 증가와 금융자율화 · 개방화 등 금융환경의 변화를 반영하여 은행의 경영건전성을 확보하기 위하여 동일인 대출한도를 은행 자기자본의 20% 이내로, 동일인 지급보증한도를 은행 자기자본의 40% 이내로 축소하였다. 이어 1994년 12월 은행법 제8차 개정 시 은행의 자기자본 증대를 감안하여 다시 동일인 대출한도와 지급보증한도를 각각 은행 자기자본의 15% 이내와 30% 이내로 축소하였다. 이와 함께 거액여신 총액한도제를 신설하여 은행 자기자본의 15%를 초과하는 동일한 개인 또는 법인이나 동일계열 기업군에 대한 여신을 거액여신으로 분류하고 금융통화운영위원회가 거액여신의 총합계액의 한도를 제한할 수 있도록 하였다. 금융통화운영위원회는 거액여신 총액한도를 은행 자기자본의 8배 이내로 제한하였으며 1997년 8월에는 동일계열 기업군에 대한 대출 및 지급보증의 합계액을 자기자본의 45% 이내로 제한하였다.

외환위기 이후에 금융당국은 여신한도제를 국제기준에 맞춰 개편하기로 하고 1999년 2월 은행법을 개정하여 대출 및 지급보증 이외에 자금지원 성격의 유가증권 매입, 기타 금융거래상 위험을 수반하는 직·간접적 거래까지 포함하여 관리하는 신용공여한도제도를 도입하였다. 이와 같이 한도관리대상의 범위를 확대하고 동일인 신용공여한도는 은행 자기자본의 20% 이내, 공정거래법에 의한 기업집단을 포함하는 동일차주 신용공여한도는 은행 자기자본의 25% 이내, 은행 자기자본의 10%를 초과하는 거액 신용공여의 총액은 은행 자기자본의 5배 이내로 제한하였다.

▶▷신용공여한도 규제의 연혁

1. 1950.5.5. 은행법 제정(1954.8.15. 시행) : 동일인 대출한도를 은행 자기자본의 20% 이내로 제한
2. 1982.12.31. 은행법 개정 : 동일인 지급보증한도(은행 자기자본의 50% 이내) 규제 근거를 신설
3. 1991.12.31. 은행법 개정 : 동일인 대출한도를 은행 자기자본의 20%, 동일인 지급보증한도는 은행 자기자본의 40%로 축소
4. 1992.5.19. 은행법 시행령 개정 : 은행감독원장의 예외승인 범위를 대출은 은행 자기자본의 30%로, 지급보증은 은행 자기자본의 60%로 축소
5. 1994.12.31. 은행법 개정 : 동일인 대출한도를 은행 자기자본의 15%, 동일인 지급보증한도는 은행 자기자본의 30%로 축소. 거액여신 총액한도제를 신설하여 은행 자기자본의 15%를 초과하는 거액여신을 은행 자기자본의 8배 이내로 제한
6. 1997.8.1. 은행법 개정 : 동일계열기업군 여신한도를 신설하여 은행 자기자본을 45% 이내로 제한
7. 1999.2.5. 은행법 개정(2000.1.1. 시행) : 대출 및 지급보증 각각에 대한 한도관리제도를 신용공여한도제로 변경하여 여신한도관리제도를 국제기준에 맞춰 개편

- 동일인 대출한도 및 동일인 지급보증한도를 동일인 신용공여한도로 일원화하여 은행 자기자본의 20% 이내로 제한

- 동일계열기업군 여신한도를 동일차주 신용공여한도로 변경하여 은행 자기자본의 25% 이내로 제한
- 거액 신용공여한도의 적용대상 신용공여를 은행 자기자본의 10% 이상의 신용공여로 확대하여 그 총액을 은행 자기자본의 5배 이내로 제한
- 한도관리의 기준이 되는 자기자본을 재무제표상의 자기자본에서 BIS기준 자기자본으로 변경

1-3. 은행법 상의 여신관련 규제

가. 금융통화위원회의 여신 관련 규제

은행의 여신업무는 원칙적으로 은행법의 규정 그리고 은행법 및 금융위원회법에 의하여 금융감독당국이 발하는 명령 및 규정에 의하여 운영된다. 아울러 은행법 및 한국은행법은 통화신용정책을 수행하는 한국은행 금융통화위원회에게도 은행의 금리 및 여신업무에 관한 일부 사항에 대한 직접적인 통제권을 수여하고 있다.

1) 금리

은행은 한국은행법에 의하여 금융통화위원회가 심의 · 의결하는(한국은행법 제28조 제3호 · 제4호) 은행의 각종 예금에 대한 이자 기타 지급금 최고율의 결정, 은행의 각종 대출 등 여신업무에 대한 이자 기타 요금의 최고율의 결정(은행법 제30조 제2항 제1호 · 제2호, 한국은행법 제28조 제3호 · 제13호) 등을 준수하여야 한다.

한국은행 금융통화위원회는 대출이자 및 연체이자의 최고율을 규제하여 왔으나 1991년 8월 금리자유화 추진계획에 따라 1993년 10월 대부분의 여신이자율이 자유화되었으며 1995년 7월부터 모든 여신이자율이 자유화되었다. 현재 은행들은 기준금리에 신용위험 등을 감안한 가산금리를 더하는 방식으로 대출이자율을 결정하고 있다.

한편, 대부업체의 지나치게 높은 금리와 무리한 채권회수가 사회적 문제로 대두됨에

따라 2002년 8월 「대부업의 등록 및 금융이용자 보호에 관한 법률」(이하 "대부업법")이 제정되어 대출이자율의 최고 이율을 제한토록 하였으며, 현재 대부업법 상 최고금리는 연 20%이다. 연체이자율은 대부업법 상 최고금리를 벗어나지 않는 범위에서 부과할 수 있지만, 2019년 6월 25일부터 약정이자율 +3% 이내로 제한되고 있다.

2) 여신 규제

한국은행 금융통화위원회는 은행의 여신취급과 관련하여 ① 은행의 각종 대출 등 여신업무에 대한 이자 및 그 밖의 요금의 최고율의 결정, ② 은행 대출의 최장기한 및 담보의 종류에 대한 제한, ③ 극심한 통화팽창기 등 국민경제상 절실한 경우 일정한 기간 내의 은행의 대출과 투자의 최고한도 또는 분야별 최고한도의 제한 그리고 ④ 극심한 통화팽창기 등 국민경제상 절실한 경우 은행의 대출에 대한 사전승인할 수 있다(은행법 제30조 제2항). 현재 이와 관련하여 금융통화위원회가 구체적으로 결정하거나 제한하고 있는 사항은 없다.

나. 신용공여 제한

1) 금지업무

가) 의의

은행법은 대출업무 등을 영위함에 있어 은행이 취급하여서는 안되는 금지업무를 열거하고 있다(은행법 제38조). 물론 은행법에 금지업무로 열거되지 아니한 대출 등이라고 하더라도 모두 허용되는 것은 아니다. 예컨대, 테러, 마약 제조 등의 범죄목적의 자금에 대한 대출은 은행법의 입법 취지와 사회통념에 비추어 허용되지 아니한다고 할 것이다.

나) 내용

(1) 유가증권 투자한도 규제

은행의 경영 안정성을 도모하기 위하여 가격 변동 위험이 큰 주식이나, 유동성 위험 또는 금리변동 위험이 큰 장기채권에 대한 보유는 은행이 흡수 가능한 자본 규모 이내로 제한할 필요가 있다. 은행은 지분증권(회생절차 개시결정 기업 등에 대한 대출금 출자전환주식 제외), 상환기간 3년을 초과하는 채무증권(국채, 통안증권 제외), 상환기간 3년을 초과하는 파생결합증권, 상환기간 3년을 초과하는 수익증권 · 투자계약증권 · 증권예탁증권에 대한 투자가 해당 은행의 자기자본(기본자본+보완자본)의 100% 이내로 제한되고 있다.

(2) 업무용 부동산 한도

과도한 업무용 부동산 소유에 따른 자금의 고정화를 방지하기 위하여 은행법에서는 업무용 부동산 소유한도를 정하고 있다. 일반은행, 특수은행, 외은지점은 은행법상 자기자본(기본자본+보완자본)의 60%를 초과하여 업무용부동산을 소유할 수 없다. 여기에서 업무용 부동산이라 함은 영업소, 사무소 등 영업시설, 연수시설, 복리후생시설 그리고 위 시설용도로 사용할 토지 · 건물 및 그 부대시설을 말한다.

(3) 비업무용 부동산 소유 금지

은행은 업무용 부동산이 아닌 부동산(비업무용 부동산)의 소유가 원칙적으로 금지되나, 저당권 등 담보권의 실행으로 인하여 취득한 자산의 경우 소유가 가능하나 3년 이내에 처분하여야 한다. 다만, 공매유찰 및 공매보류의 사유로 비업무용부동산의 처분 연기보고를 한 경우에는 연기보고일 이후 1년 이내에 처분하여야 한다. 또한, 은행은 비업무용 부동산을 처분함에 있어 공정을 기할 수 있도록 매각절차 및 매각방법 등에 관한 내부지침을 마련하여야 한다.

(4) 직접 · 간접을 불문하고 해당 은행의 주식을 담보로 하는 대출 및 해당 은행의 주식을 사게 하기 위한 대출 금지

(5) 금융위원회가 정한 소액 임직원 대출을 제외한 은행 · 모은행 · 자은행 및 다른 자회사의 임직원에 대한 대출 금지

이 경우 금융위원회가 정하는 소액 임직원대출에는 일반자금대출의 경우 20백만 원(급부 포함) 이내, 주택자금대출(일반자금대출 포함)은 50백만 원 이내, 사고금정리대출(일반자금 및 주택자금대출 포함)은 60백만 원 이내로 정하고 있다.

다) 벌칙

은행의 임원, 지배인, 대리점주(대리점주가 법인인 경우에는 그 업무를 집행하는 사원, 임원, 지배인, 그 밖의 법인의 대표자) 또는 청산인(이하 "은행의 임원등")이나 그 직원이 은행법 제38조를 위반하여 금지업무를 한 경우에는 1년 이하의 징역 또는 3천만 원 이하의 벌금에 처한다(은행법 제68조 제4호).

2) 편중 신용공여 제한

가) 내용

은행법은 신용공여 편중을 제한하기 위한 수단으로서 동일차주 또는 동일인에 대한 신용공여한도와 거액여신 총액한도를 제한하고 있다(은행법 제35조).

(1) 동일인 신용공여한도

은행은 동일한 개인이나 법인 각각에 대하여 은행자기자본의 20%를 초과하는 신용공여를 할 수 없다. 동일인이란 본인 및 특수관계인을 말한다.

(2) 동일인 신용공여한도

은행은 동일한 개인 · 법인 및 그와 신용위험을 공유하는 자(동일차주)에 대하여 은행자기자본의 25%를 초과하는 신용공여를 할 수 없다. 여기서 신용위험을 공유하는 자란 「독점규제 및 공정거래에 관한 법률(이하 '공정거래법')」 제2조 11호에서 규정한 기업집단에 속하는 회사를 말한다.

(3) 거액 신용공여 총액한도

동일한 개인이나 법인 또는 동일차주 각각에 대한 신용공여가 은행자기자본의 10%를 초과하는 거액신용공여의 총합계액은 은행자기자본의 5배를 초과할 수 없다. 다만, 국민경제를 위하여 또는 은행의 채권 확보의 실효성을 높이기 위하여 필요한 경우와 은행이 추가로 신용공여를 하지 아니하였음에도 불구하고 자기자본의 변동, 동일차주 구성의 변동 등으로 인하여 본문에 따른 한도를 초과하게 되는 경우에는 그러하지 아니한다.

나) 편중 신용공여 제한 예외

동일인 신용공여한도, 동일차주 신용공여한도 및 거액 신용공여 총액한도를 초과할 수 있는 사유로는 국민경제를 위하여 또는 은행의 채권 확보의 실효성을 높이기 위하여 필요한 경우와 은행이 추가로 신용공여를 하지 아니하였음에도 불구하고 자기자본의 변동, 동일차주 구성의 변동 등으로 인한 경우가 해당된다(은행법 제35조).

(1) 추가적인 신용공여가 인정되는 경우(은행법 제35조 제1항 제1호)

국민경제를 위하여 또는 은행의 채권확보 실효성 제고를 위하여 필요한 경우로서 신용공여한도를 초과하여 추가적인 신용공여를 할 수 있는 구체적인 사유는 ① 「채무자 회생 및 파산에 관한 법률」에 의한 회생절차가 진행 중이거나 기업구조조정 등을 위하여 은행 공동으로 경영의 정상화를 추진 중인 회사에 대하여 추가로 신용공여를 하는 경우, ② 위에 해당하는 회사를 인수한 자에 대하여 인수계약에서 정하는 바에 따라 추가로 신용공여를 하는 경우, ③ 사회기반시설사업의 추진 등 산업발전 또는 국민 생활안정을 위하여 불가피하다고 금융위원회가 인정하는 경우이다(은행법시행령 제20조의3 제1항).

한편, 금융회사가 상기 열거된 사유에 따라 신용공여한도를 초과하여 추가적인 신용공여를 하고자 하는 경우에는 금융감독원장을 경유하여 금융위원회에 그에 대한 인정을 신청하여야 한다. 다만, 당좌대출 등 이미 약정한 한도 범위 이내에서 신용공여를 하는 경우에는 금융위원회의 인정을 받은 것으로 본다(은행업감독규정 제73조).

(2) 추가로 신용공여를 하지 아니하였음에도 자기자본의 변동 등으로 한도를 초과하게 된 경우(은행법 제35조 제1항 제2호)

은행이 추가로 신용공여를 하지 아니하였음에도 불구하고 자기자본의 변동, 동일차주 구성의 변동 등으로 인하여 본문에 따른 한도를 초과하게 되는 경우로 동일인, 동일차주 및 거액 신용공여한도를 초과하게 되는 경우에는 그 한도가 초과하게 된 날부터 1년 이내에 동일인, 동일차주 및 거액 신용공여한도를 규정에 맞도록 하여야 한다.

이 경우 ① 이미 제공한 신용공여의 기한이 도래하지 아니하여 기간 내에 회수가 곤란한 경우, ② 환율변동에 따라 원화환산액이 증가한 경우 또는 해당 은행의 자기자본이 감소한 경우에 따라 신용공여한도를 초과하게 된 사유가 장기간 지속되고 해당 신용공여를 회수할 경우 신용공여를 받은 자의 경영안정을 크게 해칠 우려가 있는 경우 그리고 ③ 차주에 대하여 채권회수를 위한 법적절차가 진행중인 경우로 한도 초과 상태가 일정 기간 계속되어도 해당 은행의 자산건전성을 크게 해치지 아니한다고 인정하는 경우에는 금융위원회가 1년 이내로 연장할 수 있다.

다) 신용공여한도 초과에 대한 보고

은행은 위 예외사유로 인하여 동일차주 또는 동일인에 대한 신용공여한도, 거액신용공여한도를 초과하는 경우에는 한도초과일로부터 15일 이내에 그 사실을 신용공여 감축계획을 포함하여 금융감독원장에게 보고하여야 한다. 한도초과기간을 연장하는 경우도 동일하다(은행업감독규정 제74조 제1항). 은행은 감축계획의 이행상황을 매 분기말 익월 20일까지 금융감독원장에게 제출하여야 한다(은행업감독업무시행세칙 제46조 제2항).

다만, 금융회사가 신용공여한도 초과보고를 한 이후 추가적인 신용공여를 하지 아니하였음에도 불구하고 환율변동에 따라 원화 환산액이 증가하거나 금리상승에 따라 사채지급보증액이 증가하여 기보고 금액을 초과하는 경우에는 사후보고한 것으로 본다(은행업감독업무시행세칙 제46조 제3항).

[표 2-5] 신용공여 한도초과별 제재양정

■ 금융회사가 동일인 신용공여한도 등 법규상의 업무규제한도를 초과하여 부당하게 업무를 취급한 경우 기관경고 등 조치하며, 사안에 따라 관련 임직원에 대하여 문책조치를 한다.

유형별		기준금액	제재양정
편중여신관리 한도초과	동일차주 신용공여 한도 초과	자기자본의 25% 초과	기관경고 ~ 주의
	동일인 신용공여 한도 초과	자기자본의 20% 초과	
	거액신용공여 총액한도 초과	자기자본의 500% 초과	
유가증권투자한도 초과		자기자본의 60% 초과	
업무용 부동산 소유한도초과		자기자본의 60% 초과	

라) 벌칙

동일인 신용공여한도, 동일차주 신용공여한도 및 거액신용공여 총액한도를 위반하여 신용공여를 한 자는 3년 이하의 징역 또는 1억 원 이하의 벌금에 처한다(은행법 제67조 제2호).

3) 대주주 등 관계자 신용공여 제한

가) 대주주 신용공여한도

은행은 대주주 각각에 대하여 은행자기자본의 25%에 해당하는 금액과 대주주의 출자비율에 해당하는 금액 중 적은 금액을 초과하는 신용공여를 할 수 없으며, 대주주 전체에 대하여는 은행자기자본의 25%를 초과하는 신용공여를 할 수 없다. 은행은 대주주 신용공여한도를 회피하기 위한 목적으로 다른 은행과 교차하여 신용공여를 하여서는 아니 된다(은행법 제35조의2).

또한, 은행은 그 은행의 대주주에 대하여 단일거래금액이 자기자본의 1만분의 10에 해당하는 금액 또는 50억 원 중 적은 금액 이상의 신용공여를 하려는 경우에는 미리 이사회의 의결을 거쳐야 한다. 이 경우 이사회는 재적이사 전원의 찬성으로 의결한다. 은행은 그 은행의 대주주에 대하여 단일거래금액이 자기자본의 1만분의 10에 해당하는 금액 또는 50억 원 중 적은 금액 이상의 신용공여를 한 경우에는 지체 없이 그 사실을 금융위원회에 보고하고 인터넷 홈페이지 등을 이용하여 공시하여야 한다. 은행은 그 은행의 대주주에 대한 신용공여에 관련하여 매 분기 말 현재 대주주에 대한 신용공여 규모, 분기 중 신용공여의 증감액, 신용공여의 거래조건 등을 매 분기가 지난 후 1개월 이내에 공시하여야 한다.

한편, 은행은 그 은행의 대주주의 다른 회사에 대한 출자를 지원하기 위한 신용공여를 하여서는 아니 되고 그 은행의 대주주에게 자산을 무상으로 양도하거나 통상의 거래조건에 비추어 그 은행에게 현저하게 불리한 조건으로 매매 또는 교환하거나 신용공여를 하여서는 아니 된다.

나) 자회사에 대한 신용공여한도

은행은 그 은행의 자회사 등과 거래를 할 때 그 은행의 자회사 등에 대한 신용공여로서 자회사 등 각각에 대해서는 해당 은행 자기자본의 10%를, 자회사 등 전체에 대해서는 해당 은행 자기자본의 20%를 초과하는 신용공여를 할 수 없다. 이 경우 그 은행의 자회사 등이 합병되는 등 은행 이사회에서 합병하기로 결의한 자회사 등에 대하여 신용공여를 하는 것이 불가피한 경우와 은행 공동으로 경영 정상화를 추진 중인 자회사 등에 대하여 신용공여를 하기로 합의한 경우는 제외한다(은행법 제37조, 은행업감독규정 제52조).

다) 자은행의 모회사 등에 대한 신용공여 한도

자은행 등(자회사 및 손자회사, 이하 같다)은 모은행 등(모은행 및 조모은행, 이하 같다)에 대하여 신용공여를 할 수 없으며, 모은행의 다른 자은행 각각에 대하여는 당해 자은행 자기자본의 10%, 다른 자은행 전체에 대하여 당해 자은행 자기자본의 20%를 초과하는 신용공여를 할 수 없다(은행법 제37조 제6항, 은행법시행령 제21조 제5항).

자은행 등이 모은행 등에 대하여 추가적인 신용공여를 하지 아니하였음에도 신용공여한도를 초과한 경우[10]에는 그 사유가 발생한 날로부터 2년 이내에 이를 한도에 적합

10) 모자관계를 형성하기 이전에 이미 모은행에 신용공여를 한 경우, 모은행의 새로운 자은행에 대하여 당해 자은행 자기자본의 10%, 다른 자은행 전체에 대하여 당해 자은행 자기자본의 20%를 이미 초과한 경우, 환율변동에 다른 원화 환산액의 증가, 당해 은행의 자기자본 감소, 기업 간 합병 또는 영업의 양수, 기타 금융위원회가 인정하는 불가피한 사유로 인하여 신용공여한도를 초과한 경우(은행법시행령 제21조 제6항).

하게 하여야 하되, 자은행 등의 신용공여규모 등에 비추어 부득이하다고 인정되는 경우[11] 금융위원회는 그 기간을 연장할 수 있다(은행법시행령 제21조 제5항). 은행은 모은행 등에 대한 신용공여한도를 초과하는 경우에 한도초과일로부터 1월 이내에 금융감독원장에게 보고하여야 한다(은행업감독규정 제52조의3 제1항).

라) 벌칙

대주주에 대한 신용공여한도를 위반하여 대주주에게 신용공여를 한 자는 10년 이하의 징역 또는 5억 원 이하의 벌금에 처한다(은행법 제66조 제2호).

[표 2-6] 은행 신용공여규제한도의 규제유형 및 한도

구분	거래상대방	신용공여 한도[주1)]	관련 근거
신용리스크 관리 목적	동일일	20%	은행법 제35조 ③
	동일차주	25%	은행법 제35조 ①
	거액신용공여[주2)] 총액	500% (은행자기자본의 5배)	은행법 제35조 ④
관계자 거래 제한 목적	대주주	Min(25%, 출자비율)	은행법 제35조의2
	자회사	10%(개별), 20%(전체)	은행법 제37조 ③, 동법 시행령 제21조 ⑤
	모은행	금지	은행법 제37조 ⑥, 동법 시행령 제21조 ⑪
	다른 자은행	10%(개별), 20%(전체)	은행법 제37조 ⑥, 동법 시행령 제21조 ⑪

주: 1) 은행 자기자본에 대한 비율임
2) 은행 자기자본의 10%를 초과하는 신용공여를 의미
3) 일반자금대출 : 20백만 원 이내, 주택자금대출(일반자금대출 포함) : 50백만 원 이내, 사고금정리대출(일반자금 및 주택자금대출 포함) : 60백만 원 이내

11) 이미 제공한 신용공여의 기한이 도래하지 아니하여 기한 내에 회수가 곤란한 경우, 환율변동 또는 당해 은행의 자기자본의 감소 상태가 장기간 지속되고 당해 신용공여를 회수할 경우 신용공여를 받은 모은행 및 당해 모은행의 다른 자은행의 경영안정이 크게 저해될 우려가 있는 경우, 기타 위 두 가지 사유에 준하는 경우로서 한도 초과 상태가 일정기간 지속되어도 당해 자은행의 자산건전성이 크게 저해되지 아니한다고 금융감독원장이 인정하는 경우(은행업감독규정 제52조의3 제3항)

다. 인터넷전문은행에 대한 신용공여한도 특례

은행업을 주로 전자금융거래의 방법으로 영위하는 인터넷전문은행은 「인터넷전문은행 설립 및 운영에 관한 특례법」(시행일 : 2019년 1월 17일, 이하 "인터넷전문은행법")에 따라 신용공여 관련 규제를 적용받는다. 은행법에 따라 인가를 받는 은행은 최저자본금 요건이 1천억 원 이상(지방은행은 250억 원)이나, 인터넷전문은행법에 따른 인터넷전문은행은 최저자본금 요건이 250억 원으로 지방은행과 동일하다.

인터넷전문은행은 중소기업을 제외한 법인에 대한 신용공여를 할 수 없다. 인터넷전문은행은 동일인에 대해 자기자본의 15%를, 동일차주에 대해 자기자본의 20%를 초과하는 신용공여를 할 수 없다. 이 경우 국민경제를 위하여 또는 인터넷전문은행의 채권확보의 실효성을 높이기 위하여 필요한 경우와 인터넷전문은행이 추가로 신용공여를 하지 아니하였음에도 불구하고 자기자본의 변동, 동일차주 구성의 변동 등으로 인하여 본문에 따른 한도를 초과하게 되는 경우로 인하여 동일인 또는 동일차주 신용공여한도를 초과한 경우에는 그러하지 아니한다.

또한, 인터넷전문은행은 대주주에 대한 신용공여가 금지되어 있다. 이처럼 인터넷전문은행은 은행법 상 신용공여한도 보다 더 엄격한 규제를 적용받는다. 인터넷전문은행에 관하여는 인터넷전문은행법에 특별한 규정이 있는 경우를 제외하고는 은행법에서 정하는 바에 따른다.

[표 2-7] 인터넷전문은행 신용공여규제한도의 규제유형 및 한도

구분	신용공여한도 특례	관련 근거
동일인 신용공여 한도	자기자본의 15%	인터넷전문은행법 제7조 ②
동일차주 신용공여 한도	자기자본의 20%	인터넷전문은행법 제7조 ①
대주주 신용공여	금지	인터넷전문은행법 제8조 ①

라. 여신 운용 및 사후관리

우리나라의 여신 운용 및 사후관리는 1997년 IMF 외환위기를 계기로 크게 변화하였다. IMF 이전에는 신용리스크를 평가하는 기법이 낙후되어 있어 담보대출 위주로 여신을 운용하여 담보부동산의 가액이 하락할 경우 부실여신 발생으로 이어져 금융회사의 건전성 악화를 가져왔다. 이에 금융감독당국은 1998년 이후 선진국의 여신 관행을 벤치마킹하여 "여신 관행 혁신방안"을 마련하여 금융회사가 자율적으로 자신의 특성에 맞는 신용평가등급제도를 마련토록 하고 신용대출 중심의 여신 관행을 정착시키도록 지도하였다. 또한, 은행업감독규정 등에 경영의 건전성 유지 및 금융자금의 효율적 운용을 위하여 여신의 운용 및 사후관리에 관한 원칙을 규정화하였다.

가) 여신운용 원칙

은행은 은행업을 영위함에 있어서 자기자본을 충실히 하고 적정한 유동성을 유지하는 등 경영의 건전성을 확보하여야 한다(은행법 제45조 제1항). 이에 따라 은행은 여신을 운용함에 있어 여신의 건전성을 확보할 수 있도록 노력하여야 한다. 이를 위하여 은행은 먼저 차주의 리스크 특성, 재무상태, 미래 채무상환능력 등에 대한 분석을 통하여 신용리스크를 철저히 평가하여야 한다. 또한 차주의 차입목적, 소요자금규모, 자금소요기간 등에 대한 종합적인 심사 및 분석을 통하여 적정한 여신을 공급하도록 노력하여야 한다. 여신 실행 이후에는 여신자금의 철저한 관리를 통하여 용도 외 유용을 방지하여야 하며, 차주의 신용상태 및 채무상환능력 변화에 대하여 상시 모니터링하고 그 결과에 따라 적절한 조치를 취하여야 한다. 아울러 산업별, 고객그룹별 등으로 여신운용의 다양화를 통한 여신편중 현상이 일어나지 않도록 방지하여야 한다(은행업감독규정 제78조 제1항).

한편, 채권은행은 필요한 경우 채권은행협의회를 구성하여 신용등급이 정상등급에서 벗어난 문제기업의 경영개선 지도 및 회생 불가능한 부실기업의 정리에 관한 사항을 협의 조정하고 진행상황 등에 대한 정보를 상호 교환한다(은행업감독업무시행세칙 제47조).

나) 여신심사제도

은행은 여신 실행 이전 단계에서 신용리스크를 적절히 평가, 관리할 수 있도록 건전한 여신심사 및 승인업무 시스템을 운영하여야 한다. 여신심사 및 승인업무 시스템에는 ① 여신심사조직과 영업조직 간 역할 정립 및 상호 협조, ② 신용평가시스템 등에 의한 합리적이고 투명한 여신심사 및 승인, ③ 적정한 규모의 여신이 취급될 수 있는 차주별 여신한도제도의 운영, ④ 신용평가결과 우량등급기업에 대한 원칙적 신용여신의 운영에 관한 사항이 포함되어야 한다(은행업감독업무시행세칙 제48조 제1항).

다) 여신 사후관리

금융회사는 여신 실행 이후 신용리스크의 변동상태를 적절히 평가, 관리할 수 있는 여신 사후관리업무 시스템을 운영하여야 한다. ① 여신 사후관리업무 시스템에는 차입자의 신용상태 변화에 대한 상시 모니터링, ② 신용평가시스템에 의한 차입자의 신용등급의 정기적인 조정 및 조정된 등급에 따른 적절한 조치, ③ 조기경보제도 운영을 통한 이상징후 차입자에 대한 관리, ④ 기업신용위험 상시평가를 통한 부실징후기업(외부로부터의 자금지원 또는 별도의 차입이 없이는 금융회사로부터의 차입금의 상환이 어렵다고 인정한 기업) 해당 여부 판정 및 사후조치, ⑤ 여신심사 및 사후관리업무 운영의 적정성을 점검하고 시정하는 여신감리제도 운영, ⑥ 신용등급이 정상등급에서 벗어난 문제기업에 대한 경영개선(워크아웃) 지도, ⑦ 회생 불가능한 부실기업의 정리에 관한 사항이 포함되어야 한다(은행업감독업무시행세칙 제48조 제2항).

한편, 은행은 여신심사 및 사후관리업무를 효율적으로 수행할 수 있도록 내부업무처리규정 및 절차를 마련하는 한편 동 규정 및 절차에 따라 업무를 수행할 관련 조직을 지정하고 관련조직 간 직무분장을 명확히 하는 등 내부시스템을 구축하여야 한다(은행업감독업무시행세칙 제48조 제3항).

마. 주채무계열 제도

1) 의의

주채무계열 제도는 금융채무가 일정 기준 이상인 기업집단에 대하여 채권금융기관의 공조로 신용위험을 집중관리함으로써 금융회사의 자산건전성을 유지하는 제도이다. 금융감독원은 매년 총차입금과 은행권 신용공여가 일정 금액 이상인 계열기업군을 '주채무계열'로 선정하고 있으며, 주채권은행은 주채무계열의 재무구조를 평가하여, 평가 결과가 미흡한 계열에 대해서는 재무구조개선약정 등을 체결하고 자구계획 이행을 점검하는 등 신용위험을 관리하고 있다.

한편 주채무계열 제도와 유사한 것으로 "상호출자 · 출자총액제한제도"가 있는데, 이 제도는 공정거래법에 의한 기업집단에 대한 규제로서 부당내부거래 방지와 기업지배구조의 개선을 목적으로 하는 제도로 자산 기준으로 규제 대상 집단을 선정하고 있고, 계열기업의 재무구조 개선과 금융회사의 자산건전성 제고를 위한 주채무계열 제도와는 규제 목적과 기준이 상이하다.

2) 연혁

계열기업군에 대한 여신관리제도 1973년 오일쇼크 등에 따라 기업부실화가 심화되자 계열기업군에 대한 여신관리를 강화하기 위하여 1974년 7월 금융단 자율협정인 "계열기업군에 대한 여신관리협정"이 제정되면서 도입되었다.

1980년대에는 여신관리제도를 한국은행 금융통화운영위원회의 "금융회사 여신운용규정"에 명시(1985년 3월)하는 등 계열기업군의 투자 및 부동산 취득에 대한 은행의 승인기준을 마련하고 비업무용 부동산 소유를 제한하는 등 여신관리제도를 정부의 직접적인 대기업 집단관리를 위한 산업정책수단으로 활용하였다.

1990년대 들어 금융규제 완화 정책에 따라 계열기업의 투자 및 부동산 취득에 대한 은행의 승인 등 대부분의 직접적인 규제를 폐지하였으나, 1997년 발생한 IMF 외환위기 이후에는 은행과 계열기업군이 "재무구조 개선약정"을 체결하여 계열기업군의 재무구조 개선을 추진하였다가 1998년 4월 현행과 같은 주채권은행(Key Bank) 및 주채무계열 제도로 변경되었다.

3) 주채무계열의 선정

주채무계열(Main Debtor Groups)은 직전 사업연도 말 총차입금이 전 전년도 명목국내총생산의 0.1% 이상이고, 전년 말 현재 금융기관으로부터의 신용공여 잔액이 전전년 말 현재 금융기관의 전체 기업 신용공여잔액 대비 0.075% 이상인 계열기업군을 대상으로 선정한다. 이때, 총 차입금은 재무제표 부채계정 중 차입금, 전환사채, 신주인수권부사채 등을 포함한 사채, 자산유동화 차입금, 리스부채 및 이와 유사한 차입부채

계정의 합계를 말하며, 단, 현재가치할인차금 등 가산 또는 차감항목을 반영하여 산정한다. 기업 신용공여 잔액은 은행법 시행령 [별표2]에서 정한 신용공여 총액에서 가계 신용공여를 제외한 금액으로 한다.

계열기업군 및 그 소속기업체의 범위는 공정거래법 제2조 제11호를 준용한다. 다만, 자본시장법 제249조의7 제5항 및 제249조의12 제1항에 따른 경영권 참여 등을 위해 집합투자재산을 운용하는 사모집합투자기구(같은 법 제249조의13에 따른 투자목적회사를 포함)가 투자한 기업의 경우에는 해당 기업을 독점규제 및 공정거래법 제2조 제11호에 따른 동일인으로 보아 계열기업군 및 그 소속기업체의 범위를 달리 정할 수 있다. 금융감독원장은 주채무계열 소속기업체 중 자산규모, 당해 계열기업군 내에서의 영향력 등 실질적인 지위를 참작하여 주기업체로 선정한다.

4) 주채권은행 선정 및 기능

가) 주채권은행의 선정

주채권은행(Main Creditor Banks)은 주채무계열 및 그 소속기업체의 주된 채권은행을 말한다. 은행은 ① 은행별 여신규모, 추이 및 구성, ② 은행별 담보취득액의 규모 및 구성 그리고 ③ 기업체의 의견을 참작하여 주채무계열 및 그 소속기업체의 주된 채권은행을 정하여야 한다. 주채무계열의 주채권은행은 당해 주채무계열 주기업체의 주채권은행으로 한다. 주기업체의 주채권은행을 결정할 때에는 계열기업군 전체에 대하여 ① 은행별 여신규모, 추이 및 구성 ② 은행별 담보취득액의 규모 및 구성에 대한 사항을 참작하여야 한다.

나) 주채권은행의 기능

① 기업정보의 종합관리

주채권은행은 담당 주채무계열 또는 대상기업체별로 전담심사역을 두고 담당 주채무계열 또는 그 소속기업체에 관한 여신상황을 포함한 기업정보를 종합적으로 관리하여야 한다. 금융기관은 주채권은행을 중심으로 기업정보를 공유할 수 있도록 상호 협조하여야 한다(은행업감독규정 제81조)

② 재무구조 개선유도 및 경영지도

주채권은행은 담당 주채무계열 및 그 소속기업체의 경영을 지도하여 재무구조개선을 유도하여야 하며, 재무구조평가 결과 재무구조가 취약한 주채무계열 및 취약할 우려가 있는 주채무계열과는 각각 재무구조개선약정 및 정보제공약정을 체결할 수 있다. 이를 위해 주채권은행은 담당 주채무계열에 대하여 매년 재무구조평가를 실시하여 재무구조가 취약한 계열에 대하여는 약정 체결 등을 통하여 재무구조개선을 유도하고 있다(은행업감독규정 제81조).

③ 부실징후계열에 대한 처리대책 수립

주채권은행은 담당 주채무계열 또는 그 소속기업체의 경영이 악화되어 여신의 부실화가 우려되는 경우 기타 채권은행과 채권은행협의회를 구성하여 처리대책을 수립·추진한다. 이 경우 주채권은행은 당해 계열기업군의 현황을 종합적으로 파악하고 필요한 경우 채권은행협의회의 간사은행으로서 동 협의회를 운영한다(은행업감독규정 제81조).

또한, 주채권은행은 기업신용위험 상시평가를 한 결과, 해당 기업이 부실징후기업으로 선정된 경우에는 그 사실과 이유를 해당 기업에 통보하여야 하거나 주채권은행에 의한 채권은행 공동관리, 개별 채권은행에 의한 채권은행 사전공동관리, 개별채권은행에 의한 채권은행 단독관리 또는 「채무자회생 및 파산에 관한 법률」에 따른 회생절차 중 하나의 절차를 진행하여야 한다(은행업감독규정 제81조).

④ 주채무계열사에 대한 채무보증 취득을 제한

금융기관은 주채무계열의 소속기업체(해외 현지법인을 제외)에 대하여 공정거래법 제24조에서 제한하고 있는 채무보증을 해당 주채무계열의 소속기업체(금융·보험업을 영위하는 회사는 제외)로부터 신규로 받아 여신을 취급하여서는 아니된다. 다만, 기존채무보증의 기한연기를 위한 재약정은 신규채무보증으로 보지 아니한다. 이 경우 여신은 은행계정 및 신탁계정상의 원화대출금, 외화대출금, 내국수입유산스, 지급보증대지급금 및 확정지급보증을 말한다(은행업감독규정 제81조, 은행업감독업무시행세칙 제53조).

⑤ 기업신용위험 상시평가

전국은행연합회는 채권은행이 기업신용위험 상시평가를 통해 부실징후기업 해당 여부를 판정하고, 부실징후기업의 경영정상화를 효율적으로 추진하기 위하여 2007년 11월 4일 "채권은행의 기업신용위험 상시평가 운영협약(약칭 상시평가 운용협약)"을 제정 · 운영하고 있다. 기업에 대한 신용위험평가는 채권은행으로부터 신용공여를 받은 자로서 최근 월말 기준으로 금융기관의 신용공여액이 500억 원 이상인 자와 500억 원 미만인 자로 나누어 신용위험평가 대상기업을 선정하여 평가를 실시한다. 또한, 그 평가결과에 따라 ① 정상적인 영업이 가능한 기업, ② 부실징후기업이 될 가능성이 큰 기업 ③ 부실징후기업에 해당하며 경영정상화 가능성이 높은 기업 ④ 부실징후기업에 해당하며 경영정상화 가능성이 낮은 기업으로 분류하고 내부신용등급 조정 및 조정된 신용등급에 따른 사후관리 조치를 취하고 있다.

다) 협조의무 위반 시 조치

주채권은행은 대상기업체가 계열기업군 현황 및 재무상태에 대한 보고를 지연 · 누락하거나 허위 또는 분식보고로 인하여 금융기관의 대상기업체 관리에 차질을 초래한 경우 당해 기업체에 대하여 여신취급을 중단하거나 제한하는 등의 조치를 취할 수 있다(은행업감독업무시행세칙 제55조).

바. 여신심사 선진화를 위한 모범규준

1) 의의

2015년 7월 22일 금융위원회와 금융감독원 그리고 관계기관 합동으로 발표된 "가계부채 종합관리방안"의 후속조치로 전국은행연합회는 2015년 12월 11일 "여신심사 선진화를 위한 모범규준"을 제정하여 운영하고 있다. 그 이후에도 동 모범규준은 정부 관계기관 합동으로 발표된 "가계부채 종합대책(2017.10.24.)", "가계부채 관리방안(2021.4.29.)", "가계부채 관리 강화방안(2021.10.26.)" 및 "새정부 가계대출 관리방향 및 단계적 규제 정상화 방안(2022.6.16.)"의 내용을 반영하여 수차례 개정되어 왔다.

"여신심사 선진화를 위한 모범규준"은 은행의 담보 위주 여신심사 관행을 차주의 채무상환능력에 대한 평가 위주로 전환하는 등 은행 여신심사 관행을 선진화하고 금융소비자보호의 실효성을 높이기 위하여 은행이 가계대출을 취급하는 데에 필요한 사항을 정함에 있어 참고할 수 있는 내용을 규정하고 있다.

2) 주요 내용

가) 소득산정

신규 주택담보대출 취급 시 해당 주택이 DTI 규제 등에 해당하지 않더라도 모든 대출 신청자의 소득을 확인하여 전산 입력 · 관리한다. 연소득은 증빙소득으로 산정하는 것을 원칙으로 하며, 증빙소득으로 산정하는 것이 어려운 경우 인정소득 또는 신고소득으로 산정할 수 있다. 연소득은 차주 본인을 기준으로 하되 차주의 배우자 소득을 합산하여 산정할 수 있다. 다만 배우자의 소득을 합산하는 경우에는 총 금융부채에도 배우자 명의의 금융부채를 합산하여 산정하여야 한다.

나) 비거치식 분할상환

"비거치식 분할상환 대출"이란 최초 약정일로부터 만기일까지 이자만 상환하는 기간인 거치기간이 1년 이내인 동시에 원금을 월 1회 이상 분할상환하는 주택담보대출을 말한다. 신규 주택담보대출이 ① 주택구입자금용 대출, ② 고부담대출에 해당하는 대출 신청 건, ③ 연소득 산정 시 신고소득을 적용한 대출 그리고 ④ 주택담보대출 담보물건이 본 건을 포함하여 전 금융기관 합산 3건 이상인 경우 중에서 어느 하나에 해당하는 경우 원칙적으로 비거치식 분할상환으로 취급한다.

또한, 분할상환 대상 주택담보대출이 아니라 하더라도 거치기간이 1년을 초과하는 대출(만기일시상환 포함. 단, 한도대출은 제외)과 기존대출의 조건변경 또는 만기연장 중에서 어느 하나에 해당하는 경우 고객을 대상으로 비거치식 분할상환을 유도한다.

다) DTI 및 스트레스 DTI

총부채상환비율(DTI: Debt To Income)이란 원리금 상환액이 연간 소득에서 차하는 비율로 주택 등 부동산을 담보로 대출을 받을 때 차주의 부채부담능력을 측정하는 지표이다. 이는 대출로 인한 부채상환액이 소득의 일정 비율을 넘지 못하도록 규제하여 대출원금의 크기를 조정하는 것을 의미한다. 스트레스 DTI는 실제 금리에 스트레스 금리를 가산하여 산출한 DTI를 말한다. 스트레스 금리(Stress Rate)란 향후 금리상승 위험에 노출될 가능성이 있는 변동금리대출의 원리금 상환부담 및 차주의 채무상환능력 변화를 파악하기 위하여 향후 금리상승 가능성을 고려한 가산금리이다.

은행은 신규 주택담보대출 취급 시 DTI를 산출한다. 은행은 신규 변동금리 주택담보대출 취급 시 스트레스 DTI를 산출하며, 스트레스 DTI가 80%를 초과하는 대출은 고정금리 대출로 취급하거나 스트레스 DTI가 80%를 초과하지 않도록 취급한다.

라) 총부채원리금상환비율(DSR)

총부채원리금상환비율(Debt Service Ratio)이란 차주의 연간 소득 대비 연간 금융부채 원리금 상환 비율로 차주의 소득수준에 비해 총 금융부채의 상환부담을 판단하는 지표이다. DSR은 주택담보대출의 원리금 상환액은 물론 신용대출, 마이너스통장대출, 학자금대출, 자동차할부금융, 비주택담보대출 등 모든 대출의 원금과 이자 상환액을 포함하여 총체적인 상환능력을 평가하는 것이다. 은행은 신규 취급한 대출에 대해 한국신용정보원에 집중되는 차주의 DSR 산출용 대출 원리금 상환정보를 활용하여 DSR을 산출한다.

사. 기술신용정보 반영과 기술금융

은행은 중소기업에 대한 여신 운용 시 신용리스크의 평가에 있어 신용정보법에 따른 기술신용정보를 합리적으로 반영하여야 한다. 기술신용정보란 기업 및 법인인 신용정보주체의 신용을 판단하기 위하여 기술평가를 하고 신용정보와 해당 기업 및 법인의 기술에 관한 정보를 활용함으로써 그 판단의 결과를 기호, 숫자 등을 사용하여 평점 또는 등급으로 표시한 정보, 그 기술의 가액 또는 평가의견 등(자본시장법 상 신용등급은 제외)을 말한다. 여신 운용 시 기술신용정보를 반영하는 것을 실무상 기술금융이라고 부르고 있다(은행업 감독규정 제78조⑤~⑥, 은행업 감독업무 시행세칙 제48조⑥).

기술금융은 일반적으로 기술과 아이디어 등에 대한 평가에 근거하여 기술력 및 미래 성장성 높은 기업에 자금을 공급하는 금융이다. 은행권은 혁신 · 중소기업 지원을 위해 2014년 7월부터 기술금융 공급을 지속하여 2023년 11월 말 기준 기술금융 잔액은

▶▷기술금융 체계 개편 방안

■ 금융위원회는 2021년 11월 29일 "기술금융 체계 개편 방안"을 발표하였고 2022년 1월부터 전면 적용하고 있음

〈기술금융 체계 개편 개요〉

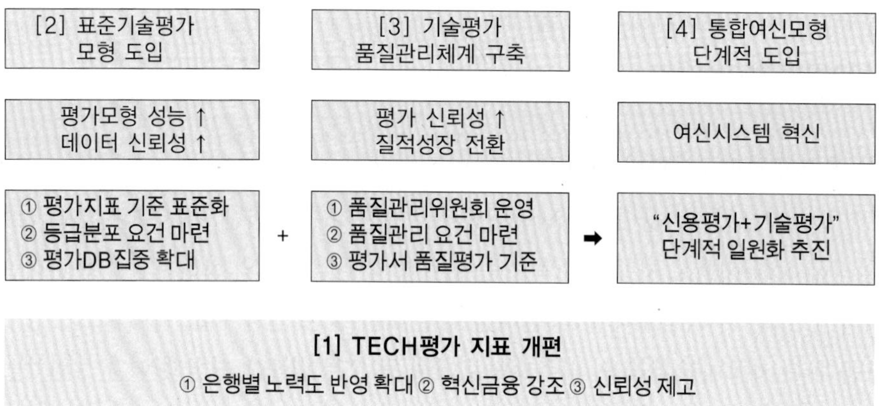

■ 중장기적으로, 기술평가가 여신시스템에 내재화되어 '기술력'이 있으면 '신용등급'까지 개선될 수 있도록 "통합여신모형"을 단계적으로 추진할 계획

〈現〉 신용평가모형 〈통합여신모형〉

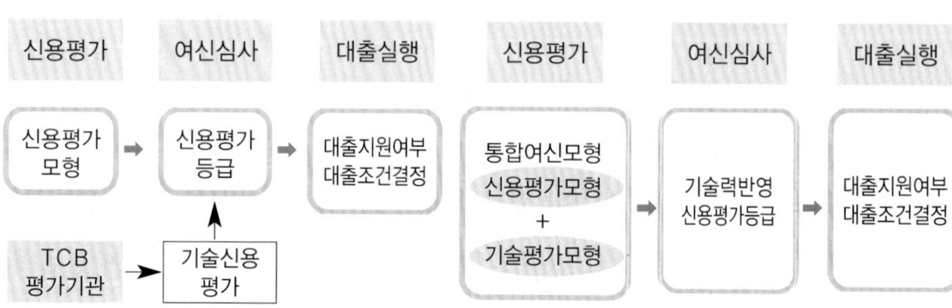

310.3조 원에 달하고 있다. 기술금융은 금리 및 한도, 순수 신용대출, 유망기술분야 및 창업기업 지원 등의 차원에서 실질적인 지원 효과를 보이고 있으며, 지식재산권(IP), 동산금융, 창업기업 등에 대한 혁신금융 과제도 적극 지원하고 있다.

아. 지역재투자 평가제도

1) 의의

2018년 10월 '지역재투자 평가제도'를 도입하여 2020년부터 매년 평가를 실시하고 있다. 지역재투자 평가제도는 금융회사가 지역에서 수취한 예금을 지역 실물경제 수요에 대응하는 수준으로 재투자(대출)할 수 있도록 유도하고 특히, 금융접근성이 낮은 서민과 중소기업에게 더 많이 제공될 수 있도록 금융회사의 신용제공 유인을 제고하는 것을 목적으로 한다.

은행은 여신을 운용함에 있어서 지역간 불합리한 차별이 발생하지 않도록 노력하여야 한다. 금융위원회는 지역재투자 평가를 실시하여 은행의 지역간 합리적 여신 운영 노력에 대한 결과를 인터넷 홈페이지 등을 이용하여 공시할 수 있으며, 지역재투자 평가를 위하여 평가위원회를 구성·운영하고 있다.(은행업감독규정 제78조, 은행업감독업무시행세칙 제48조)

2) 주요 내용

- (평가대상) 은행 및 대형 저축은행(자산 1조 원 이상 및 복수 영업구역 운영)
  - 단, 자금의 역외유출 우려가 적은 외국은행 국내지점 및 산업·수출입·인터넷 전문은행은 제외
- (평가지역) 수도권(서울·경기·인천)을 제외한 13개 지방 광역시·도
- (평가주기) 1년 주기 평가
- (평가내용) 지역 내 자금공급, 중소기업 지원, 서민대출 지원, 금융인프라 현황 등을 종합적으로 평가
- (평가결과) 5등급(최우수·우수·양호·다소미흡·미흡)으로 구분하여 공개

■ (인센티브) 지역재투자 평가결과는 금융감독원의 경영실태평가 및 지방자치단체와 지방교육청 금고 선정기준 등에 활용되고 있음

■ (평가항목) 2023년도 평가기준으로 정량평가는 4개 부문에서 총 10개 항목, 정성평가는 5개 항목을 평가

■ (평가 등급) 지역별 점수에 따라 평가등급 부여 후, 이를 평균하여 최종 평가등급 산정

평가점수	90점이상	85~90점	80~85점	75~80점	75점 미만
평가등급 (점수)	최우수 (5점)	우수 (4점)	양호 (3점)	다소미흡 (2점)	미흡 (1점)

→ 최종 평가: (최우수) 4.0초과, (우수) 3.5초과~4.0이하, (양호) 3.0초과~3.5이하, (다소미흡) 2.5 초과~3.0이하, (미흡) 2.5이하

2. 금융지주회사법상의 규제

2-1. 개요

금융지주회사란 주식의 소유를 통하여 금융업을 영위하는 회사 또는 금융업의 영위와 밀접한 관련이 있는 회사를 지배하는 것을 주된 사업으로 하는 회사를 말한다(금융지주회사법 제2조 제1항 제1호).

금융지주회사법은 금융지주회사와 자회사 등이 제공하는 그룹 차원의 신용공여한도를 규제하고 있다. 금융지주회사의 설립으로 개별 금융회사들이 하나의 금융그룹으로 소속될 경우 개별 금융회사가 관련법의 동일차주 신용공여한도를 준수하더라도 그룹 전체를 합산할 때에는 특정 차주에게 신용공여가 집중될 수 있기 때문이다. 이러한 신용공여의 편중은 개별 자회사의 신용위험을 합한 것보다 그룹 전체의 신용위험을 더욱 증가시키는 결과를 가져올 수 있다는 점에서 금융지주회사 그룹 차원의 신용공여규제의 필요성이 인정되고 있다.

2-2. 신용공여한도 규제내용

가. 원칙

1) 동일차주 신용공여한도

동일차주(은행법에 의한 동일차주를 말한다.)에 대한 금융지주회사 및 자회사(이하 금융지주회사 등이라 한다.)의 신용공여의 합계액은 금융지주회사등의 자기자본[12]의 순합계액의 25%를 초과할 수 없다(금융지주회사법 제45조 제1항).

2) 동일인 신용공여한도

동일한 개인이나 법인 각각에 대한 금융지주회사 등의 신용공여의 합계액은 금융지주회사 등의 자기자본 순합계액의 20%를 초과할 수 없다(금융지주회사법 제45조 제2항).

3) 주요 주주에 대한 신용공여한도

금융지주회사의 의결권 있는 발행주식 총수의 10%를 초과하는 주식을 보유하는 동일인에 대한 금융지주회사 등의 신용공여의 합계액은 금융지주회사 등의 자기자본의 순합계액의 25%와 동일인의 당해 금융지주회사에 대한 출자비율에 해당하는 금액 중 적은금액을 초과할 수 없다(금융지주회사법 제45조 제3항, 시행령 제22조 제3항).

---

12) 금융지주회사 등의 자기자본의 순합계액의 산정방법은 금융지주회사와 자회사등의 자기자본을 합한 금액에서 ① 금융지주회사가 보유하는 자회사 등의 주식과 ② 자회사등(자회사 및 손자회사)간에 보유한 주식 및 동 자회사 등이 보유하는 금융지주회사의 주식에 해당하는 금액을 차감한 금액을 말한다(금융지주회사법시행령 제24조 제4항).
자회사 등의 자기자본은 다음과 같이 산정한다(금융지주회사법시행령 제24조 제3항).
① 자회사 등이 은행, 종합금융회사인 경우에는 국제결제은행의 기준에 따른 기본자본과 보완자본의 합계액, ② 자회사 등이 투자매매업자 · 투자중개업자인 경우에는 최근 사업연도 말 대차대조표상의 자기자본에서 최근 사업연도 말 이후의 자본금의 증감분 등 금융위원회가 정하는 사항을 금융위원회가 정하는 바에 따라 조정한 금액

4) 은행지주회사의 주요 출자자[13]에 대한 신용공여한도

은행지주회사 등이 그 은행지주회사의 주요출자자(그 특수관계인을 포함한다.)에게 할 수 있는 신용공여의 합계액은 당해 은행지주회사 등의 자기자본의 순합계액의 25%와 그 주요출자자의 당해 은행지주회사에 대한 출자비율에 해당하는 금액 중 적은 금액을 초과할 수 없다. 은행지주회사 등이 그 은행지주회사의 주요출자자 모두에게 할 수 있는 신용공여의 총액은 당해 은행지주회사 등의 자기자본의 순합계액의 25%를 초과할 수 없다(금융지주회사법 제45조의2 제1항, 제2항).

5) 자회사 등 신용공여한도

금융지주회사의 자회사 등(자회사 및 손자회사)간 신용공여에 대해서는 특정 자회사의 부실이 다른 자회사에 이전되지 않도록 하기 위하여 보다 엄격한 규제를 하고 있다.

금융지주회사의 자회사 등은 당해 금융지주회사에 대한 신용공여를 하는 것이 금지되어 있으며, 다른 자회사 등에 대한 신용공여의 경우 개별 자회사 등에 대하여 당해 자회사등의 자기자본의 10%, 다른 자회사 등에 대한 신용공여의 총액은 당해 자기자본의 20%를 초과하여서는 아니된다(금융지주회사법 제48조 제1항, 시행령 제27조 제3항).

또한 자회사 등 상호 간에 신용공여를 하는 경우에는 적정담보를 확보하여야 한다. 이는 금융지주회사 소속 자회사 간에는 비관계회사에 비해 우호적인 관계가 있으므로 내부신용공여에 따른 리스크의 확산을 방지하기 위함이다. 금융지주회사법 시행령은 신용공여액의 150% 범위 내에서 유가증권-부동산 등 담보의 종류에 따라 금융위원회가

---

13) "주요출자자"란 다음 중 어느 하나에 해당하는 자를 말한다(금융지주회사법 제2조 제1항 제10호).

1. 은행지주회사의 주주 1인을 포함한 동일인이 은행지주회사의 의결권 있는 발행주식 총수의 10%(지방은행지주회사의 경우에는 15%)을 초과하여 주식을 보유하는 경우의 해당 주주 1인
2. 은행지주회사의 주주 1인을 포함한 동일인이 은행지주회사(지방은행지주회사를 제외한다.)의 의결권 있는 발행주식 총수(의결권을 행사하지 못하는 주식을 제외한다.)의 4%를 초과하여 주식을 보유하는 경우로서 해당 동일인이 최대주주이거나 대통령령으로 정하는 바에 따라 임원의 임면 등의 방법으로 해당 은행지주회사 및 그 자회사와 손자회사(이하 "은행지주회사 등"이라 한다.)의 주요 경영사항에 대하여 사실상의 영향력을 행사하고 있는 자인 경우의 해당 주주 1인

정하는 비율 이상의 담보를 확보하도록 정하고 있다.[14] 다만, 자회사 등의 구조조정에 필요한 신용공여 등 금융위원회가 정하는 요건에 해당하는 경우에는 그러하지 아니하다.[15](금융지주회사법 제48조 제2항, 시행령 제27조 제4항)

나. 예외

금융지주회사에 대해서도 동일차주, 동일인, 주요주주 신용공여한도 또는 은행지주회사의 주요 출자자에 대한 신용공여한도의 예외를 인정하고 있다(금융지주회사법 제45조, 제45조의2). 은행의 경우는 대주주에 대하여 추가적인 신용공여 없이 발생하는 한도초과만 인정되고 신용공여를 추가적으로 할 수 있는 예외사유는 인정되지 아니하

14) "담보의 종류에 따라 금융위원회가 정하는 비율"이라 함은 다음 각 호의 1에 해당하는 비율을 말한다(금융지주회사감독규정 제22조 제1항).
   1. 예 · 적금, 정부 및 한국은행에 대한 채권, 정부 및 한국은행이 보증한 채권, 정부 및 한국은행이 발행 또는 보증한 증권에 의해 담보된 채권 : 100분의 100
   2. 지방자치법에 의한 지방자치단체, 지방공기업법에 의한 지방공기업(단, 결손이 발생하는 경우 정부 또는 지방자치단체로부터 제도적으로 결손보전이 이루어질 수 있는 기관에 한함.), 정부투자기관관리기본법에 의한 투자기관 및 이에 준하는 기관 (이하 "공공기관 등"이라 한다.)에 대한 채권, 공공기관 등이 보증한 채권, 공공기관 등이 발행 또는 보증한 증권에 의해 담보된 채권 : 100분의 110
   3. 제1호 및 제2호 외의 자산 : 100분의 130

15) "자회사 등의 구조조정에 필요한 신용공여 등 금융위원회가 정하는 요건에 해당하는 경우"라 함은 다음 각 호의 1에 해당하는 경우를 말한다(금융지주회사법감독규정 제22조 제2항).
   1. 당해 자회사등이 금융지주회사의 자회사 등이 되기 이전에 행한 신용공여. 다만, 이 경우 금융지주회사 설립인가일 또는 자회사 등으로 편입된 날부터 2년 이내에 제1항의 규정에 의한 적정담보확보기준에 적합하게 하여야 한다.
   2. 추심 중에 있는 자산을 근거로 제공한 일시적 여신
   3. 종합금융회사에관한법률 제9조에 따라 설립된 자금중개회사를 통한 통상적 수준 이내에서의 단기자금거래
   4. 일정수수료를 받고 자금대여자와 자금차입자 간의 거래를 연결해 주는 단순중개
   5. 자회사가 의결권 있는 발행주식 총수의 100분의 80 이상을 보유하고 있는 금융회사에 대한 당해 자회사의 신용공여
   6. 당일 자금상환을 조건으로 제공한 통상적인 수준 이내에서의 당좌대출
   7. 기업구조조정투자회사법에 의한 기업구조조정투자회사(이하 "기업구조조정투자회사"라 한다.)에 대한 신용공여
   8. 신용카드의 이용과 관련된 대금의 정산을 위하여 체결한 위탁계약에 의해 제공한 통상적 수준 이내에서의 일시적 여신

는데 비하여 금융지주회사 및 은행지주회사의 경우에는 주요 주주, 주요 출자자에 대하여 예외적으로 신용공여한도를 초과하여 추가적인 신용공여를 할 수 있다. 즉 국민경제를 위하여 또는 금융지주회사 등(금융지주회사+자회사 등)의 채권확보의 실효성 확보를 위하여 필요한 경우로서 신용공여한도를 초과하여 추가적인 신용공여를 할 수 있는데 그 구체적인 사유로는 ① 「채무자 회생 및 파산에 관한 법률」에 의한 회생절차가 진행중이거나 기업구조조정 등을 위하여 금융회사 공동으로 경영의 정상화를 추진중인 회사에 대하여 추가로 신용공여를 하는 경우, ② 위에 해당하는 회사를 인수한 자에 대하여 인수계약에서 정하는 바에 따라 추가로 신용공여를 하는 경우, ③ 사회기반시설사업의 추진 등 산업발전 또는 국민생활 안정을 위하여 불가피하다고 금융위원회가 인정하는 경우를 들수 있다(금융지주회사법시행령 제22조 제1항).

또한, 금융지주회사 등이 추가로 신용공여를 하지 아니하였음에도 불구하고 자기자본의 변동, 동일차주의 변동 등으로 인하여 신용공여한도를 초과하게 되는 경우에도 예외적으로 신용공여한도를 초과할 수 있다. 구체적으로는 ① 금융지주회사를 새로 설립하는 경우, ② 자회사 등이 아닌 회사를 새로 자회사 등으로 편입하는 경우 등 자회사 등의 구성에 변동이 있는 경우, ③ 금융지주회사 등의 자기자본이 감소한 경우, ④ 환율변동에 따른 원화 환산액이 증가한 경우, ⑤ 동일차주의 구성에 변동이 있는 경우, ⑥ 신용공여를 받은 기업 간의 합병 또는 영업의 양도 · 양수가 있는 경우 그리고 ⑦ 기타 급격한 경제여건의 변화 등 불가피한 사유로 인하여 금융지주회사 등의 귀책사유 없이 신용공여한도를 초과하였다고 금융위원회가 인정하는 경우가 해당된다(금융지주회사법시행령 제22조 제2항).

아울러, 자회사 등에 대한 신용공여한도의 경우에는 ① 금융지주회사를 새로 설립하는 경우, ② 자회사 등이 아닌 회사가 새로 금융지주회사의 자회사 등으로 편입되는 경우, ③ 자회사 등의 자기자본이 감소한 경우, ④ 환율변동에 따른 원화 환산액이 증가한 경우, ⑤ 신용공여를 받은 기업 간의 합병 또는 영업의 양도 · 양수가 있는 경우, ⑥ 기타 급격한 경제여건의 변화 등 불가피한 사유로 인하여 금융지주회사 등의 귀책사유 없이 신용공여한도를 초과하였다고 금융위원회가 인정하는 경우에는 예외적으로 신용공여한도의 초과가 인정된다(금융지주회사법시행령 제27조 제1항).

2-3. 신용공여 한도 초과의 보고 및 시정

금융지주회사 등은 추가로 신용공여를 하지 아니하였음에도 동일차주, 동일인 또는 대주주에 대한 신용공여한도를 초과하게 되는 경우에는 당해 한도가 초과하게 된 날부터 1년 이내에 당해 한도에 적합하도록 하여야 한다(금융지주회사법 제45조 제4항).

다만 ① 이미 제공한 신용공여의 기한이 도래하지 아니하여 기간 내에 회수가 곤란하거나, ② 금융지주회사 등의 자기자본 감소, 환율변동의 사유가 장기간 지속되고 당해 신용공여를 회수할 경우에는 신용공여를 받은 자의 경영안정이 크게 저해될 우려가 있는 경우, ③ 위 두 가지에 준하는 경우로서 한도 초과 상태가 일정기간 계속되어도 당해 금융회사의 자산건전성이 크게 저해되지 아니한다고 금융위원회가 정하는 경우에는 금융위원회가 그 기간을 정하여 연장할 수 있다(금융지주회사법시행령 제23조 제2항).

자회사 등이 예외 사유로 인하여 내부신용공여한도를 초과한 때에는 그 날부터 2년 이내에 한도를 초과한 신용공여를 회수하여야 한다(지주회사법시행령 제27조 제2항).

2-4. 벌칙

금융지주회사 등이 주요 출자자에 대한 신용공여한도를 위반한 경우에는 은행이 대주주에 대한 신용공여한도를 위반한 경우와 마찬가지로 10년 이하의 징역 또는 5억 원 이하의 벌금에 처한다(금융지주회사법 제70조 제1항).

금융지주회사 등이 동일차주, 동일인 또는 주요 주주에 대한 신용공여한도를 위반한 경우에는 3년 이하의 징역 또는 1억 원 이하의 벌금에 처한다(금융지주회사법 제70조 제2항).

3. 종합금융회사법상의 규제

3-1. 개요

종합금융회사는 1975년 말 제정된 「종합금융회사에 관한 법률」을 근거로 민간부문의 원활한 외자도입과 종합적인 금융서비스 제공을 위해 설립되었으며, 지급결제, 보험, 가계대출 등을 제외한 대부분의 기업금융업무를 영위할 수 있다. 종합금융회사는 1976년 4월 한국종합금융(주)이 최초로 설립된 이래 1997년 말 30여 개사에 달하였으나 단기 외화도입에 의한 무분별한 장기대출로 인해 자산이 부실화되면서 대거 퇴출 및 인수합병되었다. 이에 따라 현재 영업 중인 순수 종합금융회사는 1개사(우리종합금융)에 불과하며, 종합금융회사를 인수한 일부 은행과 증권사들도 일부 종금계정을 보유, 운용하고 있다.

2009년 2월에 "자본시장과 금융투자업에 관한 법률(이하 '자본시장법')"이 시행됨에 따라 "종합금융회사에 관한 법률"이 폐지되고 종합금융회사의 설립 근거법이 자본시장법으로 변경되었다. 자본시장법에 의한 종합금융회사의 기본업무는 어음발행 · 할인, 증권인수 · 매출, 채권발행, 지급보증, 국제금융업무 등이다. 또한, 자본시장법은 종합금융회사의 편중여신 및 특수관계인에 대한 불공정한 여신을 억제하기 위하여 신용공여한도 규제 및 자금지원 관련 금지행위를 정하고 있다.

3-2. 신용공여의 범위

종합금융회사의 신용공여란 대출, 어음의 할인, 지급보증, 자금지원적 성격의 증권의 매입, 그 밖에 금융거래상의 신용위험을 수반하는 직접 · 간접적 거래를 말한다(자본시장법 제342조 제1항).

금융투자업 규정은 별표 23에서 신용공여의 구체적인 범위를 아래와 같이 정하고 있다.

[표 2-8] 종합금융회사 신용공여[1)]의 범위

대분류	소분류
B/S난내 (대출채권)	원화대출금, 외화대출금, 내국수입유산스, 역외외화대출금, 지급보증대지급금, 콜론, 할인어음(무역 · 팩토링어음 포함), CMA할인어음(무역 · 팩토링어음 포함), 기일경과어음, 관리어음, 매입외환, 외상채권매입, 환매조건부매수
(증권)	사모사채, 자회사[2)]발행회사채, 대여증권
(리스채권)[3)]	금융리스채권(금융리스선급금 포함), 운용리스자산(운용리스선급금 포함)
(기 타)	여신성가지급금, 미수금
주 석[4)]	확정지급보증[5)], 미확정지급보증, 외화대출약정, 역외외화대출약정, 어음지급보증, 무역어음인수, 담보배서어음매출

주: 1) 「금융투자업규정 시행세칙」 <별표 20>의 "위험가중자산에 대한 자기자본비율 산출기준"상 위험가중치가 0%, 10% 또는 20%인 자산은 신용공여 산출대상에서 제외. 다만, 당해 종합금융회사가 의결권 있는 발행주식의 100분의 15 이상을 소유한 경우("자회사"라 한다.)에 대한 신용공여 산출 시에는 동 자회사가 20%의 위험가중치가 적용되는 금융회사일지라도 동 자회사에 대한 신용공여는 신용공여대상에서 제외하지 않음.

2) 종합금융회사 자회사

3) 리스채권의 신용공여액은 금융리스, 운용리스 모두 미회수원금을 기준으로 함

4) 「금융투자업규정 시행세칙」상의 "위험가중자산에 대한 자기자본비율 산출기준"에 따른 신용환산율을 곱한 금액을 기준으로 신용공여액을 산출함

5) 입찰보증 제외

3-3. 동일차주 등에 대한 신용공여한도

가. 원칙

1) 동일차주 신용공여한도

종합금융회사는 동일한 개인 · 법인 및 그와 신용위험을 공유하는 자(이하 "동일차주"라 한다)에 대하여 당해 종합금융회사의 자기자본[16)]의 25%를 초과하는 신용공여를 할 수 없다(자본시장법 제342조 제1항).

16) 국제결제은행의 기준에 따른 기본자본과 보완자본의 합계액을 말한다.

2) 관계인에 대한 신용공여한도

종합금융회사는 당해 종합금융회사의 주주 · 임원 · 자회사 및 그와 신용위험을 공유하는 자에 대하여 당해 종합금융회사의 자기자본의 15%를 초과하는 신용공여를 할 수 없다(자본시장법 제342조 제2항, 시행령 제334조 제1항).

3) 거액 신용공여한도

종합금융회사의 동일차주 각각에 대한 신용공여가 당해 종합금융회사의 자기자본의 10%를 초과하는 신용공여의 총합계액은 매월 말 기준으로 당해 종합금융회사 자기자본의 5배를 초과할 수 없다(자본시장법 제342조 제3항).

4) 동일인 신용공여한도

종합금융회사는 동일한 개인이나 법인 각각에 대하여 당해 종합금융회사의 자기자본의 20%를 초과하여 신용공여를 할 수 없다(자본시장법 제342조 제4항).

5) 대주주 신용공여한도

종합금융회사는 대주주(그 특수관계인을 포함한다)에게 당해 종합금융회사의 자기자본의 15%에 해당하는 금액과 해당 대주주의 출자비율에 해당 종합금융회사의 자기자본을 곱한 금액 중 적은 금액을 초과하는 신용공여를 할 수 없다(자본시장법 제343조 제1항, 시행령 제338조 제1항).

나. 예외

1) 추가적인 신용공여가 인정되는 경우

국민경제를 위하여 또는 종합금융회사의 채권확보의 실효성 제고를 위하여 필요한 경우로서 대통령령이 정하는 경우에는 동일차주, 동일인 또는 관계인에 대한 신용공여한도, 거액신용공여한도를 초과하여 신용공여를 할 수 있다(자본시장법 제342조 제5항 제1호).

대통령령은 ① 국가 · 지방자치단체 또는 법률에 따라 직접 설립된 법인 등으로서 금융위원회가 정하여 고시하는 법인 등에 대하여 동일차주 신용공여를 하는 경우, ② 종합금융회사가 영업상 여유자금을 자금중개회사를 통하여 다른 금융회사에게 3영업일 이내의 기간을 정하여 대출하는 경우, ③ 「채무자 회생 및 파산에 관한 법률」에 따른 회생절차가 진행 중이거나 「기업구조조정 촉진법」에 따른 채권금융기관 또는 채권은행의 공동관리절차가 진행 중인 회사에 대하여 추가로 동일차주 신용공여를 하는 경우, ④ 앞 사항에 해당하는 회사를 양수한 자에 대하여 양수계약서에서 정하는 바에 따라 추가로 동일차주 신용공여를 하는 경우에 예외적으로 추가적인 신용공여한도를 할 수 있도록 정하고 있다(자본시장법 시행령 제3342조 제2항 제1호).

2) 추가 신용공여 없이 한도 초과가 인정되는 경우

종합금융회사가 추가로 신용공여를 하지 아니하였음에도 불구하고 자기자본의 변동, 동일차주 구성의 변동 등 대통령령이 정하는 사유로 인하여 동일차주, 관계인 또는 동일인에 대한 신용공여한도, 거액신용공여한도를 초과하는 경우에도 예외가 인정된다((자본시장법 제342조 제5항 제2호).

대통령령이 정하고 있는 예외사유는 ① 해당 종합금융회사의 자기자본이 감소된 경우, ② 신용공여를 받은 기업 간의 합병이나 영업의 양도 · 양수 등으로 동일차주 구성에 변동이 있는 경우, ③ 환율변동에 따른 원화 환산액이 증가한 경우, ④ 그 밖에 급격한 경제여건의 변화 등 불가피한 사유로 인하여 해당 종합금융회사의 귀책사유 없이 신용공여한도를 초과하였다고 금융위원회가 인정하는 경우이다(자본시장법 시행령 제334조 제2항 제2호).

다. 예외취급의 확인 또는 시정

종합금융회사는 예외사유로 인하여 신용공여한도를 초과하려는 경우에는 취급예정일로부터 7일 이전에 금융위원회에 예외사유에 해당한다는 확인신청을 하여야 한다(자본시장법시행령 제334조 제3항).

종합금융회사는 추가적인 신용공여 없이 신용공여한도를 초과한 경우에는 그 사유가 발생한 날부터 1개월 이내에 그 시정에 필요한 계획을 금융위원회에 제출하여야 하며(자본시장법시행령 제334조 제4항), 한도를 초과하게 된 날로부터 1년 이내에 한도에 적합하도록 하여야 한다(자본시장법 제342조 제6항).

종합금융회사는 추가적인 신용공여를 하지 아니하였음에도 불구하고 자기자본의 변동 및 대주주의 변경 등으로 인하여 대주주 신용공여한도를 초과하게 된 경우에는 1년 이내에 한도에 적합하도록 하여야 한다(자본시장법 343조 제5항, 시행령 제338조 제4항).

라. 벌칙

종합금융회사의 대주주 신용공여한도를 위반하여 신용공여를 한 종합금융회사와 그로부터 신용공여를 받은 자는 5년 이하의 징역 또는 2억 원 이하의 벌금에 처한다(자본시장법 제444조 제25호).

종합금융회사의 동일차주 · 동일인 · 관계인 · 거액 신용공여한도와 자금지원관련 금지행위를 위반하여 신용공여를 한 자는 1년 이하의 징역 또는 3천만 원 이하의 벌금에 처한다(자본시장법 제446조 제55호).

3-4. 자금지원 관련 금지행위

상호출자제한기업집단에 속하는 종합금융회사는 다른 상호출자제한집단에 속하는 금융회사 또는 회사와 동일차주, 관계인 또는 동일인 신용공여한도, 거액 신용공여한도, 대주주 신용공여한도를 회피하기 위한 목적으로 다른 금융기관 또는 회사의 의결권 있는 주식을 서로 교차하여 소유하거나 신용공여를 하는 행위를 하여서는 아니 된다(자본시장법 제345조 제1항 제1호).

상호출자제한기업집단에 속하는 종합금융회사는 다른 상호출자제한집단에 속하는 금융회사 또는 회사와 상법, 그 밖의 법률에 따른 자기주식 취득의 제한을 회피하기 위한 목적으로 서로 교차하여 주식을 취득하는 행위를 하여서는 아니 된다(자본시장법 제345조 제1항 제2호).

상호출자제한기업집단에 속하는 종합금융회사는 다른 상호출자제한집단에 속하는 금융회사 또는 회사와 그 밖에 예금자 및 투자자의 이익을 크게 해할 우려가 있는 행위로서 자본시장법 제342조(동일차주 등에 대한 신용공여한도 등) 및 제343조(대주주와의 거래의 제한 등)와 제344조(증권의 투자한도)의 규정에 따른 한도를 회피하기 위한 목적으로 장외파생상품거래, 신탁계약, 연계거래 등을 이용하는 행위를 하여서는 아니 된다(자본시장법 제345조 제1항 제3호).

종합금융회사는 상기의 사항을 위반하여 취득한 주식에 대하여는 의결권을 행사할 수 없다(자본시장법 제345조 제2항). 또한, 종합금융회사는 그 종합금융회사의 주식을 매입시키기 위한 신용공여를 하여서는 아니 된다(자본시장법 제345조 제3항). 금융위원회는 이를 위반하여 주식을 취득하거나 신용공여를 한 종합금융회사에 대하여 6개월 이내의 기간을 정하여 그 주식의 처분 또는 신용공여의 회수를 명하는 등 필요한 조치를 할 수 있다(자본시장법 제345조 제4항).

4. 상호저축은행업법상의 규제

4-1. 개요

상호저축은행은 일정 행정구역 내에 소재하는 서민 및 중소기업에 대한 금융제공을 위하여 설립된 서민금융회사이나. 상호저축은행은 은행 등 예금 수취가 가능한 대출기관과 동일하게 개별차주 신용공여한도, 동일차주 신용공여한도 및 거액신용공여한도가 있다.

상호저축은행의 신용공여 한도들은 자기자본을 기준으로 한도를 규정한다는 점에서 은행 등과 동일하나, 상호저축은행의 경우 개별차주 신용공여한도에 대해서는 자기자본 기준 외에 대출금액을 기준으로 한도를 규제하는 2중의 규제체계를 운영하고 있다.

이 경우 자기자본은 BIS기준을 적용하지만 상호저축은행의 영업상 한도가 지나치게 커지는 것을 방지하기 위하여 BIS비율 산출 시와는 달리 보완자본 중 후순위채권 등 부채성 자본조달수단과 보완자본으로 인정되는 대손충당금의 50%는 자기자본에서 차감하여 산출한다.

4-2. 신용공여의 범위

신용공여란 급부, 대출, 지급보증, 자금지원적 성격의 유가증권의 매입, 그 밖에 금융거래상의 신용위험을 수반하는 상호저축은행의 직접적 · 간접적 거래를 말한다.[17] 이 경우 누구의 명의로 하든지 본인의 계산으로 행하는 신용공여는 이를 그 본인의 신용공여로 본다(상호저축은행법 제2조 제4의3호).

4-3. 개별차주 등에 대한 신용공여한도

가. 원칙

1) 개별차주 신용공여한도

상호저축은행은 개별차주에게 해당 상호저축은행의 자기자본의 20% 이내의 금액으로서 ① 법인(지역개발사업이나 그 밖의 공공적 사업을 하는 법인은 제외)에 대한 신용공여의 경우 100억 원(직전 회계연도 말의 재무상태표상 자산총액이 1조 원 이상인 상호저축은행의 경우에는 120억 원), ② 법인이 아닌 사업자(지역개발사업이나 그 밖의 공공적 사업을 하는 법인이 아닌 사업자는 제외)에 대한 신용공여의 경우 50억 원(직전 회계연도 말의 재무상태표상 자산총액이 1조 원 이상인 상호저축은행의 경우에는 60

17) 상호저축은행이 자금지원을 목적으로 행하는 회사채(공모사채 제외) 매입, 기업어음 매입, 콜론(상호저축은행중앙회를 통하는 거래는 제외), 예금 등의 금액의 범위내에서 담보권을 설정한 후 당해 예금자를 위하여 행하는 보증을 말한다(상호저축은행법시행령 제3조의2 제2항).

억 원), ③ 지역개발사업이나 그 밖의 공공적 사업을 하는 자에 대한 신용공여의 경우 해당 사업에 직접 드는 금액 그리고 ④ 법인 및 법인이 아닌 사업자(개인사업자)에 해당하지 아니하는 자에 대한 신용공여의 경우 8억 원의 구분에 따른 금액을 말한다(상호저축은행법 제12조 제1항, 상호저축은행법 시행령 제9조 제1항).

2) 거액 신용공여한도

개별 차주에 대한 신용공여가 당해 상호저축은행 자기자본의 10%를 초과하는 거액 신용공여의 합계액은 당해 상호저축은행의 자기자본의 5배를 초과하여서는 아니 된다(상호저축은행법 제12조 제2항).

이 경우 개별차주에 대한 거액신용공여한도를 산출할 때에는 지역개발사업이나 그 밖의 공공적 사업을 하는 자에 대한 신용공여를, 법인 그리고 법인이 아닌 사업자(개인사업자)에 해당하지 아니하는 자에 대한 신용공여를 모두 제외한다(상호저축은행법 제12조 제2항, 상호저축은행법 시행령 제9조 제3항).

3) 동일차주 신용공여한도

개별차주 및 그와 신용위험을 공유하는 자[18]에 대하여 당해 상호저축은행의 자기자본의 25%를 초과하는 신용공여를 할 수 없다(상호저축은행법 제12조 제3항, 시행령 제9조 제6항).

4) 동일계열 상호저축은행에 대한 신용공여한도

동일계열 상호저축은행이란 연결 재무제표를 작성하여야 하는 계열관계에 있는 상호저축은행을 말한다. 동일계열 상호저축은행의 개별차주에 대한 신용공여 합계액은 연결 재무제표에 따른 자기자본의 20% 한도를 초과할 수 없다(상호저축은행법 제12조 제1항, 상호저축은행법 시행령 제9조 제2항).

18) "독점규제 및 공정거래에 관한 법률" 제2조 제2호의 규정에 의한 기업집단에 속하는 회사를 말한다(상호저축은행법시행령 제9조 제5항).

또한, 동일계열 상호저축은행의 동일차주에 대한 신용공여의 합계액은 연결 재무제표에 따른 자기자본의 25%를 초과할 수 없다(상호저축은행법 제12조 제3항, 상호저축은행법 시행령 제9조 제5항).

동일계열 저축은행에 대한 신용공여한도는 개별 상호저축은행에 적용하는 개별차주 및 동일차주 신용공여한도와 별도로 규제되는 신용공여한도이므로 계열에 속한 각각의 상호저축은행은 두 가지 한도를 모두 준수하여야 한다.

동일계열 상호저축은행의 신용공여한도는 연결 재무제표를 작성하여야 하는 母상호저축은행이 관리하며, 母상호저축은행은 신용공여한도 관리 목적 범위에서 동일계열 상호저축은행의 신용공여 현황에 관한 자료를 요구할 수 있다(상호저축은행법 제12조 제10항).

[표 2-9] 상호저축은행 신용공여의 범위

<table>
<tr><th>구분</th><th colspan="4">신용공여한도</th></tr>
<tr><td rowspan="5">개별차주
신용공여</td><td rowspan="5">자기자본의
20% 범위
내에서</td><td rowspan="2">법인</td><td>자산총액 1조 원
미만 저축은행</td><td>100억 원</td></tr>
<tr><td>자산총액 1조 원
이상 저축은행</td><td>120억 원</td></tr>
<tr><td rowspan="2">개인
사업자</td><td>자산총액 1조 원
미만 저축은행</td><td>50억 원</td></tr>
<tr><td>자산총액 1조 원
이상 저축은행</td><td>60억 원</td></tr>
<tr><td>기타</td><td colspan="2">8억 원</td></tr>
<tr><td>동일차주
신용공여</td><td colspan="4">자기자본의 25%</td></tr>
<tr><td>개별차주
거액신용공여</td><td colspan="4">자기자본의 5배</td></tr>
<tr><td rowspan="2">동일계열
상호저축은행</td><td>개별차주</td><td colspan="3">연결재무제표에 따른 자기자본의 20%</td></tr>
<tr><td>동일차주</td><td colspan="3">연결재무제표에 따른 자기자본의 25%</td></tr>
</table>

나. 예외

1) 추가적인 신용공여가 인정되는 경우

국민경제를 위하거나 상호저축은행 또는 동일계열 상호저축은행의 채권 확보의 실효성을 높이기 위하여 필요한 경우로서 대통령령이 인정하는 경우에는 예외적으로 개별차주 또는 동일차주에 대한 신용공여한도, 거액 신용공여한도의 초과가 인정된다(상호저축은행법 제12조 제4항 제1호).

대통령령에서 정하고 있는 예외사유를 ①「채무자 회생 및 파산에 관한 법률」에 따른 회생절차가 진행 중이거나 기업구조조정 등을 위하여 금융회사 공동으로 경영의 정상화를 추진 중인 회사에 대하여 추가로 신용공여를 하는 경우, ② 위에 해당하는 회사를 인수한 자에 대하여 인수계약에서 정하는 바에 따라 추가로 신용공여를 하는 경우 그리고 ③ 사회기반시설사업의 추진 등 산업발전 또는 국민생활 안정을 위하여 불가피하다고 금융위원회가 인정하는 경우로 정하고 있다(상호저축은행법시행령 제9조의2 제1항).

2) 추가 신용공여 없이 한도 초과가 인정되는 경우

상호저축은행 또는 동일계열 상호저축은행이 추가로 신용공여를 하지 아니하였음에도 불구하고 자기자본의 변동, 동일차주 구성의 변동 등으로 인하여 개별차주 또는 동일차주에 대한 신용공여한도, 거액 신용공여한도를 초과하는 경우에도 예외가 인정된다(상호저축은행법 제12조 제4항 제2호).

대통령령이 정하고 있는 예외사유는 ① 상호저축은행의 자기자본이 감소된 경우, ② 신용공여를 받은 기업 간의 합병 또는 영업의 양도ㆍ양수 등의 사유로 동일차주의 구성에 변동이 있는 경우, ③「금융산업의 구조개선에 관한 법률」에서 정한 금융기관과의 합병 또는 영업의 양도ㆍ양수로 인한 경우 그리고 ④ 그 밖에 급격한 경제여건의 변화 등 불가피한 사유로 인하여 상호저축은행의 귀책사유 없이 신용공여 한도를 초과하였다고 금융위원회가 인정하는 경우이다(상호저축은행법 제9조의2 제2항).

3) 국가, 지방자치단체 및 공공기관이 지역개발사업 등을 할 때 직접 필요한 금액을 신용공여하는 경우

이 경우 공공기관이란 「공공기관의 운영에 관한 법률」에 따른 공공기관 및 「지방공기업법」에 따른 지방직영기업, 지방공사 및 지방공단을 말한다. 또한, 지역개발사업이란 수도사업, 공업용 수도사업, 궤도사업(도시철도사업을 포함), 공공운송사업, 가스사업, 지방도로사업, 하수도사업, 청소 · 위생사업, 주택사업, 의료사업, 매장 및 묘지사업, 주차장사업, 토지개발사업, 시장사업, 관광사업 그리고 공공적 사업으로서 지역개발을 위하여 특히 필요하다고 금융위원회가 정하는 사업 중에서 어느 하나에 해당하는 사업을 말한다(상호저축은행법 제12조 제4항, 상호저축은행법 시행령 제9조의2).

다. 한도 초과의 시정

상호저축은행 및 동일계열 상호저축은행은 추가로 신용공여를 하지 아니하였음에도 불구하고 자기자본의 변동, 동일차주 구성의 변동 등으로 인하여 개별차주 또는 동일차주에 대한 신용공여한도, 거액 신용공여한도를 초과하게 되는 경우에는 그 한도를 초과하게 된 날부터 1년 이내에 그 한도에 적합하도록 하여야 한다(상호저축은행법 제12조 제5항).

4-4. 금지업무

가. 채무보증 또는 담보제공 금지

상호저축은행은 채무의 보증 또는 담보의 제공을 하여서는 아니 된다(상호저축은행법 제18조의2 제3호). 다만 보증 또는 담보의 제공에 따른 신용위험이 현저히 낮은 경우로서 ① 예금 등의 금액의 범위 안에서 담보권을 설정한 후 당해 예금자를 위하여 행하는 보증, ② 다른 상호저축은행이 상호저축은행중앙회, 예금보험공사 또는 금융회사로부터 차입하는 경우 그에 대한 보증 또는 담보의 제공은 예외적으로 허용된다(상호저축은행법시행령 제11조의2).

나. 저축은행 주식 매입을 위한 신용공여 금지 등

직접·간접을 불문하고 그 상호저축은행의 주식을 매입하도록 하기 위한 신용공여 또는 그 상호저축은행의 주식을 담보로 하는 신용공여를 하여서는 아니된다(상호저축은행법 제18조의2 제4호).

다. 투기목적 신용공여 금지

상품 또는 유가증권에 대한 투기를 목적으로 하는 신용공여를 하여서는 아니 된다(상호저축은행법 제18조의2 제5호).

라. 타인명의 신용공여 금지

타인의 명의를 이용한 신용공여를 하여서는 아니 된다(상호저축은행법 제18조의2 제6호).

마. 대주주에 대한 재산상 이익 제공 금지

정당한 이유 없이 대주주등에게 금전, 서비스, 그 밖의 재산상 이익을 제공하는행위를 하여서는 아니 된다. 다만, 대주주등에 대한 신용공여 금지 및 가지급금지급 금지에 관하여는 법 제37조(대주주등에 대한 신용공여 등의 금지)에 따른다(상호저축은행법 제18조의2 제7호).

바. 부동산개발 등 사업수입 상환재원 신용공여 제한

각각 동일한 부동산 개발·공급 사업장에서 공동으로 사업을 수행하는 자에 대한 신용공여로서 해당 부동산 개발·공급 사업에서 발생하는 수입을 그 주된 상환재원으로 하는 신용공여의 합계가 자기자본의 100분의 25 한도를 초과하는 행위를 하여서는 아니 된다(상호저축은행법 제18조의2 제8호).

4-5. 대주주 등에 대한 신용공여의 금지

가. 원칙

상호저축은행법은 출자비율 2% 이상의 주주에 대한 신용공여 또는 가지급금 지급을 금지하고 있다.

이는 저축은행과 밀접한 관계에 있는 출자자 등에게 대출 등을 함에 있어서는 그 신용이나 담보를 고려하지 아니한 채 부당하게 대출 등을 취급함으로써 해당 저축은행의 자본구조가 악화되는 것을 방지하기 위한 것이다. 1972년 8월에 제정 · 시행된 (구) 상호신용금고법 제37조에서는 상호신용금고의 출자자 또는 그 임 · 직원 및 직계친족에 대하여는 상호신용금고 인가를 받은 날로부터 1년 이내에는 신용대출을 하지 못하도록 정하고 있었으며, 1975년 7월 1차 개정 시에 기간제한 없이 출자자 또는 임직원, 그 직계 친족에 대하여 모든 대출 · 어음할인을 하지 못하도록 규제를 강화하였다. 1995년 4월에는 출자비율 1% 미만의 소액주주에 대하여는 여신취급이 가능하도록 규제가 다소 완화되었으며, 1997년 4월부터 여신취급이 가능한 소액주주의 범위가 출자비율 2% 미만으로 확대되어 현재에 이르고 있다.

구체적으로 신용공여가 금지되는 대상은 상호저축은행의 대주주, 상호저축은행의 임 · 직원, 대주주 및 임 · 직원과 친족 또는 특수한 관계에 있는 자(이하 "대주주 등"이하 한다.)이다. 상호저축은행법은 상호저축은행에 대하여 대주주등에 대한 신용공여 금지의무를 부과하고 있을 뿐만 아니라 대주주 등에 대해서도 신용공여를 받지 못하도록 규정하고 있으므로(상호저축은행법 제37조 제1항) 이를 위반한 경우에는 해당 상호저축은행의 임직원과 대주주 등이 모두 처벌대상이 된다.

상호저축은행은 대주주 등에 대한 신용공여의 금지 또는 가지급금의 지급금지를 회피할 목적으로 다른 상호저축은행과 서로 교차하여 다른 상호저축은행의 대주주 등에게 신용공여를 하거나 가지급금을 지급하여서도 아니 된다(상호저축은행법 제37조 제2항).

나. 예외

상호저축은행법은 채권의 회수에 위험이 없거나 직원의 복리후생을 위한 경우에는 예외적으로 대주주 등에 대한 신용공여를 허용하고 있다(상호저축은행법 제37조 제1항). 대통령령에서 예외적으로 허용하고 있는 신용공여는 ① 대주주 등에 해당하는 자에 대하여 그 자신의 당해 상호저축은행에 대한 예금 등을 담보로 하는 신용공여, ② 대주주에 대하여 그와 시행령 제30조 제2항 제4호부터 제7호까지의 규정에 따른 특수한 관계에 있는 자[19]의 당해 상호저축은행에 대한 예금등을 담보로 하는 신용공여, ③ 복리후생을 위하여 상호저축은행의 직원에 대하여 하는 2천만 원 이내의 일반자금대출, 5천만 원 이내의 주택자금대출, 당해직원의 행위로 인하여 상호저축은행이 입은 손해를 보전하기 위한 5천만 원 이내의 소액대출이다. 다만 직원에 대한 소액대출은 상호저축은행의 자기자본의 15%를 한도로 하며 소액대출의 총액이 5천만 원을 초과할 수 없다(상호저축은행법 시행령 제29조).

4-6. 대주주 등에 대한 어음의 매입 한도

상호저축은행은 대주주 등이 발행 또는 배서한 상업어음을 제3자로부터 매입하는 경우 그 매입액의 합계액은 상호저축은행 자기자본의 20% 이내로 유지하여야 한다(상호저축은행법 시행령 제8조의2 8호).

4-7. 영업구역 내 신용공여한도

상호저축은행은 영업구역 내의 개인과 중소기업에 대하여 일정비율 이상의 신용공

19) (제4호) 상호저축은행의 발행주식 총수(의결권 있는 주식에 한한다. 이하 이 항에서 같다.) 또는 출자총액의 100분의 30 이상을 소유하거나 출자한 자가 발행주식총수 또는 출자총액의 100분의 30 이상을 소유하거나 출자한 법인 등 및 그 법인 등이 발행주식 총수 또는 출자총액의 100분의 30 이상을 소유하거나 출자한 법인 등 (제5호) 상호저축은행의 발행주식 총수 또는 출자총액의 100분의 30 이상을 소유하거나 출자한 자가 임

여를 의무화하고 있다(상호저축은행법 시행령 제8조의2).

[표 2-10] 상호저축은행의 영업구역내 신용공여한도

구분	영업구역 내 신용공여한도
수도권 소재 저축은행	신용공여 총액의 50% 이상
지방소재 저축은행	신용공여 총액의 40% 이상
계약이전, 합병 등으로 타 저축은행의 본점, 지점등만을 승계한 저축은행 등	신용공여 총액의 30% 이상

4-8. 업종별 신용공여한도

상호저축은행은 금융위원회가 정하여 고시하는 업종 및 부문에 대한 신용공여의 합계액은 신용공여 총액의 70%를 초과하지 않고 해당 업종 및 부문별 신용공여는 금융위원회가 정하여 고시하는 비율이나 금액을 초과하지 않아야 한다(상호저축은행법 시행령 제8조의2, 상호저축은행업감독규정 제22조의3).

[표 2-11] 상호저축은행의 업종별 신용공여한도

구분	업종별 신용공여한도
부동산 프로젝트파이낸싱(PF)대출	신용공여 총액의 20%
건설업과 부동산업에 대한 신용공여액	각각 신용공여 총액의 30%
부동산 프로젝트파이낸싱(PF)대출 + 건설업과 부동산업에 대한 각각 신용공여액	신용공여 총액의 50%
등록한 대부업자에 대한 신용공여 합계액	신용공여 총액의 15%
금전대부업자와 대부중개업자에 대한 신용공여 합계액	신용공여 총액의 5% 또는 300억 원 (자기자본이 1,000억 원 이상인 저축은행은 500억 원)중 적은 금액
대부채권매입 추심업자에대한 신용공여액	신용공여 총액의 15%에서 금전대부업자와 대부중개업자에 대한 신용공여 합계액을 제외한 나머지

원으로 재직하고 있는 법인 등, (제6호) 제4호 및 제5호에 해당하는 법인 등의 발행주식 총수 또는 출자총액의 100분의 30 이상을 소유하거나 출자한 법인 등, (제7호) 법 제37조 제1항 제1호의 규정에 의한 대주주 또는 상호저축은행의 임원이 사실상 그 경영을 지배하고 있다고 인정되는 법인 등으로서 금융감독원장이 금융위원회의 승인을 얻어 정하는 기준에 해당하는 법인 등

4-9. 유가증권 투자한도

상호저축은행은 유가증권 투자한도를 총한도제한 및 개별적 투자한도 제한으로 규제하고 있다. 총한도제한의 경우 유가증권은 자기자본의 100% 범위 내에서 투자가 가능하다 개별적 투자한도의 제한은 다음과 같다(상호저축은행법 제18조의2, 상호저축은행업감독규정 제30조).

[표 2-12] 상호저축은행의 유가증권 투자한도

구분	개별적 투자한도 제한
주식(출자증권 포함)	자기자본의 50% 이내
동일회사의 주식과 회사채의 합계액	자기자본의 20% 이내
동일회사의 주식	해당 회사 발행주식 총수의 15% 이내
저축은행 동일계열 기업 주식 및 회사채의 합계액	자기자본의 5% 이내
비상장 주식과 비상장 회사채의 합계액	자기자본의 10% 이내
동일한 비상장 회사의 주식	해당 회사 발행주식 총수의 10% 이내
파생결합증권의 합계액	자기자본의 10% 이내
부동산펀드, 특별자산펀드 및 혼합자산펀드가 발행한 펀드의 합계액	자기자본의 20% 이내
해외증권	자기자본의 5% 이내

4-10. 벌칙

대주주 등에 관한 신용공여의 금지를 위반한 때에는 10년 이하의 징역 또는 5억 원 이하의 벌금에 처한다(상호저축은행법 제39조 제1항 제3호).

개별차주 신용공여한도, 거액 신용공여한도, 동일차주 신용공여한도를 위반한 때에는 1년 이하의 징역 또는 1천만 원 이하의 벌금에 처한다(상호저축은행법 제39조 제5항 제6호)

5. 신용협동조합업법상의 규제

5-1. 개요

신용협동조합이라 함은 지역주민에 대한 금융 편의를 달성하기 위하여 설립된 비영리법인을 말한다. 신용협동조합은 대출과 어음할인에 한하여 여신업무를 할 수 있다. 신용협동조합법은 편중여신 억제를 위하여 상호신용협동조합의 대출 및 어음할인의 한도를 제한하고 있다.

신용협동조합 등 상호금융권은 그동안 조합원을 대상으로 한 가계대출 위주의 대출업무를 영위하여 왔으나, 최근 기업대출이 빠르게 증가하는 등 자산규모가 확대되고 있어 대출관련 규제가 강화되고 있다.

5-2. 동일인에 대한 대출한도

가. 원칙

신용협동조합은 동일인에 대하여 조합의 자기자본의 20%와 자산총액의 1%(7억 원 이내) 중 큰 금액을 초과하는 대출 및 어음할인(이하 "대출등")을 할 수 있다. 이 경우 자기자본의 20%에 해당하는 금액에 대하여 설정하는 최고한도는 50억 원으로 하며, 다만, 직전 사업연도말 자기자본이 500억 원 이상인 조합이 법인인 조합원 또는 법인인 준조합원(해당 조합의 구역에 주소나 거소를 둔 준조합원을 말하고, 건설업 또는 부동산업을 영위하는 법인인 준조합원은 제외)에 대한 대출을 하는 경우에는 최고한도를 100억 원으로 한다. 본인의 계산으로 다른 사람의 명의에 의하여 하는 대출 등은 그 본인의 대출 등으로 본다(신용협동조합법 제42조, 시행령 제16조의4 제1항, 상호금융업감독규정 제6조 제6~7항).

[표 2-13] 신용협동조합의 동일인에 대한 대출한도 관련 최고한도

<table>
<tr><th>구분</th><th colspan="2">관련 금액에 설정하는 최고한도</th></tr>
<tr><td rowspan="2">자기자본의 20%</td><td colspan="2">50억 원</td></tr>
<tr><td>직전 사업연도말 자기자본 500억 원 이상 조합이 법인 조합원에 대출할 경우</td><td>100억 원</td></tr>
<tr><td>자산총액의 1%</td><td colspan="2">7억 원</td></tr>
</table>

나. 예외

1) 동일인 대출 등의 산정 시 제외되는 대출

동일인 대출 산정 시에 대출금 회수가 확실시 되는 대출은 대출금액에 포함하지 아니한다. 구체적으로는 ① 당해 조합에 대한 예탁금 및 적금을 담보로 하는 대출, ② 당해 조합과의 공제계약에 의하여 납입한 공제료를 담보로 하는 대출, ③ 정부 · 한국은행 또는 은행이 보증하거나 동 기관이 발행 또는 보증한 증권을 담보로 하는 대출, ④ 농림수산업자신용보증기금이 보증하거나 농림수산정책자금 대손보전기금 등에 의하여 대손보전이 이루어지는 대출, ⑤ 총자본비율 산출 시 위험가중치가 20% 이하인 대출(설립근거법이 동일한 조합에 대한 대출 또는 그에 의해 보증된 대출은 제외) 그리고 ⑥ 지역신용보증재단 또는 서민금융진흥원에 의하여 대손보증이 이루어지는 대출금이 이에 해당한다(신용협동조합법 제42조, 신용협동조합법시행령 제16조의4 제2항, 상호금융업감독규정 제6조 제1항)

2) 중앙회장의 승인에 의한 동일인 대출한도 초과 인정

신용협동조합중앙회장이 승인하는 경우에는 예외적으로 동일인 대출한도의 초과가 인정된다. 중앙회장이 예외승인을 할 수 있는 사유는 ① 채무인수 · 상속 · 합병 및 영업양수 등에 의하여 대출채권을 불가피하게 양수한 경우, ② 조합의 합병 또는 영업양수도로 동일인 대출한도를 초과하게 되는 경우, ③ 사고금의 보전목적 등 채권보전 조치를 위하여 필요한 경우, ④ 농어업인부채경감에관한특별조치법에 의거 농어업인에

대해 부채경감 목적으로 대출을 취급함으로써 동일인 대출한도를 초과하는 경우(신협은 제외) 그리고 ⑤ 농어업재해대책법 및 자연재해대책법에 의거 재해대책 목적으로 대출을 취급함으로써 동일인 대출한도를 초과하는 경우이다(신용협동조합법 제42조, 상호금융업감독규정 제6조 제2항).

다. 예외의 시정

동일인 대출한도 범위 내에서 이미 취급된 동일인 대출금이 조합의 출자금(회전출자금 및 가입금을 포함) 환급, 결손금 발생 등으로 자기자본 또는 자산총액이 감소하여 동일인 대출한도를 초과하게 된 경우에는 그 한도가 초과한 날로부터 만기일 이내에 한도에 적합하도록 하여야 한다(상호금융업감독규정 제6조 제4항).

5-3. 업종별 여신한도

2024년 12월 29일부터 기업대출의 특정 업종 쏠림현상을 방지하기 위하여 개인사업자 및 법인 대상 대출 중 부동산 · 건설업에 대해 각각 총 대출의 30% 이하, 그 합계액은 총 대출의 50% 이하로 제한한다.

5-4. 벌칙

신용협동조합의 임직원이 동일인 대출한도를 위반한 때에는 3년 이하의 징역 또는 3천만 원 이하의 벌금에 처한다(신용협동조합법 제99조 제2항 제2호).

6. 신용정보업법상의 규제

6-1. 개요

신용정보에 관해서는 「신용정보의 보호 및 이용에 관한 법률」(이하 "신용정보법")에 의하여 규율한다. 이 법은 신용정보업을 건전하게 육성하고 신용정보의 효율적 이용과 체계적 관리를 기하며 신용정보의 오용 · 남용으로부터 비밀 등을 적절히 보호하는 것을 목적으로 한다.

6-2. 신용정보

신용정보라 함은 금융거래 등 상거래에 있어서 거래상대방의 신용을 판단할 때 필요한 정보로서 ① 특정 신용정보주체를 식별할 수 있는 정보(②~⑤의 정보와 결합되는 경우만 신용정보에 해당), ② 신용정보주체의 거래내용을 판단할 수 있는 정보, ③ 신용정보주체의 신용도를 판단할 수 있는 정보, ④ 신용정보주체의 신용거래능력을 판단할 수 있는 정보 그리고 ⑤ 기타 신용정보주체의 신용을 판단할 때 필요한 정보를 말한다(신용정보법 제2조).

6-3. 개인신용정보

신용정보법에서 규율하고 있는 개인신용정보란 기입 및 법인에 관한 정보를 제외한 살아있는 개인에 관한 신용정보로서 ① 해당 정보의 성명, 주민등록번호 및 영상 등을 통하여 특정 개인을 알아볼 수 있는 정보 그리고 ② 해당 정보만으로는 특정 개인을 알아볼 수 없더라도 다른 정보와 쉽게 결합하여 특정 개인을 알아 볼 수 있는 정보 중에서 어느 하나에 해당하는 정보를 말한다(신용정보법 제2조 제2호).

6-4. 규제사항

가. 개인신용정보의 제공 · 활용에 대한 동의

신용정보제공 · 이용자는 개인신용정보를 타인에게 제공하려는 경우에는 해당 신용정보주체로부터 ① 서면, ② 전자서명(서명자의 실지명의를 확인할 수 있는 것을 말함)이 있는 전자문서, ③ 정보 제공 동의의 안정성과 신뢰성이 확보될 수 있는 유무선 통신으로 개인비밀번호를 입력하는 방식, ④ 유무선 통신으로 동의 내용을 해당 개인에게 알리고 동의를 받는 방법(이 경우 본인 여부 및 동의 내용, 그에 대한 해당 개인의 답변을 음성녹음하는 등 증거자료를 확보 · 유지하여야 하며, 사후 고지절차를 거침) 그리고 ⑤ 정보 제공 동의의 안전성과 신뢰성이 확보될 수 있는 수단을 활용함으로써 해당 신용정보주체에게 동의 내용을 알리고 동의의 의사표시를 확인하여 동의를 받는 방식 중에서 어느 하나에 해당하는 방식으로 개인신용정보를 제공할 때마다 미리 개별적으로 동의를 받아야 한다. 다만, 기존에 동의한 목적 또는 이용 범위에서 개인신용정보의 정확성 · 최신성을 유지하기 위한 경우에는 그러하지 아니하다(신용정보보호법 제32조 제1항, 시행령 제28조).

나. 개인신용정보의 이용

개인신용정보는 다음에 해당하는 것 중에서 어느 하나에 해당하는 경우에만 이용하여야 한다. 구체적으로는 ① 해당 신용정보주체가 신청한 금융거래 등 상거래관계의 설정 및 유지 여부 등을 판단하기 위한 목적으로 이용하는 경우와 해당 목적 외의 다른 목적으로 이용하는 것에 대하여 신용정보주체로부터 동의를 받은 경우, ② 개인이 직접 제공한 개인신용정보(그 개인과의 상거래에서 생긴 신용정보를 포함)를 제공받은 목적으로 이용하는 경우(상품과 서비스를 소개하거나 그 구매를 권유할 목적으로 이용하는 경우는 제외) 그리고 ③ 범죄 때문에 피해자의 생명이나 신체에 심각한 위험 발생이 예상되는 등 긴급한 상황에서 법관의 영장을 발부받을 시간적 여유가 없는 경우로서 검사 또는 사법경찰관의 요구에 따라 제공하는 경우(개인신용정보를 제공받은 검사는 지체 없이 법관에게 영장을 청구하여야 하고, 사법경찰관은 검사에게 신청하여 검사의 청구로 영장을 청구하여야 하며, 개인신용정보를 제공받은 때부터 36시간 이내에 영장을 발부받지 못하면 지체 없이 제공받은 개인신용정보를 폐기하여야 함)가 해당된다(신용정보법 제33조 제1항).

다. 개인신용정보의 전송요구

개인인 신용정보주체는 신용정보제공 · 이용자 등에 대하여 그가 보유하고 있는 본인에 관한 개인신용정보를 해당 ① 신용정보주체 본인, ② 본인 신용정보 관리회사(마이데이터사업자), ③ 대통령령으로 정하는 신용정보제공 · 이용자(금융지주회사, 금융회사 등), ④ 개인신용평가회사 그리고 ⑤ 개인사업자신용평가회사 중에서 어느 하나에 해당하는 자에게 전송하여 줄 것을 요구할 수 있다(신용정보법 제33조2).

라. 신용정보의 열람 및 정정청구 등

신용정보주체는 신용정보업자 등에게 본인의 신분을 나타내는 증표를 제시하거나 대통령령이 정하는 객관적인 방법에 의하여 본인임을 확인받아 신용정보업자 등이 보유하고 있는 본인에 관한 신용정보의 제공 또는 열람을 청구할 수 있으며, 본인정보가 사실과 다른 경우에는 금융위원회가 정하는 바에 의하여 정정을 청구할 수 있다(신용정보법 제38조 제1~2항).

이러한 정정청구를 받은 신용정보회사 등은 정정청구에 정당한 사유가 있다고 인정하면 지체 없이 해당 신용정보의 제공 · 이용을 중단한 후 사실인지를 조사하여 사실과 다르거나 확인할 수 없는 신용정보는 삭제하거나 정정하여야 한다(신용정보법 제38조 제3항).

신용정보를 삭제 또는 정정한 신용정보업자 등은 당해 신용정보를 최근 6개월 이내에 제공받은 자 및 당해 신용정보주체가 요구하는 자에게 삭제 또는 정정된 내용을 통보하여야 한다(신용정보법 제38조 제4항).

신용정보업자등은 위 사항처리결과를 7일 이내에 당해 신용정보주체에게 통지하여야 하며, 당해 신용정보주체는 처리결과에 이의가 있을 경우에는 대통령령이 정하는 바에 의하여 금융위원회에 그 시정을 요청할 수 있다(신용정보법 제38조 제5항).

금융위원회가 시정을 요청받은 경우에는 금융감독원장으로 하여금 그 사실 여부를 조사하게 하고 조사결과에 따라 신용정보업자 등에 대한 시정을 명하거나 기타 필요한 조치를 할 수 있다(신용정보법 제38조 제6항).

신용정보업자 등이 금융위원회의 시정명령에 따라 시정조치를 취한 경우에는 그 결과를 금융위원회에 보고하여야 한다(신용정보법 제38조 제8항).

마. 손해배상의 책임

신용정보회사 등과 그로부터 신용정보를 제공받은 자가 신용정보법을 위반하여 신용정보주체에게 손해를 가한 경우에는 해당 신용정보주체에 대하여 그 손해를 배상할 책임이 있다. 다만, 신용정보회사 등과 그로부터 신용정보를 제공받은 자가 고의 또는 과실이 없음을 증명한 경우에는 그러하지 아니하다.

또한, 신용정보회사 등이나 그 밖의 신용정보 이용자(수탁자를 포함)가 고의 또는 중대한 과실로 이 법을 위반하여 개인신용정보가 누설되거나 분실 · 도난 · 누출 · 변조 또는 훼손되어 신용정보주체에게 피해를 입힌 경우에는 해당 신용정보주체에 대하여 그 손해의 5배를 넘지 아니하는 범위에서 배상할 책임이 있다. 다만, 신용정보회사 등이나 그 밖의 신용정보 이용자가 고의 또는 중대한 과실이 없음을 증명한 경우에는 그러하지 아니하다(신용정보법 제43조).

바. 벌칙

본인의 동의를 얻지 아니하고 개인신용정보업자에게 개인신용정보를 제공하거나 개인신용정보를 목적 이외로 제공 · 이용한 때에는 5년 이하의 징역 또는 5천만 원 이하의 벌금에 처한다(신용정보법 제50조 제2항 제6~7호).

7. 부실징후기업관리제도

7-1. 개요

1997년 외환위기 이후 금융회사의 자율협약에 의한 기업구조조정을 실시하였으나 자율적인 합의 도출의 어려움 등 문제점이 있어 채권금융기관의 기업구조조정 과정에의 참여를 강제하는 기업구조조정촉진법을 2001년 7월 제정하여 같은 해 9월부터 시행하였다.

기업구조조정촉진법은 2005년 12월까지 일몰제를 조건으로 한시적으로 시행되었는데, 일몰 시점이 도래할 때마다 개정을 거듭하여 2018년 10월 제5차 개정까지 진행하였고 그 효력시점이 2023년 10월 15일로 일몰되어 자동 폐지되었지만 워크아웃 제도의 필요성에 따라 재입법이 추진되어 2023년 12월 8일 기업구조조정촉진법이 국회 본회의를 통과하여 같은 달 26일 다시 제정 · 시행되었다.

이번에 다시 제정 · 시행된 기업구조조정촉진법은 기존 법률의 내용을 대부분 유지하면서도 워크아웃기업에 대한 자금지원 확대를 위해 제3자 신규 신용공여 시 우선변제권을 부여하였고, 보다 적극적인 구조조정 업무수행을 지원하기 위해 구조조정 담당자에 대한 면책요건을 확대하는 내용 등이 추가되었다. 다만 여전히 일몰기한 3년의 한시법으로 제정되어 기업구조조정촉진법의 상시화에 대한 논의가 꾸준히 제기되고 있다.

한편, 기업신용위험 평가와 부실징후기업 등에 규제 내용은 「은행업감독업무시행세칙」 제48조와 기업구조조정촉진법 제4조에서 제6조까지에 근거를 두고 있고 규제하고 있는 내용도 큰 차이가 없으므로 함께 설명하고자 한다.

7-2. 부실징후기업의 정의

부실징후기업이란 주채권은행이 신용위험평가를 통하여 통상적인 자금차입 외에 외부로부터의 추가적인 자금 유입 없이는 금융채권자에 대한 차입금 상환 등 정상적인 채무이행이 어려운 부실징후에 있다고 인정한 기업을 말한다. 이 경우 주채권은행은 해당 기업의 주된 채권은행(주된 채권은행이 없는 경우에는 신용공여액이 가장 많은 은행)을 말한다. 또한, 금융채권이란 기업 또는 타인에 대한 신용공여로 해당 기업에 대하여 행사할 수 있는 채권을, 금융채권자란 금융채권을 보유한 자를, 채권은행이란 금융채권자 중 은행업을 규칙적 · 조직적으로 영위하는 금융기관을 각각 말한다(기업구조조정촉진법 제2조).

7-3. 기업신용위험 평가

기업에 대한 신용위험평가는 채권은행으로부터 신용공여를 받은 자로서 최근 월말 기준으로 금융기관의 신용공여액이 500억 원 이상인 자와 500억 원 미만인 자로 나누어 신용위험평가 대상기업을 선정하여 평가를 실시한다. 채권은행은 평가기업 분류를 위하여 각 은행 내부에 신용위험평가위원회를 구성하여야 한다.

또한, 그 평가결과에 따라 ① 정상적인 영업이 가능한 기업(A등급), ② 부실징후기업이 될 가능성이 큰 기업(B등급), ③ 부실징후기업에 해당하며 경영정상화 가능성이 높은 기업(C등급) 그리고 ④ 부실징후기업에 해당하며 경영정상화 가능성이 낮은 기업(D등급)으로 분류하고 내부신용등급 조정 및 조정된 신용등급에 따른 사후관리 조치를 취하고 있다(전국은행연합회 "채권은행의 기업신용위험 상시평가 운영협약〈약칭 상시평가 운용협약〉)".

주채권은행은 거래기업에 대한 신용위험을 평가하여야 한다. 주채권은행이 아닌 채권은행은 거래기업의 신용위험을 평가한 결과 부실징후기업에 해당된다고 판단할 경우 그 사실을 지체 없이 주채권은행에 통보하여야 하며, 통보를 받은 주채권은행은 해당 거래기업의 부실징후 유무에 대하여 판단하여야 한다.

주채권은행은 거래기업의 신용위험을 평가한 결과 부실징후가 있다고 판단하는 경우 그 사실과 이유를 해당 기업에 통보하여야 하며, 해당 기업이 평가결과에 대하여 이의가 있는 경우 통보받은 날부터 14일 이내에 주채권은행에 이의를 제기할 수 있다. 주채권은행은 이의제기를 받은 날부터 1개월 이내에 이의제기에 대한 심사 결과를 해당 기업에 통보하여야 한다.(기업구조조정촉진법 제4~6조).

7-4. 부실징후기업의 구조조정

가. 부실징후기업의 관리절차 개시

주채권은행으로부터 통보를 받은 부실징후기업은 주채권은행에 대하여 기업개선을 위한 자구계획서와 금융채권자의 목록을 첨부하여 금융채권자협의회에 의한 공동관리절차 또는 주채권은행에 의한 관리절차의 개시를 신청할 수 있다(기업구조조정촉진법 제5조 제2항).

1) 금융채권자협의회에 의한 공동관리절차

가) 금융채권자협의회

금융채권자협의회란 부실징후기업의 원활한 기업개선을 도모하기 위하여 해당 기업의 금융채권자로 구성된 협의회로 주채권은행이 금융채권자협의회의 소집 및 운영을 주관하며, 금융채권자협의회가 의결한 사항에 관하여 동 협의회를 대표한다. 금융채권자협의회는 서면으로 의결할 수 있으며, 기업구조조정촉진법 또는 협의회의 의결로 달리 정하는 경우를 제외하고는 원칙적으로 협의회 총금융채권액 중 4분의 3 이상의 금융채권액을 보유한 금융채권자의 찬성으로 의결한다(기업구조조정촉진법 제22~24조).

나) 금융채권의 행사 유예

주채권은행이 공동관리절차의 개시를 위한 금융채권자협의회의 소집을 통보를 하는 경우에는 금융채권자에게 제1차 협의회의 종료 시까지 해당 기업에 대한 금융채권의 행사(상계, 담보권 행사, 추가 담보 취득을 포함하며, 시효중단을 위한 어음교환 회부는 제외)를 유예하도록 요구할 수 있다.

금융채권의 행사유예를 요구받은 금융채권자가 금융채권을 행사한 때에는 공동관리절차의 개시 후 지체 없이 원상을 회복하여야 하며, 주채권은행은 협의회의 의결에 따라 해당 금융채권자에게 원상회복의 이행을 요청할 수 있다(기업구조조정촉진법 제9조).

다) 금융채권의 신고

주채권은행으로부터 제1차 금융채권자협의회의 소집을 통보받은 금융채권자는 통보받은 날부터 5일 이내에 주채권은행에 소집통보일 직전일을 기준으로 해당 기업에 대한 금융채권의 내용과 금액을 신고하여야 한다. 금융채권자는 신고된 금융채권액에 비례하여 협의회에서 의결권을 행사한다. 제1차 금융채권자협의회의 소집을 통보받은 금융채권자가 금융채권의 신고기간에 금융채권을 신고하지 아니한 경우에는 그 신고가 있을 때까지 해당 기업이 제출한 금융채권자의 목록에 기재된 금융채권액에 비례하여 의결권을 행사한다(기업구조조정촉진법 제26조).

라) 공동관리절차의 개시

금융채권자는 주채권은행으로부터 제1차 금융채권자협의회의 소집을 통보받은 날부터 14일 이내(금융채권자의 구성을 의결하기 위하여 필요한 경우에는 28일 이내)에 ① 공동관리절차에 참여할 금융채권자의 구성, ② 공동관리절차의 개시, ③ 부실징후기업에 대한 채권행사유예 여부 및 유예기간의 결정 그리고 ④ 그 밖에 공동관리절차의 개시를 위하여 필요한 사항에 대한 사항을 의결할 수 있다.

한편, 공동관리절차에 참여하지 아니하는 적용배제 금융채권자에 대하여는 기업구조조정촉진법에 따른 공동관리절차가 적용되지 아니한다. 공동관리절차가 개시된 뒤에도 해당 기업 또는 금융채권자는 회생 및 파산법에 따른 회생절차 또는 파산절차를 신청할 수 있다. 이 경우 해당 기업에 대하여 회생절차의 개시결정 또는 파산선고가 있으면 공동관리절차는 중단된 것으로 본다(기업구조조정촉진법 제11조).

마) 반대채권자의 채권매수청구권

반대채권자란 ① 공동관리절차의 개시, ② 기업개선계획의 수립 및 변경, ③ 채무조정, ④ 신규 신용공여, ⑤ 공동관리절차의 연장 그리고 ⑥ 그 밖에 협의회의 의결로 정하는 사항 중 어느 하나에 해당하는 사항에 대하여 금융채권자협의회의 의결이 있는 경우 그 의결에 반대한 금융채권자를 말한다.

반대채권자는 금융채권자협의회의 의결일부터 7일 이내인 매수청구기간에 주채권은행에 대하여 채권의 종류와 수를 기재한 서면으로 자기의 금융채권(공동관리절차에서 출자전환된 주식을 포함) 전부를 매수하도록 청구할 수 있다(기업구조조정촉진법

제27조).

바) 자산부채의 실사

금융채권자협의회는 공동관리절차가 개시된 기업(공동관리기업)에 대하여 그 기업과 협의하여 선임한 회계법인 등 외부전문기관으로부터 자산부채실사 및 계속기업으로서의 존속능력평가 등을 받도록 요청할 수 있다. 공동관리기업은 외부전문기관의 실사 및 평가에 대하여 필요한 자료를 제출하는 등 적극 협조하여야 한다(기업구조조정촉진법 제12조).

사) 기업개선계획의 작성

주채권은행은 공동관리기업에 대한 외부전문기관의 자산부채실사 결과 등을 고려하여 공동관리기업의 기업개선을 위한 기업개선계획을 작성하여 금융채권자협의회에 제출하여야 한다. 이 경우 주채권은행은 기업개선계획에 대하여 사전에 해당 기업과 협의하여야 하며, 기업개선계획에는 해당 기업의 부실에 상당한 책임있는 자 간의 공평한 손실분담 방안이 포함되어야 한다(기업구조조정촉진법 제13조).

▶▷ 기업개선계획에 포함할 수 있는 사항

1. 채무조정
2. 신규 신용공여
3. 공동관리기업의 자구계획
4. 제1호 및 제2호의 사항을 이행하지 아니하는 금융채권자에게 부과하는 위약금
5. 그 밖에 공동관리기업의 기업개선을 위하여 필요한 사항

아) 기업개선계획의 이행을 위한 약정 체결

금융채권자협의회는 상기 (7)의 기업개선계획을 의결한 날부터 1개월 이내에 공동관리기업과 기업개선계획의 이행을 위한 약정을 체결하여야 한다. 금융채권자협의회가 기한 이내에 약정을 체결하지 못한 경우 그 다음 날부터 공동관리절차는 중단된 것으로 본다. 이 경우 기업개선계획에 포함된 채무조정 및 신규 신용공여에 관한 사항은 소급적으로 효력을 상실한다(기업구조조정촉진법 제14조).

▶▷ 기업개선계획의 이행을 위한 약정에 포함할 수 있는 사항

기업개선계획의 이행을 위한 약정에는 금융채권자협의회가 의결한 기업개선계획 외에 공동관리기업의 기업개선 등을 위하여 다음 각 호의 사항을 포함할 수 있다.

1. 매출액 · 영업이익 등 해당 기업의 경영 목표수준
2. 제1호에 따른 목표수준을 달성하기 위하여 필요한 해당 기업의 인원 · 조직 및 임금의 조정 등 구조조정 계획과 신주의 발행, 자본의 감소 등 재무구조 개선 계획 등을 포함한 구체적인 이행계획. 이 경우 그 이행기간은 1년 이내로 하되, 협의회의 의결로 연장할 수 있다.
3. 제1호에 따른 목표수준을 달성하지 못할 경우 총 인건비의 조정 등 해당 기업이 추가적으로 추진할 이행계획
4. 제2호 및 제3호에 따른 사항과 관련하여 해당 기업의 주주 또는 노동조합 등 이해관계인의 동의가 필요한 사항에 대한 동의서
5. 기업의 현금흐름에 중대한 영향을 미치는 투자 및 중요한 재산의 양수 · 양도 등에 관한 사항
6. 제3자 매각, 경영위탁 등을 통하여 경영을 정상화할 경우 그 구체적인 계획
7. 이사회의 구성 등 지배구조의 개선에 관한 사항
8. 기업개선을 위하여 필요하다고 협의회에서 의결한 사항 및 향후 이행계획
9. 기업이 약정을 미이행한 경우의 조치에 관한 사항
10. 공동관리절차의 중단 및 종료에 관한 사항
11. 그 밖에 기업개선을 위하여 필요한 사항으로서 협의회와 공동관리기업이 합의한 사항

자) 기업개선계획의 이행을 위해 체결한 약정에 대한 점검

기업개선계획의 이행을 위한 약정의 당사자는 체결된 약정을 성실히 준수하여야 한다. 주채권은행은 약정의 이행실적을 분기별[공동관리기업이 중소기업인 경우에는 금융채권자협의회가 정하는 시기별]로 점검하여 그 결과를 금융채권자협의회에 보고하여야 하며, 기업개선계획의 진행상황을 채권자조정위원회의 인터넷 홈페이지에 공개하여야 한다. 다만, 영업비밀에 해당하거나 자산가치의 하락 등 원활한 기업개선의 추진에 어려움이 발생할 가능성이 있는 것으로 판단되는 정보이거나 중소기업 중에서 자본시장법상 사업보고서 제출대상법인이 아닌 기업의 이행점검 결과인 경우에는 해당하는 정보는 공개하지 아니할 수 있다(기업구조조정촉진법 제15조).

차) 공동관리절차의 평가 및 공개

공동관리기업과 약정을 체결한 날부터 3년이 경과하는 날까지 공동관리절차가 종료

되지 아니한 경우 주채권은행은 경영평가위원회를 구성하여 공동관리절차의 효율성, 해당 기업의 기업개선 가능성, 공동관리절차의 지속 필요성 등을 평가하고 그 결과를 금융채권자협의회에 보고하여야 한다. 다만, 공동관리기업이 중소기업인 경우에는 주채권은행이 금융채권자협의회의 의결에 따라 공동관리절차의 평가시기를 달리 정할 수 있다(기업구조조정촉진법 제16조).

카) 채무조정

채무조정이란 금융채권자가 보유한 금융채권에 대하여 상환기일 연장, 원리금 감면, 채권의 출자전환 및 그 밖에 이에 준하는 방법으로 채무의 내용을 변경하는 것을 말한다. 금융채권자는 공동관리기업의 기업개선을 위하여 필요하다고 판단하는 경우 금융채권자협의회의 의결에 따라 해당 기업에 대한 채무조정을 할 수 있다. 이 경우 채무조정에 관한 협의회의 의결은 권리의 순위를 고려하여 공정하고 형평에 맞게 이루어져야 한다(기업구조조정촉진법 제17조).

타) 신규 신용공여

신용공여란 ① 대출(거래상대방과 기업 간에 한도거래약정을 체결한 경우에는 한도액을 기준으로 함), ② 어음 및 채권 매입, ③ 시설취득자금에 대한 거래와 밀접한 관련이 있는 시설대여, ④ 금융업(한국표준산업분류에 따른 금융 및 보험업을 말함)을 영위하는 자의 시설대여(여신전문금융업법에 따른 시설대여를 말함), ⑤ 지급보증 및 지급보증에 따른 대지급금의 지급, ⑥ 특정한 유가증권을 장래의 특정시기 또는 특정조건 충족 시에 미리 정한 가격으로 팔 수 있는 권리를 보유하는 거래, ⑦ 기업이 실질적으로 제3자의 채무이행을 담보 · 보증하기 위한 목적의 거래로서 기업의 지급불능 시 이로 인하여 거래 상대방에 손실을 초래할 수 있는 거래 그리고 ⑧ 기타 기업의 지급불능 시 이로 인하여 거래 상대방에 손실을 초래할 수 있는 직접적 · 간접적 금융거래 중 어느 하나에 해당하는 것을 말한다.

금융채권자는 공동관리기업의 기업개선을 위하여 필요하다고 판단하는 경우 금융채권자협의회의 의결에 따라 해당 기업에 대하여 신규 신용공여(기존 신용공여조건의 변경은 제외)를 할 수 있다. 이 경우 신규 신용공여 금액은 금융채권자협의회 의결로 달리 정하지 아니하는 한 제1차 금융채권자협의회의 소집을 통보받고 신고된 금융채권액에 비례하여 정한다(기업구조조정촉진법 제18조).

파) 공동관리절차의 중단

금융채권자협의회는 ① 공동관리기업이 제출한 금융채권자의 목록이나 자구계획서에 중요한 사항에 관하여 고의적인 누락이나 허위 기재가 있는 경우, ② 공동관리기업이 정당한 사유 없이 제12조에 따른 외부전문기관의 실사 및 평가에 협조하지 아니하는 경우, ③ 공동관리기업이 정당한 사유 없이 약정의 중요한 사항을 이행하지 아니하였거나 약정이 이행되기 어렵다고 판단되는 경우, ④ 기업개선계획의 이행을 위해 체결한 약정에 대한 점검 또는 공동관리절차의 평가의 결과 공동관리절차를 지속하는 것이 적절하지 아니하다고 판단되거나 공동관리기업의 부실징후가 해소될 가망이 없다고 판단되는 경우, ⑤ 공동관리기업이 중단을 요청하는 경우 그리고 ⑥ 그 밖에 약정에서 정한 공동관리절차의 중단사유가 발생한 경우 중 어느 하나에 해당하는 경우 그 의결에 따라 공동관리절차를 중단할 수 있다(기업구조조정촉진법 제19조).

하) 공동관리절차의 종료

금융채권자협의회는 ① 공동관리기업의 부실이 해소되었다고 판단한 경우, ② 약정이 계획대로 이행된 경우, ③ 공동관리기업이 종료를 요청하는 경우 그리고 ④ 그 밖에 약정에서 정한 공동관리절차의 종료사유가 발생한 경우 중 어느 하나에 해당하는 경우 그 의결에 따라 공동관리절차를 종료할 수 있다(기업구조조정촉진법 제21조).

2) 주채권은행에 의한 관리절차

주채권은행은 부실징후기업으로부터 주채권은행 관리절차의 신청이 있어 자구계획서 등을 평가하여 기업개선의 가능성이 있다고 판단하는 경우 단독으로 해당 기업에 대한 관리절차를 개시할 수 있다. 주채권은행 관리절차가 개시되는 경우에는 금융채권자협의회에 의한 공동관리절차 중에서 상당 부분을 준용한다. 이 경우 금융채권자협의회는 주채권은행으로 본다(기업구조조정촉진법 제21조).

7-5. 금융채권자조정위원회

가. 조정위원회 구성

부실징후기업의 효율적이고 공정한 기업개선과 금융채권자 간의 이견조정 등을 위하여 금융채권자조정위원회를 7명의 위원으로 구성하고 있다. 위원장 및 위원의 임기는 2년으로 하고, 1회에 한정하여 연임할 수 있으며, 위원장은 위원 중에서 호선한다(기업구조조정촉진법 제29조).

▶▷ 금융채권자조정위원회 위원 선임 요건

1. 금융기관 또는 금융 관련 분야에서 10년 이상 근무한 경험이 있는 사람
2. 변호사 또는 공인회계사의 자격을 가진 사람
3. 금융 또는 법률 관련 분야의 석사 이상의 학위소지자로서 연구기관 · 대학에서 연구원 · 조교수 이상의 직에 10년 이상 근무한 경험이 있고 기업구조조정에 관한 전문성이 있는 사람
4. 기업구조조정 업무에 3년 이상 종사한 경험이 있는 사람

나. 금융채권자조정위원회 업무

금융채권자조정위원회는 아래의 사항들에 대한 업무를 수행하며, 그 업무를 수행하기 위하여 해당 기업 및 금융채권자에게 출석을 요구하여 의견을 듣거나 필요한 자료의 제출을 요청할 수 있다. 조정위원회는 그 권한에 속하는 업무를 독립적으로 수행하여야 한다.

금융채권자조정위원회는 재적위원 3분의 2 이상의 찬성으로 의결한다. 이 경우 금융채권자 또는 부실징후기업과 이해상충 소지가 있는 거래관계에 있어 금융채권자조정위원회의 업무에서 배제되는 조정위원회 위원은 재적위원 수에서 제외된다(기업구조조정촉진법 제29조).

▶▷ 금융채권자조정위원회의 업무

1. 금융채권자 간의 자율적 협의에도 불구하고 해소되지 아니하는 이견(협의회가 의결한 후에 조정을 신청한 이견은 제외)의 조정으로서 대통령령으로 정하는 사항에 대한 조정
2. 기업구조조정촉진법 제27조 제5항에 따른 채권의 매수가액 및 조건에 대한 조정
3. 기업구조조정촉진법 제28조 제3항 및 제5항에 따른 위약금과 손해배상 예정액에 대한 조정
4. 기업구조조정촉진법 제30조에 따른 부실징후기업고충처리위원회의 권고사항에 대한 협조
5. 협의회 의결사항의 위반 여부에 대한 판단과 그 이행에 대한 결정
6. 조정위원회의 운영과 관련한 규정의 제정 · 개정
7. 그 밖에 협의회의 운영과 관련하여 대통령령으로 정하는 사항

다. 조정신청 및 조정결정

금융채권자는 금융채권자협의회의 심의사항과 관련하여 이의가 있는 경우 금융채권자조정위원회에 서면으로 조정신청을 할 수 있으며, 조정신청을 하는 자는 자율협의를 위한 노력을 다하였음을 소명하여야 한다. 금융채권자조정위원회는 조정신청에 대한 조정결정의 내용을 지체 없이 해당 금융채권자 및 협의회에 통지하여야 한다. 조정위원회의 조정결정은 금융채권자협의회의 의결과 동일한 효력을 가진다. 조정결정에 불복하는 자는 조정결정이 있었던 날부터 1개월 이내에 법원에 변경결정을 청구할 수 있다(기업구조조정촉진법 제31~32조).

7-6. 부실징후기업고충처리위원회

부실징후기업의 고충을 처리하고 애로사항을 수렴하기 위하여 부실징후기업고충처리위원회(이하 "고충처리위원회")를 두고 있다. 고충처리위원회는 위원장 1명을 포함한 6명의 위원으로 구성되고, 위원장은 금융채권자조정위원회의 위원장이 겸임하고 있으며, 위원장 및 위원의 임기는 2년으로 하고, 1회에 한정하여 연임할 수 있다.

고충처리위원회는 업무를 수행하기 위하여 해당 기업 및 금융채권자에게 출석을 요구하여 의견을 들을 수 있으며, 재적위원 3분의 2 이상의 찬성으로 의결한다. 금융채권자협의회는 고충처리위원회가 권고하는 처리방안 등이 의결될 수 있도록 노력하여야

한다(기업구조조정촉진법 제30조).

7-7. 기업구조조정 촉진을 위한 특례

가. 출자 및 재산운용제한 등에 대한 특례

채권금융기관이 기업구조조정촉진법에 따른 기업구조조정을 위하여 채권을 출자전환하거나 협의회 의결에 따라 채무조정을 하는 경우에는 다음의 규정을 적용하지 아니한다(기업구조조정촉진법 제33조).

첫째, 채권금융기관이 채권을 출자전환하는 경우 부실징후기업은 상법 제417조(액면미달의 발행)에도 불구하고 같은 법 제434조(정관변경의 특별결의)에 따른 주주총회의 결의만으로 법원의 인가를 받지 아니하고도 주식을 액면미달의 가액으로 발행할 수 있다. 이 경우 그 주식은 주주총회에서 달리 정하는 경우를 제외하고는 주주총회의 결의일부터 1개월 이내에 발행하여야 한다.

둘째, 출자 및 재산운용제한 등에 대한 특례는 기업구조조정촉진법에 따른 관리절차가 종료 또는 중단된 후 2년이 경과하는 날까지 적용되며, 금융위원회의 승인을 받아 2년의 범위에서 연장할 수 있다. 이 경우 금융위원회는 주식소유한도를 초과하는 주식에 대한 향후 정리 계획과 해당 채권금융기관의 경영상태를 고려하여 승인 여부를 결정한다.

나. 채권금융기관 등에 대한 면책 특례

채권금융기관 및 그 임직원이 고의 또는 중대한 과실 없이 기업구조조정촉진법 및 금융채권자조정위원회의 조정결정에 따라 기업구조조정을 위하여 업무를 적극적으로 처리한 경우에는 그 결과에 대하여 기업구조조정촉진법, 감사원법 또는 은행법 등 금융관계 법령에 따른 징계·문책 또는 그 요구를 하지 아니하는 등 그 책임을 면제한다.

다만, 그 업무처리에 있어 ① 기업구조조정의 절차와 관련한 법령을 준수하지 아니한 경우, ② 필요한 정보를 충분히 수집·검토하지 아니한 경우, ③ 부정한 청탁에 의한 경우 그리고 ④ 사적인 이해관계가 있는 경우와 같은 어느 하나에 해당하는 경우에는 그러하지 아니하다(기업구조조정촉진법 제34조).

7-8. 채권금융기관에 대한 시정조치

금융위원회는 채권금융기관이 다음의 사항들에 해당하는 행위를 한 때에는 일정한 기간을 정하여 그 시정을 요구할 수 있다. 이 경우 채권금융기관이란 금융채권자 중 금융감독원의 검사를 받는 기관 및 그 밖에 법률에 따라 금융업무 또는 기업구조조정 업무를 행하는 기관으로서 대통령령으로 정하는 자를 말한다(기업구조조정촉진법 제35조 제1항).

▶▷ 금융위원회의 채권금융기관에 대한 시정조치 내용

1. 기업구조조정촉진법 제4조 제1항 또는 제3항을 위반하여 신용위험을 평가하지 아니한 때
2. 기업구조조정촉진법 제5조 제1항을 위반하여 정당한 사유 없이 통보를 하지 아니한 때
3. 기업구조조정촉진법 제7조를 위반하여 필요한 조치를 강구하지 아니한 때
4. 기업구조조정촉진법 제9조 제1항을 위반하여 정당한 사유 없이 협의회를 소집하지 아니한 때
5. 기업구조조정촉진법 제15조 제2항을 위반하여 약정의 이행을 점검하지 아니하거나 기업개선계획의 진행상황을 공개하지 아니한 때
6. 기업구조조정촉진법 제15조 제4항을 위반하여 정당한 사유 없이 약정의 이행상황 및 계획에 대한 설명 요청에 따르지 아니한 때
7. 기업구조조정촉진법 제16조 제1항 또는 제2항을 위반하여 경영평가위원회의 평가를 거치지 아니하거나 평가결과를 공개하지 아니한 때

금융위원회로부터 시정요구를 받은 채권금융기관이 정당한 사유 없이 기간 내에 시정요구를 이행하지 아니하면 금융위원회는 해당 채권금융기관에 대하여 ① 채권금융기관 또는 그 임직원에 대한 주의 · 경고 · 견책 또는 감봉, ② 임원의 직무정지 또는 임원의 직무를 대행하는 관리인의 선임 그리고 ③ 그 밖에 ① 및 ② 에 준하는 조치로서 위반사항의 시정을 위하여 필요하다고 인정되는 조치를 요구하거나 명할 수 있다(기업구조조정촉진법 제35조 제2항).

7-9. 과태료

다음 각 호의 어느 하나에 해당하는 자에게는 2천만 원 이하의 과태료를 부과한다. 과태료는 금융위가 부과 · 징수한다(기업구조조정촉진법 제36조).

과태료 부과에 대한 세부기준은 「금융기관 검사 및 제재에 관한 규정」 [별표 3] "과태료 부과기준"에서 정하고 있다.

▶▷ 과태료 부과 사유

1. 기업구조조정촉진법 제9조 제4항을 위반하여 원상회복을 하지 아니한 자
2. 기업구조조정촉진법 제23조 제2항을 위반하여 공동관리기업의 경영인 및 제14조 제2항 제4호에 따른 동의서를 제출한 자에게 의견개진의 기회를 부여하지 아니한 자
3. 기업구조조정촉진법 제26조 제1항을 위반하여 금융채권을 신고하지 아니한 자
4. 기업구조조정촉진법 제27조 제6항을 위반하여 채권매수청구권의 내용과 행사방법을 알리지 아니한 자

7-10. 다른 법률과의 관계

기업구조조정촉진법은 기업구조조정 등에 관하여 다른 법률(회생 및 파산법은 제외)에 우선하여 적용한다(기업구조조정촉진법 제3조).

제3절

여신관련 규제의 실효성 확보수단

1. 개요

행정기관이 행정의 상대방에 대하여 일정한 법적 의무를 부과하거나 특정 행위를 금지시키는 각종 행정처분을 할 때, 행정기관은 상대방의 의무 위반 내지 의무 불이행을 방지하거나 사후에 준수 · 이행케 하기 위하여 직접적인 실효성 확보수단인 행정상 이행강제와 간접적인 실효성 확보수단인 질서벌, 징계벌 등의 행정벌을 부과한다. 은행법 등 금융업관련법에 의한 여신규제의 경우도 마찬가지이다. 금융업관련법은 금융회사 자산의 건전성을 유지한다는 목표를 효과적으로 달성하기 위하여 금융회사가 여신관련 규제를 준수토록 하기 위한 수단으로서 행정형벌 등의 제재수단을 규정하고 있다.

2. 종류

행정법상 의무이행을 강제하기 위한 수단으로 행정벌은 예방적 · 억제적 효과를 통해 간접적으로 행정법상의 의무를 확보하는 수단으로 기능하고 있다. 현행 금융업관련

법은 여신관련 규제 위반행위에 대하여 강제집행을 허용하지 않고 있어서 의무확보수단으로서 행정벌이 가지는 비중이 상당히 크다. 금융업관련법상 행정벌은 형사처벌을 부과하는 행정형벌, 금융회사에 대한 영업정지 · 인허가 취소 등의 행정제재 그리고 금융회사 임직원에 대하여 특별권력관계[20]에 근거하여 부과하는 징계벌이 있다. 금융회사의 여신관련 규제 위반행위에 대하여는 관련 임직원에 대한 행정형벌 또는 경고 · 문책 등의 징계벌뿐만 아니라 해당 금융회사에 대한 영업정지 등의 제재가 가능하다.

이외에 규제의 실효성을 확보하기 위한 수단으로서 금전적 제재가 있다. 행정법상 금전적 제재로서 가산금, 가산세, 부당이득세, 과징금, 범칙금, 추징금, 과태료가 있는데 이중 과징금이 여신관련 규제 위반에 대해 적용되고 있다.

3. 행정강제

3-1. 행정상 강제집행

행정상 강제집행이란 행정법상의 의무(직접 법규에 의하여 성립된 의무와 행정행위에 의하여 성립된 의무를 포함)를 의무자가 이행하지 아니하는 경우 행정청이 의무자의 신체 또는 재산에 실력을 가하여 의무를 이행시키거나 이행이 있었던 것과 동일한 상태를 실현하는 작용으로, 민법상의 강제집행이 법원 등의 국가기관에 의하여 집행될 청구권의 존재가 확인된 후 채권자가 국가의 집행기관에 집행을 청구해야 하는 타력 집행의 제도인데 비하여 행정상의 강제집행은 의무를 부과하고 그 이행을 청구하는 행정

20) 법률의 규정이나 당사자의 동의에 따라 공법상의 특수한 목적이 필효한도내에서 포괄적으로 당사자의 일방이 타방을 지배하고 타방이 이에 복종하는 것을 내용으로 하는 관계를 말한다. 법률의 규정 및 당사자의 동의하에 합리적으로 추측할 수 있는 범위내에서 법치주의 원칙적용이 배제되고 일방은 타방에 대하여 포괄적 지배권에 기하여 명령, 강제, 징계할 수 있는 권한을 지닌다. 근래에는 특별권력관계를 부정하는 견해가 유력하게 대두되고 있으며 이에 따라 금융감독당국의 금융회사에 대한 문책이나 경고 등이 징계벌적 성격을 내포하고 있으나 법치주의 적용을 배제하고 있지는 않은 것으로 보는 견해가 일반적이다.

기관이 법원 등의 개입을 거치지 않고 독자적인 강제수단에 의하여 집행을 행하는 자력집행의 제도인 점에서 서로 구별된다.

행정상 강제집행과 행정벌 모두 행정목적 실현을 위한 수단이라는 점에서는 동일하나 행정상 강제집행이 장래의 의무이행을 강제하는 수단인데 비하여 행정벌은 과거의 의무위반에 대하여 부과하는 제재라는 점에서 서로 구분된다.

행정상 강제집행에는 당해 행정청이 불이행된 의무를 스스로 행하거나 제3자로 하여금 이행하게 하고 그 비용을 의무자로부터 징수하는 대집행, 공법상 금전급부의무를 불이행한 경우에 행정청이 그 의무를 강제적으로 실현시키는 강제징수, 주로 부작위의무나 비대체적 작위의무에 대하여 부과하는 이행강제금, 의무자의 신체·재산에 직접 실력을 가하여 의무이행을 실현시키는 직접강제가 있다.

금융업관련법에는 금융회사의 주식보유제한을 위반한 자에 대한 초과보유주식 처분명령과 관련하여 행정상 강제집행 중 이행강제금제도가 도입되어 있다[21].

3-2. 행정상 즉시강제

행정상 즉시강제란 행정법상 의무의 존재를 전제함이 없이 긴급한 장애를 제거하기 위하여 필요한 경우 또는 미리 의무를 명하는 것으로는 목적을 달성할 수 없는 경우 의무의 이행을 기다리지 않고 직접 개인의 신체나 재산에 실력을 가하여 행정상 필요한 상태를 실현하는 행정작용을 말한다. 행정상 즉시강제는 의무의 존재와 그 불이행을 전제로 하지 않는 점에서 이를 전제로 하는 행정상 즉시강제와 구별된다. 현재 행정상 즉시강제는 금융업관련법에 규정되어 있지 않다.

---

21) 은행법상 비금융주력자가 법상의 주식보유제한을 초과하여 주식을 보유한 데 대하여 금융위원회로부터 주식처분명령을 받고도 처분기한 내에 명령을 당해 명령을 이행하지 아니하는 경우에 이행강제금을 부과할 수 있다(은행법 제65조의9). 금산법 제24조의3, 금융지주회사법 제69조의2, 자본시장법 제407조에도 이행강제금이 규정되어 있다.

4. 행정형벌

4-1. 행정형벌과 형사벌

행정형벌은 행정법규 위반자에 대하여 형법전상의 형벌(징역, 금고, 자격상실, 자격정지, 벌금, 구류 등: 형법 제41조)을 과하는 것으로 비교적 중대한 위법사항에 대하여 부과되고 있다. 행정형벌은 행정의무 위반 행위에 대하여 공적 제재를 과함으로써 행정법규의 실효성을 확보하는 수단으로서 제재원인이 행정의무 위반이라는 점에서 질서벌과 공통적이다. 그러나 제재 형식이 형벌이기 때문에 행정형벌의 부과 절차와 내용에 대해서는 일반 행정법 절차와 원칙이 아닌 형사소송법과 형법(총칙)이 적용된다.

행정형벌은 법률에 따라 인정되는 범죄 구성요건에 해당하는 행위를 하였을 때에만 부과될 수 있다. 시행령이나 시행규칙 또는 행정청 내부기준 등만을 근거로 형사처벌하는 것은 죄형법정주의 원칙상 금지되는 일이다.

금융회사의 여신관련 규제 위반행위에 대한 형사처벌 조항은 각 금융업관련법에 벌칙조항의 형태로 마련되어 있으며 이외에도 형법 제39장(사기와 공갈의 죄)과 제40장(횡령과 배임의 죄)의 규정들과 「특정경제범죄가중처벌법」의 처벌규정들이 적용될 수 있다.

4-2. 과실행위에 대한 행정형벌 부과 문제

가. 형사법상의 원칙과 행정법규의 특수성

형사처벌은 고의로 범죄행위를 저지른 경우에 이루어지는 것이 원칙이다. 따라서 고의가 없는 경우에는 '과실'로 일을 저지른 경우에도 처벌한다는 규정이 별도로 마련되어 있는 경우에 한하여 형사처벌이 가능하다. 여기서 과실이란 "정상의 주의를 태만함으로 인하여 죄의 성립요소인 사실을 인식하지 못한 행위"를 의미한다(형법 제14조).

과실범 처벌규정이 없는 한 고의에 의하지 않은 행위는 처벌할 수 없다는 것이 형사법상의 원칙(형법 제14조 후단: "법률에 특별한 규정이 있는 경우에 한하여 처벌한다.")이지만 행정법규 위반행위에 대해서는 달리 해석할 여지가 있지 않는가에 대하여 논란이 있다. 예를 들어 은행법 제35조 제1항은 동일차주(동일한 개인 · 법인 및 그와 대통령이 정하는 신용위험을 공유하는 자)에 대하여 "자기자본의 100분의 25를 초과하는 신용공여를 할 수 없다."고 규정하고 있는데, 부임한 지 얼마 되지 않아 내부사정을 잘 모르고 있던 임원이 동일차주 신용공여한도를 초과하는 여신인 줄 모르고 결재를 했을 경우 이에 대한 형사처벌이 가능하냐는 것이다[22].

행정법인 은행법 제35조 제1항은 그저 "동일한 개인 · 법인 .....에 대하여 당해 금융회사 자기자본의 100분의 25를 초과하는 신용공여를 할 수 없다."고만 규정하고 있을 뿐 이 한도를 고의로 넘었을 경우에만 처벌을 할 것인지 아니면 과실로 그 한도를 초과했을 때에도 형사처벌이 가능한지에 대해서는 언급을 하지 않고 있다.

물론 행정법규 중에도 "..... 하기 위하여(예를 들면 '조세를 면탈하기 위하여')"라는 표현이 포함되어 있어서 명백하게 고의를 가지고 있을 경우에만 형사처벌이 가능한 것으로 해석되는 조문도 있다. 그러나 대부분의 행정법규 중 처벌규정이 막연하게 "......에 해당하는 행위를 한 때에는 ....에 처한다."고만 규정하고 있을 뿐이다.

이렇게 과실범도 처벌한다는 것인지 고의범만 처벌한다는 것인지 불확실한 경우에는 고의범만 처벌하는 것으로 해석하는 것이 형사법상의 원칙인데 행정형벌법규의 경우에는 달리 해석할 수 있는지가 논란이 될 수 있는 것이다.

과실행위에 대해서도 행정형벌을 부과하자는 논거의 근거는 위법행위 가운데 그 정도가 심한 행위유형이 행정형벌의 대상이 되어 있는데 이들 행위에 대해서는 고의범에 한하여 제재(형사처벌)를 가하고 비교적 위법의 정도가 덜하여 질서벌 등이 부과될 행위에 대해서는 고의와 과실을 불문하고 제재를 가한다는 것은 부당하다는 것이다. 다시 말해 위법의 정도가 심한 과실행위는 제재의 대상에서 제외되고 위법의 정도가 약한 과실행위는 제재의 대상에 포함되어 불합리하다는 이야기이다.

나. 판례의 입장

우선 일본의 판례는 행정법규를 위반한 행위에 대한 형사처벌은 과실범 처벌규정이

22) 은행법 제35조 제1항 위반행위에 대한 처벌규정은 같은 법 제68조 제1항 제8호에 마련되어 있다.

별도로 없더라도 과실범에 대한 처벌이 가능하다는 입장이다.[23)]

우리나라의 경우 행정법규 위반행위에 대해 부과되는 행정처분은 그 위법행위가 고의 또는 과실에 의한 것일 필요가 없다고는 하고 있다.[24)] 형벌을 부과하는 경우에 대해서는 일반 형사범과 동일하게 과실범을 처벌한다는 특별한 규정이 있는 경우에 한하여 과실범의 처벌이 가능하다는 견해와 행정벌 규정의 해석상 과실행위도 처벌한다는 뜻이 도출될 때에는 과실범도 처벌할 수 있다는 견해가 대립되고 있다. 판례는 입법목적이나 제반 관계규정의 취지 등을 고려하여 해석상 과실범도 처벌할 뜻이 명확한 경우에는 행정형벌에 처할 수 있다는 입장이다.[25)]

양벌규정에 대해서는 자신의 대리인, 사용인, 기타 종업원의 위반행위에 대해서 감독을 게을리 한 과실이 있는 때에 형사처벌이 가능하다고 하고 있다.[26)]

---

23) 日本 最高裁判所 1962.5.4. 刑集16卷5號, 510면은 고물상영업자에게 소정의 기재사항을 기재하지 아니한 것을 이유로 행정형벌을 과하면서 고물영업법의 취지에 비추어보아 "고의로 소정의 사항을 기재하지 아니한 것은 물론이고 과실로 기재하지 아니한 것을 포함한다."고 하여 과실범의 처벌을 인정하였다.
또한 日本 最高裁判所 1963.3.5. 刑集7卷3號 506면은 외국인등록령 위반 사건에서 외국인등록증을 휴대하지 아니하고 여행한 자에 대하여 고의로 휴대하지 아니한 경우는 물론 과실로 휴대하지 아니한 경우도 처벌할 수 있다고 하고 있다. 과실범을 처벌하지 않게 되면 불법체류자를 단속할 수 없다는 것이 이 판결의 논거이다.

24) 대법원 1980.5.13. 선고 79누251 판결: "행정법규 위반에 대하여 가하는 제재조치는 행정목적의 달성을 위하여 행정법규위반이라는 객관적 사실에 착안하여 가하는 제재이므로 특별한 규정이 없는 한 원칙적으로 위반자의 고의나 과실을 요하지 않는다."

25) 대법원 1986.7.22 85도108 판결 : 행정상의 단속을 주안으로 하는 법규라 하더라도 명문규정이 있거나 해석상 과실범도 처벌할 뜻이 명확한 경우를 제외하고는 형법의 원칙에 따라 고의가 있어야 처벌할 수 있다.
대법원 1993.9.10. 92도1136 판결 : 구 대기환경보전법의 입법목적이나 제반 관계규정의 취지 등을 고려하면, 위 법 제36조에 위반하는 행위 즉, 법정의 배출허용기준을 초과하는 배출가스를 배출하면서 자동차를 운행하는 행위를 처벌하고자 하는 위 법 제57조 제6호의 규정은 고의범 즉, 자동차의 운행자가 그 자동차에서 배출되는 배출가스가 소정의 운행자동차 배출허용기준을 초과한다는 점을 실제로 인식하면서 운행한 경우는 물론이고, 과실범 즉, 운행자의 과실로 인하여 그러한 내용을 인식하지 못한 경우도 함께 처벌하는 규정이라고 해석함이 상당하다 할 것이다.

26) 대법원 1987.11.10. 선고 87도1213 판결. 2007.11.29. 헌법재판소는 고의 · 과실 유무에 관계없이 양벌규정을 적용하는 것은 책임주의원칙에 어긋난다는 이유로 「보건범죄단속에 관한 특별조치법」상 양벌규정에 대하여 위헌결정을 함으로써 종업원의 위반행위에 대하여 사업주 또는 법인이 감독을 게을리 한 과실이 있는 경우에 한하여 양벌규정을 적용할 수 있다는 것을 명확히 하였다.

다. 소결

행정형벌도 처벌의 한 종류이므로 당연히 형법상의 죄형법정주의 및 형법총칙상의 규정이 적용된다. 다만 과실범의 처벌에 관하여는 행정법이 공익의 실현을 위하여 행정주체에 우월한 법적 지위를 부여하고 있다는 특수성 등에 비춰보아 입법목적이나 제반 관계규정의 취지 등을 고려하여 해석상 과실로 인하여 위법행위를 인식하지 못하는 경우도 처벌할 뜻이 명확한 때에는 과실범에 대한 처벌도 가능하다고 할 것이다.

행정법은 형사법과는 달리 일반적으로 작위 또는 부작위의 의무를 부과하는 규범조항을 두고 이를 위반한 행위에 대해서는 별도로 처벌조항을 두는 입법형식을 취하고 있다. 행정법상 규범의 적용을 받는 자는 규범 위반행위가 발생하지 않도록 관리 · 감독할 주의의무가 있으며 위반행위 발생을 예견할 수 있음에도 불구하고 관리 · 감독을 게을리 한 경우에 과실범으로서 처벌받을 수 있을 것이다.

4-3. 행정형벌과 고발

가. 고발과 형사처벌

형사처벌은 법원의 기소에 의해서 이루어지게 되는데 법원은 지극히 일부 예외[27]를 제외하고는 검찰의 공소제기가 없는 한 공판을 할 수 없다(불고불리의 원칙). 검찰의 공소제기가 형사처벌의 필수조건인 셈인데 검찰로서는 범죄혐의가 확인되어야만 공소제기를 할 수 있다. 바로 범죄혐의를 확인하는 작업이 다름 아닌 '수사'이다.

수사기관인 검찰은 범죄 혐의가 발견되면 이를 확인하기 위해 수사를 개시하여야 한다(형사소송법 제195조). 수사기관이 범죄혐의를 발견하게 되는 형태는 크게 두 가지로 분류된다. 그 한 가지는 수사기관 스스로 혐의를 포착하는 경우이고 또 한가지는 외부에서 수사를 요청해 오는 경우이다. 그리고 외부에서 수사를 요청하는 경우가 고소

27) 형법 제123조(직권남용) · 제124조(불법체포 · 감금) · 제125조(폭행 · 가혹행위)의 범죄에 대해서는 검찰이 공소제기를 하지 않는 경우에도 법원을 통해 재정신청(형사소송법 제260조)을 함으로써 공판을 할 수 있는 길이 열려 있다.

와 고발 두 가지이다.

고소와 고발은 모두 수사기관에 범죄사실을 신고하고 범인의 처벌을 희망하는 의사표시라는 점에서는 공통적이다. 다만 고소는 피해자나 피해자의 법정대리인 등 고소권자가 의사표시를 하는 것이고, 고발은 고소권자와 범인 이외의 제3자가 수사기관에 범죄사실을 신고하고 범인에 대한 형사소추를 요청하는 것이라는 점에서 차이가 있을 뿐이다.

금융회사는 소속 직원의 횡령·배임 등의 금융사고 또는 불법여신 취급 등의 위법행위로 인하여 피해를 입은 때에 피해당사자로서 수사기관에 해당 직원의 범죄사실을 고소할 수 있다.

금융감독기관은 금융회사 직원의 위법행위에 대한 피해자가 아니므로 고소권이 없다. 따라서 금융감독기관이 수사기관에 발견된 범죄사실을 알리는 것은 '고발'에 해당된다. 수사기관도 나름대로 범죄혐의를 스스로 발견하기 위한 활동을 하고는 있지만 금융회사와 관련해서는 금융감독기관이 범죄사실을 발견할 수 있는 기회가 아무래도 훨씬 더 많게 마련이다. 그러한 면에서 금융범죄를 방지하는 중요한 수단의 한 가지인 형사처벌이 적절하게 이루어지도록 발견된 범죄사실을 빠짐없이 수사기관에 알려주는 일은 소홀히 할 수 없는 것이라고 하겠다.

나. 감독기관의 고발의무

종래 「특정경제범죄가중처벌법」 적용대상을 제외하고는 감독관련 법규에 금융회사 또는 그 임직원의 위법행위를 발견한 금융감독기관이 이를 수사기관에 고발 또는 통보할 법적 의무가 규정되어 있지 않았다. 물론 형사소송법 제234조 제2항이 "공무원은 그 직무를 행함에 있어 범죄가 있다고 사료하는 때에는 고발하여야 한다."고 규정하고 있으나 금융감독기관 종사자는 국가공무원법에 의한 공무원의 지위를 가지고 있지 않기 때문에 이 규정을 근거로 법적 고발의무를 강제할 수도 없는 일이었다. 이에 따라 그 동안 감독기관의 고발·통보조치는 업무상 횡령 등 명백한 범죄행위가 있었던 경우에만 이루어져 왔다.

그러나 금융산업 구조조정 과정에서 부실여신 발생 등에 대한 금융회사 임·직원의 형사책임문제와 적절한 형사처벌을 통한 대주주 등의 부당한 경영 간여 방지의 필요성이 대두되면서 수사기관 앞 고발 및 통보 의무가 감독관련 법규에서 일반화되었다.

즉 고발 및 통보 등을 일반적 제재수단으로 활용할 필요성이 제기되어 금융위원회 규정인「금융회사검사및제재에관한규정」(이하 "검사제재규정"이라 한다.)에서는 고발·통보 기준을 명문화하였다.

다. 수사기관 고발 및 통보 대상

금융감독원장은 금융기관 또는 그 임직원의 위법·부당행위가 금융관련법규상의 벌칙적용대상 행위로서 ① 위법·부당행위로 인한 금융사고가 사회적 물의를 야기한 경우, ② 위법·부당행위가 당해 금융기관에 중대한 손실을 초래함으로써 금융기관 부실화의 주요 요인이 된 경우, ③ 고의로 위법·부당행위를 행함으로써 법질서에 배치되는 경우 그리고 ④ 동일한 위법·부당행위를 반복적으로 행하여 금융질서를 저해할 위험이 있다고 인정되는 경우 중에서 어느 하나에 해당되어 사법적 제재가 필요하다고 인정되는 경우이거나, 횡령, 배임, 직무관련 금품수수 등 특정경제범죄가중처벌법 제3조부터 제9조, 제11조에 열거된 죄를 범하였거나 범한 혐의가 있다고 인정되는 경우에는 수사당국에 그 내용을 고발하거나 통보한다[금융회사검사및제재에관한규정시행세칙(이하"검사제재세칙") 제32조 제1항].

금융감독원장은 금융기관에 대한 검사진행 중에 상기에서 정하는 위법·부당행위가 있다고 인정하는 경우로서 ① 증거인멸 또는 도피의 우려가 있는 경우 또는 ② 사회적으로 논의되고 있는 사안으로서 즉시 조치가 필요하다고 판단되는 경우에 해당되는 때에는 검사실시부서장으로 하여금 지체없이 수사당국에 고발 등의 조치를 취하게 할 수 있다(검사제재세칙 제32조 제2항).

금융감독원장은 금융위원회가 금융산업구조개선법에 의거 부실금융기관으로 결정 또는 인정하는 경우로서 금융기관의 주요주주 또는 사실상 업무집행지시자가 부실의 주요 원인을 제공하여 관계법령에 의해 벌칙적용 대상이 되는 때에는 이들에 대해 고발하거나 통보의 조치를 취한다(검사제재세칙 제32조 제3항).

한편, 금융감독원장은 상기의 고발 또는 통보의 대상이 되는 위법·부당행위가 금융관련법규상 벌칙 및 양벌규정이 적용되는 경우로서 ① 위법·부당행위가 당해 금융기관의 경영방침 또는 당해 금융기관의 장의 업무집행 행위로 발생된 경우 또는 ② 위법

· 부당행위가 당해 금융기관의 내부통제의 미흡 또는 감독소홀에 기인하여 발생된 경우에 해당되는 경우에는 임직원에 대하여 고발 등의 조치를 하는 외에 당해 금융기관에 대하여도 고발하거나 통보의 조치를 할 수 있다. 이 경우에 그 임직원이 당해 금융기관의 경영방침 또는 지시 등을 거부한 사실 등이 인정되는 때에는 당해 금융기관에 대하여만 고발하거나 통보의 조치를 취할 수 있다(검사제재세칙 제32조 제4항).

금융감독원장이 상기의 위법 · 부당행위에 대해 고발을 할 것인지 통보를 할 것인지 여부를 결정하는 기준은 사회 · 경제적 물의가 상대적으로 크거나 위법성의 정도가 심하다고 인정되고, 위법성 · 고의성 등 범죄사실에 관하여 증거자료 · 관련자의 진술 등 객관적인 증거를 확보한 경우에는 수사당국에 고발하며, 사회 · 경제적 물의가 상대적으로 경미하거나 위법성 및 고의성의 혐의는 충분하나 검사권의 한계 등으로 객관적인 증거의 확보가 어렵다고 인정되는 경우에는 수사당국에 통보한다(검사제재세칙 제32조 제5항).

또한, 금융감독원장은 필요한 경우 당해 금융기관으로 하여금 상기의 절차에 따른 고발 또는 통보의 조치를 취하게 할 수 있다(검사제재세칙 제32조 제5항).

5. 질서벌

5-1. 과태료

가. 과태료의 의의

행정상의 질서벌은 신고 · 통지 · 등록 · 등기 등과 같은 행정법규상의 의무 위반에 대한 제재를 말한다.

그 정도가 비교적 가벼워서 직접적으로 행정목적이나 사회법익을 침해하는 데까지 이르지 않고 다만 간접 또는 2차적으로 행정상의 질서에 장애를 줄 위험성이 있는 정도의 단순한 의무위반에 대하여 과하는 일종의 벌금형으로 형법상 형벌의 종류에 포함되지 않는 제재를 보통 과태료라고 부르는 것이다. 즉 과태료는 행정상의 각종 의무위반 행위, 특히 행정상의 질서위반행위에 대하여 제재로서 국가 또는 지방자치단체에 의하여 부과되는 행정벌의 일종인 금전벌이다.

일반적으로 과태료의 부과주체는 국가이며, 지방자치단체가 과태료를 부과할 수 있는 경우에 대하여는 지방자체단체법 제20조에서 이에 관하여 규율하고 있다.

독일의 경우 질서위반행위에 대한 처벌의 관할권, 즉 과태료부과 · 징수의 주체를 행정청으로 규정하고 있는데 질서위반에 대한 소추 및 처벌권을 가지는 모든 기관을 행정청으로 보기 때문에 조직적 의미에서의 행정청이 아니더라도 과태료의 부과 및 징수 주체가 될 수 있다.

우리의 경우에도 과태료의 부과 · 징수주체를 행정청으로 국한할 필요는 없으며, 실제로 개별법상에서도 재개발조합에 대하여도 과태료부과 · 징수권을 인정하는(도시재개발법 제25조) 태도를 취하고 있다. 즉 과태료 부과를 위해서는 법률상의 명시적 근거와 행정의무 부과권 및 의무위반자에 대한 제재권을 보유하고 있어야 하는바 금융위원회가 과태료 부과 주체가 될 수 있는 것은 금융위원회가 독립된 행정청으로서의 행정행위, 즉 과태료 부과 및 징수권을 보유하고 있기 때문이다.

행정질서벌은 행정형벌 처분대상 행위에 있어 행위자의 고의나 과실과 같은 주관적 요건에 관계없이 객관적인 법규위반 사실만 있으면 과할 수 있다.

나. 과태료 부과대상자

현재 각 금융권역별 설립근거법상 보험기관의 경우 기관 · 임원 · 지배인에 대하여만 과태료를 부과할 수 있도록 규정하고 있는 반면, 은행 및 증권 · 투신 · 종금 · 여전 · 상호저축은행 등의 기관의 경우는 기관 · 임원 · 직원 모두에 대하여 부과할 수 있도록 규정하고 있어 금융권역별로 과태료 부과대상자가 상이하다. 따라서 보험업법의 적용을 받는 금융회사 직원에 대하여는 현행법상 과태료를 부과할 수 없다. 한편 은행법은 금융위원회의 승인을 받아 일정비율 이상의 은행 주식을 소유한 자가 금융위원회의 자료제출 명령에 응하지 않을 때에는 과태료를 부과할 수 있도록 규정하고 있다(은행법 제69조 제1항 제2호).

또한 금융회사 또는 그 임직원에 대하여 과태료 부과조치를 하는 경우 동일한 위법 ·

부당행위에 대한 기관제재 또는 임직원제재는 감경하거나 면제할 수 있다. 이는 행정벌인 과태료를 부과하는 경우 징계벌을 병과할 수는 있으나 양자가 공히 감독목적 실현을 위한 행정적 제재수단이고, 인·허가의 취소나 해임권고·면직 등이 위규행위자에 대한 사실상의 퇴출조치로 가장 높은 수위의 문책조치임을 감안하여 별도의 제재를 지양하겠다는 정책적인 고려로 보인다.

다. 과태료 부과 기준

과태료 부과 시에 금융업관련법상 정해진 과태료부과 대상자별 법정 최고금액을 기준금액으로 하고 위반행위의 동기 및 결과를 고려하여 법정 최고금액의 일정비율로 예정금액을 산정한다.

최종 과태료 부과금액은 위반자에게 가중 및 감경사유가 있는 경우에는 각 가중금액의 합에서 각 감경금액의 합을 차감한 금액을 예정금액의 100분의 50 범위 내에서 가감하여 최종 과태료 부과금액을 결정한다. 다만 가중하는 경우에도 법률상 최고한도액을 넘지 못한다. 또한, 예정금액의 총액이 해당 위반행위에 대한 법률상 최고한도액(위반행위를 한 자가 법인이 아닌 경우에는 법정최고금액으로 한다)의 10배를 초과하는 경우 등 일부 사항의 경우에는 예정금액의 100분의 50을 초과하여 감경할 수 있다.

▶▷ 예정금액 산출기준

동기 / 위반결과	상	중	하
중대	법정최고금액의 100%	법정최고금액의 80%	법정최고금액의 75%
보통	법정최고금액의 80%	법정최고금액의 60%	법정최고금액의 50%
경미	법정최고금액의 60%	법정최고금액의 40%	법정최고금액의 25%

※ 위반결과를 고려함에 있어 그 구분기준의 내용은 다음과 같다.

1. 중대 : 당해 또는 동일 위반행위가 언론(「방송법」에 따른 지상파방송사업자가 전국을 대상으로 행하는 방송 또는 「신문 등의 진흥에 관한 법률」에 따른 일반일간신문 중 서울에 발행소를 두고 전국을 대상으로 발행되는 둘 이상의

신문을 말한다. 이하 같다)에 공표되어 당해 금융기관은 물론 금융업계의 공신력을 실추시킨 경우 등 사회 · 경제적 물의를 야기한 경우 또는 금융기관 · 금융거래자에 손실을 초래한 경우 또는 금융기관의 건전한 운영을 위한 기본적 의무 위반 등으로 금융질서를 저해하는 경우 등을 의미

2. 보통 : '중대', '경미'에 해당하지 않는 경우를 의미
3. 경미 : 당해 또는 동일 위반행위가 언론에 공표되어 당해 금융기관의 공신력을 실추시키거나 당해 금융기관이 신뢰를 상실하여 금융상품 해지 등이 초래된 정도의 사회 · 경제적 파급효과가 없고 금융거래자에 피해가 없는 경우 등을 의미

※ 구분기준 중 위반동기의 내용은 다음과 같다.

1. 상 : 위반행위가 위반자의 고의에 의한 경우로서 위반행위의 목적, 동기, 당해 행위에 이른 경위 등에 특히 참작할 사유가 없는 경우
2. 중 : 위반행위가 위반자의 고의에 의한 경우로서 위반행위의 목적, 동기, 당해 행위에 이른 경위 등에 특히 참작할 사유가 있는 경우 또는 위반행위가 위반자의 중과실에 의한 경우
3. 하 : 상 또는 중에 해당하지 않는 경우

5-2. 과징금

가. 과징금의 의의

과징금이란 행정청이 일정한 행정법상의 의무를 위반한 자에게 경제적 이익이 발생한 경우 그 이익을 박탈하며 경제적 불이익을 과하기 위하여 그 이익액에 따라 과하여지는 일종의 행정제재금을 말한다.

과징금제도는 1980년 12월 31일 법률 제3320호로 제정된 독점규제및공정거래에관한법률(이하 '공정거래법'이라 한다.)에 처음으로 현재에도 시장지배적 사업자가 남용행위를 한 경우에 당해 사업자에 대하여 과징금을 부과 · 징수할 수 있도록 규정하고 있다(공정거래법 제6조).

과징금이 존재하는 법률로는 공정거래법(제6조), 석유 및 석유대체연료 사업법(제14조), 여객자동차운수사업법(제88조), 대기환경보전법(제37조), 수질 및 수생태계 보전에 관한 법률(제43조) 등을 들 수 있다.

이와 같은 성격의 과징금은 여러 법률에 도입되면서 조금씩 변형된 형태를 지니게 되었다.

즉 특정 법률에 근거하여 인 · 허가를 받은 자가 법률상의 의무위반을 하여 인 · 허가 사업 등을 정지하여야 할 경우에 그 사업은 계속하면서 제재적 처분에 갈음하여 과하는 금전상의 제재로써 활용되는 경향이 있다.

과징금의 성격의 이와 같은 변형은 다수 국민이 이용하는 사업이나 국가 · 사회에 중대한 영향을 미치는 사업을 시행하는 자에 대하여 영업정지 등의 처분을 하게 되면 국민생활에 주는 불편을 피하기 위한 것이다.

금융업 관련 법률에는 금융지주회사법, 은행법, 여신전문금융업법, 자본시장법, 보험업법, 상호저축은행법, 전자금융거래법, 금융소비자보호법 등에 과징금제도가 도입되어 있다.

나. 구별되는 개념

과징금은 일정한 행정법상의 의무위반에 대한 금전적 제재로 과하는 제재금이라는 점에서 벌금 또는 과태료와 다를 것이 없으나 형식상 행정벌에 속하지 않아 벌금 또는 과태료와는 다르다고 판단된다.

과징금과 범칙금은 행정법상 의무위반에 대한 금전적 제재로 과하는 행정제재금이라는 점 및 벌금이 아니라는 점에서는 같다.

그러나 과징금은 불법적인 경제적 이익을 박탈하기 위한 것이나, 범칙금은 형사벌을 과해야 할 범죄행위에 대하여 그 형사적 처벌을 유보한 채, 금전적 제재를 과하는 것이다.

부당이득세의 경우 특정 기준가격제도에 위반한 경우에 이른바 초과한 금액의 한도 내에서 이를 환수하는 구조를 갖추고 있다는 점에서 공정거래법에서 규정한 과징금 제도와 유사하다.

다. 법적 성격

1) 부당이득세 · 제재로서의 성격

과징금제도는 본래 과징금이 경제법상의 의무위반행위 자체로 얻은 불법적인 경제적 이익을 박탈하는데 있으며, 특히 공정거래법에 규정된 과징금은 정부의 가격인하명령을 전제로 이에 불응한 사업자에 대하여 인상차액에 따른 이득을 과징금으로 부과하므로 부당이득의 환수를 위한 부당이득세적 성격을 가진다고 할 수 있다.

일본의 경우 우리나라의 공정거래법에 규정된 과징금과 그 성격면에서 비슷한 "국민생활안정긴급조치법" 및 "사적독점규제및공정거래에관한법률"에서 과징금제도 채택의 목적을 '일시적인 경제적 혼란에 편승하여 일반소비자의 부담에서 이른바 과다한 이득을 취하는 행위는 사회 공평의 관념에서 일반국민감정으로 부터도 허용되지 않는 행위로서 ... 특정 표준가격제도의 실효성을 담보하는 수단으로서 행정절차에 의해 초과금액을 과징금으로 징수하는 것이 사회 공평의 이념에도 합치하는 것이다.' '위반행위에 대한 경제적 이득을 국가가 징수함으로써 위반행위자가 그것을 보유할 수 없게 하는 것이 사회적 공정의 이념에 합치한다.'고 규정하고 있다.

즉 사회적 공정을 확보하기 위하여 위반행위에 의해 얻어진 이득을 행위자에게 남기지 않는, 부당한 이득은 환수한다는 점을 과징금제도의 성격으로 규정 지우고 있다.

따라서 이와 같이 과징금은 부당한 이득을 박탈하는 것이므로 형벌적인 성격은 없게 되며 과징금과 형벌을 병과하더라도 이중처벌의 문제가 발생하지 않는다고 한다.

형벌의 경우에는 불이익을 부여하는 것 자체가 그 행위의 목적이 되나, 과징금과 같은 것은 불이익을 부여하는 것 자체가 목적이 되는 것은 아니다.

2) 과태료로서의 성격

과태료를 단순히 행정목적 달성에 방해가 될 우려가 있는 행위에 대한 제재가 아니라 좀 더 넓은 의미의 것으로 파악하여 과징금이 과태료로서의 성격을 지니는 것이라는 견해가 있다. 즉 앞에서 언급한 변형된 과징금제도와 관련하여 영업의 성질상 영업정지가 불가능한 업종에서 영업정지제도가 실효성이 없어 행정제재의 실효성을 높이기 위한 수단으로서 제도화된 행정기관이 과하는 과태료의 일종이라는 것이다.

그러나 과징금은 사업정지처분에 갈음하는 것이고 사업정지처분의 대상이 되는 행위는 대부분 징역 또는 벌금의 행정형벌에 해당하는 내용을 포함하고 있으므로 그러한 행위를 전부 도덕적으로 비난할 수 없는 행위라고 볼 수 없기 때문에 과태료가 가지는 성질과는 상이한 측면을 지닌다.

또한 과징금을 최근의 입법경향인 행정형벌의 과태료전환과는 달리 위반행위의 평가에 따라 규정된 것이 아니라, 사업정지처분에 갈음한다는 원칙에서 입법화되었기 때문에 과태료의 정의를 위와 같이 넓게 파악하더라도 그의 개념범위 안에 포함된다고 보기에는 무리가 있다.

3) 속죄금으로서의 성격

변형된 과징금제도에서 규정하고 있는 것처럼 일정한 행정법규를 위반한 자가 사업정지처분의 대상이 될 때, 이에 갈음하여 행정기관이 그 불이익처분을 면제하는 대신 일정 금액의 납부를 명한다는 측면에서 본다면 과징금은 일종의 속죄금으로서의 성격을 가진다고 보는 견해가 있다.

그러나 과징금제도는 그 유형이 어떠하든 입법취지 면에서 볼 때 행정상의 목적을 달성하기 위한 수단 내지 유형성 담보수단으로서 위치하고 있다는 점에서 일종의 제재적 성격을 지니고 있다.

여기에서 제재라는 용어의 의미는 형벌에서의 제재와는 달리 응보적인 성격을 가지는 것이 아니라, 어떠한 행정상의 목적을 달성하기 위한 수단으로서 사용하는 것이기 때문에 일반 행정질서벌 내지 행정형벌과 같은 선상에 있는 것으로 과징금을 판단할 수 없다.

4) 재원확보금으로서의 성격

과징금은 벌금과는 달리 국고에 귀속되지 아니하는 경우가 있으며, 그 분야의 행정목적을 달성하기 위하여 직접 쓰여지고 있다는 점에서 수입증대 내지 특정사업의 경비를 확보하기 위한 수단으로 활용되고 있다는 점에서 재원확보금으로 파악하는 견해가 있다.

그러나 과징금제도의 입법취지는 행정법규의 위반에 대한 제재제도의 합리화에 목표를 두어 공익 및 사업이용자의 이익을 도모하기 위하여 도입한 제도이며, 단순히 행정편의주의에 입각하여 고안된 제도가 아니다.

과징금이 벌금이나 과태료와 같은 제재적 성격을 지니고 있다. 또한 살핀 바와 같이 이미 과태료라든지 벌금의 경우에도 과징금과 동일하게 행정상 의무위반 시 장래의 이행을 확보하기 위한 수단으로 사용되고 있다.

따라서 과징금 제도를 새롭게 입법론적으로 평가하여 영업이익을 환수하는 것과 영업정지 내지 취소에 갈음하여 가벌성 정도에 따라 제재를 가하는 것을 구분할 필요가 있다.

한편 과징금은 위법한 이익을 박탈한다는 색채가 짙은 제도이므로 형사벌을 대체할 수 있는 수단으로 사용되고 있는 미국의 민사벌 제도와는 차이가 있다.

과징금이 법정액과 부과액이 형벌의 벌금 액수를 넘어선다는 경우가 있는 점과 행정청이 1차적 부과대상이며 불복할 시 법원의 재판으로 해결한다는 점 등이 미국의 민사벌과 유사하게 운용되고 있다.

전통적인 형사처벌의 대상이 되는 행위 등과는 달리 현대의 환경법 내지 여타 행정법령에 존재하는 제재규정들은 행위 자체의 반윤리성이 낮고 오히려 새롭게 등장한 행정목적을 달성하기 위한 수단으로 사용되는 경우가 많다.

따라서 행정상의 의무의 위반행위에 대하여 전통적인 징역형과 같은 제재수단을 동원하는 것은 적절하지 못한 것으로 보이며 예방적 측면이 강조되는 행정법상 위법행위에 대하여는 금전벌이 가장 어울리는 제재수단으로 판단된다.

한편 과징금은 형사적 제재인 벌금의 일반적인 액수를 넘는 정도로 부과할 가능성이 많은 만큼 행정기관이 과징금을 부과하는 절차 면에서도 부과대상자의 이익을 충분히 보장해야 할 것이다.

라. 외국의 금전적 제재 제도

미국의 금융감독당국은 법규위반행위에 대하여 민사금전벌(Civil Money Penalty) 제도를 광범위하게 사용하고 있다. 통화감독청(OCC), 연방준비은행, 연방예금보험공사는 금융회사의 금융관련법 위반행위에 대하여 민사금전벌을 부과할 수 있다. 1989년 8월 금융회사개혁갱생제재법(the Financial Instituitons Reform, Recovery, and Enforcement Act of 1989)은 민사금전벌의 적용대상범위를 금융회사 관계인(institution-affiliated party)까지 대폭 확대하였다. 금융회사 관계인에는 내부자, 지배력을 행사하는 기타의 자, 금융회사의 업무에 참가하는 자 및 독립계약자 등 4가지 범주의 법인 및 개인이 포함된다.

영국은 금융서비스시장법(Financial Services and Markets Act of 2000)에 의하여 금융회사 및 그 임직원에 대하여 금전벌(Financial Penalty)를 부과할 수 있다. 금전벌 부과대상이 되는 임직원은 지배구조, 내부통제, 경영의사결정, 대고객담당 및 기타 필수업무 등 통제기능(controlled function)를 담당하는 자로서 금융감독청(FSA)으로부터 그 자격을 승인받은 자를 말한다.

미국 및 영국의 금전적 제재는 우리나라와 달리 그 부과대상 행위를 금융업 관련 법규 위반 뿐만 아니라 금융회사의 불안전 · 불건전 영업행위(unsafe or unsound practices) 및 감독당국과 맺은 합의사항(written agreement) 위반까지 포함하여 포괄적으로 정하고 있는 점이 특징이다. 또한 금융회사의 임직원 및 금융회사 관계자까지 금전적 제재의 대상으로 하고 있어 제재의 실효성을 확보하고 있다.

마. 과징금 부과기준

검사제재규정 〈별표2〉에 과징금의 부과기준은 아래와 같이 규정되어 있다.

1) 과징금 산정방식

① 과징금 부과의 기초가 되는 기순금액을 산성

② 기준금액에 법에서 정한 부과비율을 곱하여 법정부과한도액 산정

③ 법정부과한도액에 기준금액에 따라 적용되는 기본부과율을 곱하여 기본과징금을 산정

④ 위반자에게 가중 · 감경사유가 있는 경우에는 이에 따라 기본과징금을 조정

⑤ 그 밖에 위반자의 특수한 사정, 금융시장 및 경제여건 등을 고려하여 최종적으로

부과할 부과과징금 결정

⑥ 금융업관련법령 및 감독규정에서 업권별 · 위반행위 유형별로 별도의 기준을 정하는 경우 그 기준에 따름. 이 경우 그 근거를 검사결과 조치안에 명시

2) 기준금액과 법정부과한도액의 산정

기준금액은 법정부과한도액 산정의 기초가 되는 금액으로서 과징금 부과근거가 되는 각 금융업법에서 정한 위반금액(위반행위가 신용공여 관련사항으로서 하나의 신용공여가 여러 위반행위를 구성하는 경우 당해 신용공여는 위반금액에 중복하여 포함하지 아니한다.)을 말하며, 위반행위가 일정기간 지속된 경우에는 그 기간중 위반금액의 최고액을 기준금액으로 한다.

법정부과한도액은 기준금액에 각 금융업법에서 정한 부과비율(법정최고부과비율)을 곱한 금액을 말한다.

3) 기본과징금의 산정

가) 금융지주회사(자회사 등 포함), 은행(은행법상의 금융회사), 보험회사(특별이익제공관련 위반행위 제외), 증권회사, 자산운용회사, 선물회사, 상호저축은행, 종합금융회사의 경우에는 법정부과한도액에 아래 표의 단계별 기본부과율을 각각 곱한 금액을 합산하여 기본과징금을 산정한다.

[표 2-14] 부과기준율표

중대성의 정도	세부평가 기준표에 따른 산정점수	부과기준율
매우 중대한 위반행위	2.3이상	100%
중대한 위반행위	1.6이상 2.3미만	75%
중대성이 약한 위반행위	1.6미만	50%

※ 세부평가 기준표에서 고려되지 않거나 세부평가 기준표와 다르게 고려할 사유(해당 사유가 가중 또는 감면사유와 중복되는 경우는 제외한다)가 있는 경우에는 부과기준율에 10%를 가감하여 비율을 달리 결정할 수 있다. 다만, 이 경우 그 사유를 검사결과 조치안에 명시하여야 한다.

[표 2-15] 세부평가 기준표

참작사항		비중	상(3점)	중(2점)	하(1점)
위반행위내용	위반행위동기	0.2	위반행위가 위반자의 고이에 익한 경우루서 위반행위의 목적, 동기, 당해 행위에 이른 경위 등에 특히 참작할 사유가 없는 경우	위반행위가 위반자의 고의에 의한 경우로서 위반행위의 목적, 동기, 당해 행위에 이른 경위 등에 특히 참작할 사유가 있는 경우 또는 위반행위가 위반자의 중대한 과실에 의한 경우	상(3점) 또는 중(2점)에 해당되지 않는 경우
	위반행위방법	0.2	위반행위의 방법 및 수단을 고려할 때, 부당성이 현저히 큰 경우	위반행위의 방법 및 수단을 고려할 때, 부당성이 경미하지 않은 경우	상(3점) 또는 중(2점)에 해당되지 않는 경우
위반행위정도	부당이득규모	0.2	위반기간, 위반금액, 거래조건, 위반자의 재무현황 등을 고려할 때, 위반행위로 현저한 경제적 이득을 취하였거나 취할 가능성이 큰 경우	위반기간, 위반금액, 거래조건, 위반자의 재무현황 등을 고려할 때, 위반행위로 경미하지 않은 수준의 경제적 이득을 취하였거나 취할 가능성이 큰 경우	상(3점) 또는 중(2점)에 해당되지 않는 경우
	피해규모	0.2	위반기간, 위반금액, 당해 금융기관의 재무현황, 기회비용 등을 고려할 때, 금융기관 또는 금융거래자에게 현저한 손해를 입혔거나 입힐 가능성이 큰 경우	위반기간, 위반금액, 당해 금융기관의 재무현황, 기회비용 등을 고려할 때, 금융기관 또는 금융거래자에게 경미하지 않은 수준의 손해를 입혔거나 입힐 가능성이 큰 경우	상(3점) 또는 중(2점)에 해당되지 않는 경우

참작사항 \ 부과수준		비중	상(3점)	중(2점)	하(1점)
위반행위 정도	시장에 미치는 영향	0.1	당해 위반행위로 인해 금융시장 안정성이나 신용질서의 침해 · 훼손 정도가 현저히 큰 경우	당해 위반행위로 인해 금융시장 안정성이나 신용질서의 침해 · 훼손 정도가 경미하지 않은 경우	상(3점) 또는 중(2점)에 해당되지 않는 경우
위반기간 및 횟수		0.1	위반기간이 2년을 초과하거나 과징금 부과처분을 받은 날로부터 5년 이내에 기존의 과징금 부과처분과 동일한 법규위반 행위를 2회 이상 한 경우	위반기간이 1년을 초과하거나 과징금 부과처분을 받은 날로부터 5년 이내에 기존의 과징금 부과처분과 동일한 법규위반 행위를 한 경우	상(3점) 또는 중(2점)에 해당되지 않는 경우

※ 위반행위가 세부 참작사항별 부과수준 중 두 가지 이상에 해당하는 경우에는 높은 점수의 부과수준을 적용한다.

※ 부당이득 규모는 위반자가 제3자(「금융회사의 지배구조에 관한 법률」 제2조에 따른 특수관계인에 한정한다)로 하여금 취득하도록 한 부당이득을 포함한다.

※ 산정점수는 참작사항별 비중치에 부과수준별 점수를 곱한 후 각 점수를 합하여 산출하며, 참작사항별 부과수준의 세부평가에 대한 예시는 아래와 같다.

(1) 위반행위 동기 : 위반자가 고의로 위반행위를 하였으나 금융거래자의 피해 발생을 방지하거나 정부 정책에 적극 협조하려는 목적이 있는 경우 등 ☞ 중(2점)

(2) 위반행위 방법 : 위반행위가 금융기관 내 조직적으로 이루어진 경우, 소속 임원이 주된 행위자로서 위반행위에 직접 관여한 경우 등 ☞ 상(3점)
위반행위가 조직적으로 이루어지지는 않은 경우 등 ☞ 중(2점)

(3) 부당이득 규모 : 신용공여, 채권 · 주식 취득, 비업무용 부동산 소유 등 위반금액 대비 위반으로 인한 수익(제3자가 취득한 수익을 포함) 비율이 위반기간 동안 위반자의 자기자본순이익률(당기순이익/자기자본)보다 큰 경우 등 ☞ 상(3점)
위반금액 대비 위반으로 인한 수익(제3자가 취득한 수익을 포함) 비율이 위반기간 동안 위반자의 총자산순이익률(당기순이익/총자산)보다 큰 경우, 정상적인 거래조건보다 유리한 조건으로 부당이득을 취득한 경우, 부당이득이 위반기간 동안 영업수익의 1%(또는 당기순이익의 10%)보다 큰 경우 등. 다만, 부당이득이 10억 원(자기자본 1.5조 원 미만 시 3억 원) 이하인 경우에는 하(1점)로 볼 수 있다. ☞ 중(2점)

(4) 피해규모 : 당해 금융기관의 손해액(예상액 포함)이 규정 제17조 제1항 제7호 다목(1)이 정하는 금액을 초과하거나 이에 준하는 경우 등 ☞ 상(3점)
당해 금융기관의 손해액(예상액 포함)이 10억 원(자기자본이 1.5조 원 미만인 경우에는 3억 원)을 초과하는 경우, 금융거래자에게 피해가 발생하였고 비교적 단기간에 피해회복이 어려운 경우 등 ☞ 중(2점)

(5) 시장에 미치는 영향 : 당해 또는 동일 위반행위가 언론(「방송법」에 따른 지상파방송사업자가 전국을 대상으로 행하는 방송 또는 「신문 등의 진흥에 관한 법률」에 따른 일반일간신문 중 서울에 발행소를 두고 전국을 대상으로 발행되는 둘 이상의 신문을 말한다. 이하 같다)에 공표되어 당해 금융기관은 물론 금융업계의 공신력을 실추시킨 경우 등 ☞ 상(3점)
당해 또는 동일 위반행위가 언론에 공표되어 당해 금융기관의 공신력을 실추시키거나 당해 금융기관이 신뢰를 상실하여 금융상품 해지 등이 초래된 경우 등 ☞ 중(2점)

4) 기본과징금의 조정

가) 일반원칙

기본과징금의 조정은 기본과징금에 각 가중비율을 곱한 금액의 합에서 각 감경비율을 곱한 금액의 합을 차감하여 조정금액을 산정하고 그 금액을 기본과징금에 가감하는 방법으로 한다.

조정금액은 기본과징금의 100분의 50을 초과할 수 없으며, 조정 후 과징금은 각 금융업법에서 정한 법정부과한도액 기타 법에서 정한 한도액을 초과할 수 없다.

나) 가중사유 및 비율

위반행위로 인하여 취득한 부당이득액을 합리적으로 산정할 수 있고 그 부당이득액이 기본과징금보다 큰 경우에는 그 초과차액만큼 가중할 수 있다. 보험회사가 특별이익을 제공한 경우, 특별이익 제공금액이 기본과징금보다 큰 경우에는 그 차액을, 특별이익 제공을 약속한 경우, 특별이익 제공 약속금액의 50%가 기본과징금보다 큰 경우에는 그 차액을 각각 가중할 수 있다.

다) 감경 사유 및 비율

위반행위를 감독기관이 인지하기 전에 스스로 시정 또는 치유한 경우에는 기본과징금의 100분의 50이내에서 감경할 수 있다. 위반행위를 감독기관이 인지하기 전에 자진하여 신고하는 등 검사에 적극적으로 협조한 경우에는 기본과징금의 100분의 50이내에서 감경할 수 있다.

동일 또는 유사한 위반행위의 방지를 위한 자체감사 또는 내부통제 시스템을 갖추어 시행하거나 대책을 마련하여 이행하는 등 상당한 주의 및 감독을 한 것으로 인정되는 경우에는 기본과징금의 100분의 50이내에서 감경할 수 있다.

금융기관검사 및 제재에 관한 규정 시행세칙 제50조 제2항 각호의 1에 해당하는 공적이 있거나 감독기관으로부터 경영실태평가를 1등급으로 평가받은 경우에는 기본과징금의 100분의 10이내에서 감경할 수 있다.

규정 제23조 제1항에 의거 제재를 감경하거나 면제하는 경우에는 기본과징금의 100분의 10이내에서 감경할 수 있다. 다만, 제26조에 의거 제재를 감면하는 경우에는 기본과징금의 100분의 50이내에서 감경할 수 있다.

5) 부과과징금의 결정

■ 위반자에게 아래와 같은 사정이 있어 과징금 부과가 법위반의 방지 또는 제재목적 달성에 필요한 범위를 벗어나 현저하게 과중하다고 인정되는 경우에는 가중 · 감경 사유 조정후 과징금의 100분의 50이내에서 감액할 수 있다.

① 금융위원회 또는 금융감독원장으로부터 경영개선권고 또는 경영개선요구 조치를 받은 경우

② 위반자의 자산, 자기자본 등 재무상황에 비추어 위반자가 과징금을 부담할 능력이 현저히 부족하다고 객관적으로 인정되는 경우

③ 기타 위 (1) 내지 (2)에 준하는 특별한 사유가 있어 과징금의 감액이 불가피하다고 인정되는 경우

■ 가중 · 감경 사유 조정후 과징금이 위반자의 직전 사업연도 종료일 현재의 대차대조표에 표시된 자본금 또는 자본총액 중 큰 금액의 10%를 초과하는 경우에는 그 초과부분 이내에서 감액할 수 있다.

■ 위반행위로 인하여 취득한 부당이득액을 합리적으로 산정할 수 있고 가중 · 감경 사유 조정후 과징금이 부당이득액의 10배를 초과하는 경우에는 그 초과부분 이내에서 감액할 수 있다. 다만, 해당 감액사유는 금융위원회가 특별히 인정하는 경우에 한하여 적용하며, 금융감독원장은 금융위원회에 과징금 부과를 건의할 때에 해당 감액사유를 고려하지 아니한다.

■ 위반자에게 아래와 같은 사정이 있어 과징금의 징수가 사실상 불가능하다고 인정되는 경우에는 과징금을 부과하지 아니할 수 있다.

① 금융위원회로부터 경영개선명령 조치를 받은 경우 또는 이에 준하는 사유가 발생한 경우

② 위반자의 지급불능, 지급정지 또는 자본잠식 등의 사유로 위반자가 과징금을 납부할 능력이 없다고 객관적으로 인정되는 경우

③ 금융산업의 전반적인 사정 또는 여건의 변화로 위반자의 과징금 납부가 사실상 불가능하다고 인정되는 경우

■ 기타

① 위반행위로 인한 금융거래자 등의 피해를 배상한 경우에는 그 배상액 범위내에서 과징금을 감액할 수 있다.

② 동일한 위반행위에 대하여 형벌 · 과징금 · 과태료 등 실효성 있는 제재조치를 이미 받은 경우에는 그 제재에 상응하는 과징금을 부과하지 아니할 수 있다.

③ 기준금액이 경미하고 위반기간이 5영업일 이내인 경우에는 과징금을 부과하지 아니할 수 있다.

④ 조정후 과징금이 1백만 원 이하인 경우에는 과징금을 부과하지 아니할 수 있다.

⑤ 공무원(금융감독원장을 포함한다)의 서면회신이나 행정지도, 기타 공적인 견해표명에 따라 위법행위를 행한 경우 등 자신의 행위가 위법하지 아니한 것으로 오인하고 행한 행위로서 그 오인에 정당한 사유가 있는 경우에는 과징금을 부과하지 아니할 수 있다.

⑥ 고의나 중대한 과실이 아닌 사소한 부주의나 오류로 인한 위반행위로서 금융기관 또는 금융거래자에 미치는 영향이 없거나 미미한 경우에는 견책 · 주의 또는 시정조치 등으로 갈음할 수 있다.

6) 기타

부과과징금을 결정함에 있어서 1백만 원 단위 미만의 금액은 절사한다.

6. 행정제재

6-1. 의의

행정법 위반행위에 대하여 행정형벌, 금전적 제재 이외에 해당 위반행위자에 대하여 소관 행정청은 인 · 허가 또는 등록의 취소, 면허 · 자격의 정지 등의 행정제재를 할 수 있다. 금융회사의 경우에는 금융감독당국이 해당 금융회사의 소속 임직원에 대해서도 신분상 제재조치를 할 수 있다.

6-2. 제재의 종류

금융업관련법상 금융위원회 및 금융감독원이 금융회사의 법규 위반행위에 대해여 가할 수 있는 제재의 유형은 제재의 대상에 따라 분류된다.

기관에 대한 제재로는 영업의 인가 · 허가 또는 등록의 취소, 영업 · 업무의 전부 정지, 영업 · 업무의 일부 정지, 영업점의 폐쇄, 영업점 전부 또는 일부의 정지, 위법 부당행위 중지조치, 계약이전의 결정, 위법내용의 공표 또는 게시 요구, 기관경고, 기관주의가 있다.

이들 기관에 대한 제재 가운데 과거 실무상 가장 빈번하게 취해졌던 것은 문책기관경고와 주의적 기관경고 두 가지였으나, 2004년 3월 이 두 제재가 기관경고로 단일화되었다. 영업 인허가 취소나 영업점 폐쇄 등의 조치는 위법행위가 매우 중대한 경우 취해지고 있다.

기관주의는 과거 지적사항의 하나로서 행하여지던 '주의사항'의 성격을 2005년 8월 '기관주의'와 '개인주의요구'로 명확하게 구분한 것으로서 내부통제체계 또는 경영방침 등에 기인한 경미한 위반행위로서 업무성격상 기관에 대하여 조치할 필요가 있는 경우에 적용된다.

임원에 대한 제재로는 해임권고, 업무집행 정지, 문책경고, 주의적 경고, 주의가 있다. 직원에 대한 제재로는 면직, 정직, 감봉, 견책, 주의가 있다. 직원에 대한 제재의 경우 금융감독원은 직원의 부당 · 위법사실을 당해 금융회사의 장에게 통지하여 적의조치하도록 의뢰하거나 금융위원회에 제재조치를 취할 것을 건의할 수 있다.

6-3. 제재종류별 제재주체

금융회사 및 그 임직원에 대한 제재종류별 조치권자는 각 금융업관련법에서 정하고 있다. 대체로 금융회사에 대한 인 · 허가 취소, 영업정지 또는 위반행위 시정명령, 임원에 대한 해임권고 등 해당 기관 및 당사자에게 영업상 또는 신분상 중대한 영향을 미치는 제재조치의 경우는 금융위원회가 조치를 하며 금융회사에 대한 기관경고, 임원에 대한 경고 및 직원에 대한 제재는 금융감독원장이 조치하고 있다. 그러나 보다 세부적인 사항은 금융회사의 규모와 특성 등에 따라 다소 상이하게 운용되고 있다.

제4절

여신관련 제재의 주체

1. 개설

금융회사의 여신운용과 관련된 위법 · 부당행위에 대하여 행정제재를 가하는 주체로는 금융위원회법에 의거하여 설립된 금융위원회와 금융감독원의 두 개 조직이 있다.

이 가운데 금융위원회는 국무총리 소속 기관으로서 위원장과 부위원장 각 1인 그리고 기획재정부차관, 금융감독원장, 예금보험공사 사장, 한국은행 부총재, 금융위원회 위원장이 추천하는 금융전문가 2인, 대한상공회의소 회장이 추천하는 경제계대표 1인 등 9명으로 구성된다. 금융회사에 대한 대부분의 행정제재는 금융위원회에서 취한다.

이에 비해 금융감독원은 금융회사에 대한 실제 검사 · 감독업무를 수행하는 기관이다. 금융회사 및 임직원에 대한 경미한 행정제재는 금융감독원장이 독자적으로 취할 수 있으나 그 밖의 대부분의 조치는 금융위원회에 건의하여 금융위원회가 취하도록 되어 있다.

2. 금융위원회

2-1. 금융위원회의 설립

가. 금융위원회의 설립 경과

1997년 1월 발족된 대통령 직속의 금융개혁위원회가 1997년 6월 "금융개혁 보고서"를 통해 은행감독원, 증권감독원, 보험감독원 및 신용관리기금으로 분산되어 있던 금융감독체계를 하나로 통합하도록 권고하였다. 1997년 6월 정부는 금융감독위원회와 금융감독원을 설치하여 금융감독을 일원화하는 것을 주요내용으로 하는 금융감독기구설치등에관한법률안을 국회에 제출하였으며 1997년 12월 29일 동법안이 국회를 통과하였다. 1998년 4월 1일 국무총리 소속 하에 금융감독위원회를 설립하였다. 금융감독위원회는 2008년 3월 정부조직 개편에 따라 재정경제부(현 기획재정부)의 금융정책 기능을 통합하여 금융위원회로 바뀌었다.

나. 금융위원회의 설립 배경

금융의 자율화, 개방화 등으로 금융의 범세계화가 급속히 진전됨에 따라 건전성 감독기준, 회계 및 공시에 관한 규칙 등 각종 감독기준의 국제적 적합성이 요구되며 금융회사의 업무영역의 확대, 복합금융상품의 출현 등 금융회사의 겸업화(universal banking)가 진전됨으로써 이를 총괄할 수 있는 효율적인 감독기구의 출현이 요청되었다. 영국, 일본, 호주 등 선진국은 이와 같은 금융환경의 변화에 대응하기 위해 이미 금융감독기구를 통합하였다.

국제통화기금(IMF)은 1997년 12월 구제금융 양해각서 체결 시 특수은행을 포함한 은행 증권 보험 등 모든 기관을 감독하는 기구를 설치하도록 강력히 권고함과 동시에 통합기구에 운영 및 예산상의 자율성을 보장하고, 부실금융회사를 효과적으로 처리하는 데 필요한 모든 권한을 부여하며, 감독 · 검사의 사각지대 발생을 방지하고, 대형금융사고(예: 한보, 기아사태)의 사전예방 및 신속한 사후관리를 강화하도록 권고하였다.

IBRD는 1998년 10월 제2차 구조조정 차관자금 도입에 따른 정책 프로그램 합의서에서 금융감독기구의 독립성 강화와 통합적 감독을 권고하고 감독 기관의 통합완료와 시중은행에 대한 감독제도를 모든 비은행 금융회사에 적절히 확대 적용하도록 하였다.

그러나 금융감독체제와 관련하여 정책기능은 기획재정부에 감독기능은 금융감독위원회로 분리되어 있어 금융현안에 대한 신속하고 효율적인 대응이 어렵다는 문제점이 지적되어 왔다. 이에 따라 2008년 1월 제17대 대통령직 인수위원회는 정부조직과 기능개편방안의 하나로 기획재정부의 금융정책기능(공적자금관리위원회, 금융정보분석원 포함)을 통합하여 금융위원회를 설립하고 금융위원회 위원장과 금융감독원장의 겸임을 금지하여 정책기능과 집행기능을 분리하기로 결정하였다. 이에 따라 2008년 2월 “금융감독기구의설치등에관한법률”을 “금융위원회의 설치 등에 관한 법률”로 개정하였으며 2008년 3월 총리령으로 “금융위원회와 그 소속기관 직제”에 대한 시행규칙이 발표되면서 금융위원회가 출범하였다.

2-2. 금융위원회의 조직 및 구성

가. 금융위원회

금융위원회는 위원장 · 부위원장 각 1인과 기획재정부차관, 금융감독원 원장, 예금보험공사 사장, 한국은행 부총재, 금융위원회 위원장이 추천하는 금융전문가 2인, 대한상공회의소 회장이 추천하는 경제계대표 1인 등 9인의 위원이 구성원이 된다(금융위원회법 제4조 제1항).

금융위원회 위원장 및 대한상공회의소 회장이 추천하는 위원은 대통령령이 정하는 바에 따라 당해 추천기관의 추천을 받아 대통령이 임명한다(금융위원회법 제4조 제2항).

위원장 · 부위원장 및 추천위원의 임기는 3년으로 하며, 1차에 한하여 연임할 수 있다. 임명직 위원에 결원이 있는 때에는 새로 임명하되, 새로 임명된 위원의 임기는 임명된 날부터 기산한다(금융위원회법 제6조).

나. 금융위원장

금융위원회 위원장은 국무총리의 제청으로 대통령이 임명하며, 금융위원회 부위원장은 위원장의 제청으로 대통령이 임명한다(금융위원회법 제4조 제2항). 위원장은 금융위원히를 대표하며, 금융위원회의 회의를 주재하고 사무를 통할한다. 위원장이 부득이한 사유로 인하여 직무를 수행할 수 없는 때에는 부위원장, 금융위원회가 미리 정한 위원의 순위로 위원장의 직무를 대행한다(금융위원회법 제5조).

다. 금융위원회의 조직 구성※

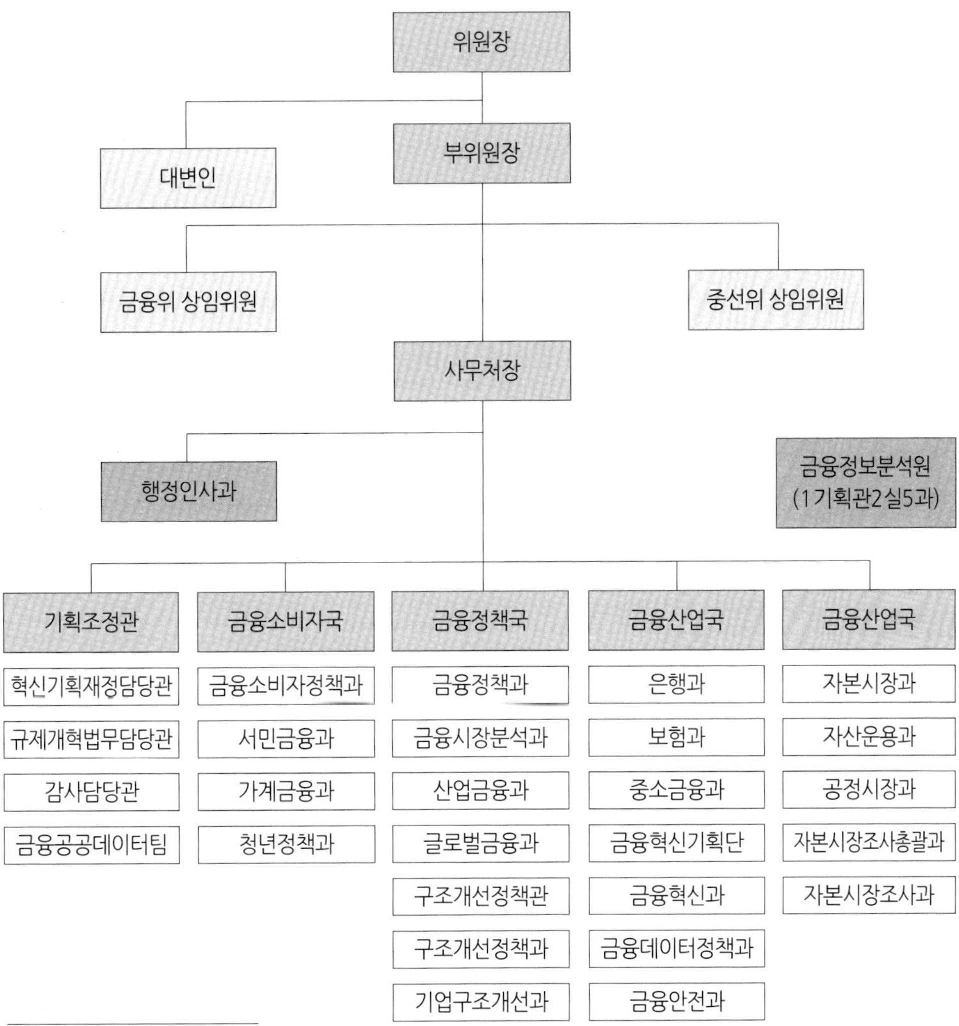

※2024.2월말 기준, 금융위원회 홈페이지

2-3. 금융위원회의 운영

가. 회의

금융위원회의 회의는 3인 이상의 요구가 있는 때에 위원장이 소집하며 다만, 위원장은 단독으로 회의를 소집할 수 있다(금융위원회법 제11조 제1항). 금융위원회의 회의의 의결방법은 특별한 규정이 있는 경우를 제외하고는 재적위원 과반수의 출석과 출석위원 과반수의 찬성으로 의결한다(금융위원회법 제11조 제2항). 금융위원회 위원은 3인 이상의 찬성으로 의안을 제의할 수 있으나 다만, 위원장은 단독으로 의안을 제의할 수 있다(금융위원회법 제11조 제3항).

금융위원회가 의결하는 경우에는 의결서를 작성하며, 의결에 참여한 위원이 기명 날인 또는 서명을 하고 금융위원회가 정하는 바에 따라 의사록을 공개하여야 한다.

나. 긴급조치

한편, 금융위원회 위원장은 내우 · 외환 · 천재 · 지변 또는 중대한 금융경제상의 위기에 있어서 금융감독에 관한 긴급조치가 필요한 경우로서 금융위원회를 소집할 시간적 여유가 없을 때에는 금융위원회의 권한범위 안에서 필요한 조치를 취할 수 있으며(금융위원회법 제14조 제1항), 위원장은 위의 긴급조치를 취하였을 때에는 지체없이 금융위원회의 회의를 소집하고 그 내용을 보고하여야 하며(금융위원회법 제14조 제2항), 금융위원회는 긴급조치를 확인 · 수정 또는 정지할 수 있다(금융위원회법 제14조 제13항).

다. 소위원회

위원회는 위원회가 선정하는 과제 등에 대한 사전 검토 등을 하게 하기 위하여 필요한 경우 소위원회를 구성하여 운영할 수 있다(금융위원회운영규칙 제14조의2 제1항) 소위원회의 위원은 위원회가 위원회의 위원 중에서 선임하며, 소위원회의 위원 중에서 주관위원을 선임한다(금융위원회운영규칙 제14조의2 제2항). 주관위원은 소위원회의 회의를 소집 · 주재하며 의안의 심의 등이 끝난 후에는 그 결과를 위원회에 보고하여야 한다(금융위원회운영규칙 제14조의2 제3항).

라. 증권선물위원회

금융위원회는 증권 · 선물의 특수성을 감안하여 내부에 별도의 행정위원회인 증권선물위원회를 둔다. 증권선물위원회는 내부자거래나 시세조종 등 불공정거래에 대한 조사 · 조치권과 금융위원회의 증권 · 선물 관련 규정과 조치에 대한 사전심의권을 가지고 있으며 기업회계기준 및 회계처리에 관한 업무를 관장한다. 증권 · 선물위원회는 5인으로 구성되고 위원장은 금융위원회 부위원장이 겸임하고 4인은 금융위원장의 추천으로 대통령이 임명한다.

2-4. 금융위원회의 여신관련 권한 및 업무범위

가. 금융감독

금융위원회는 법령이 규정하는 바에 따라 금융회사에 대한 감독과 관련된 규정을 제 · 개정하며 금융회사에 대한 검사 · 제재와 관련된 주요사항 등을 심의 · 의결한다(금융위원회법 제17조).

나. 금융감독원에 대한 지시 · 감독

금융위원회는 이 법과 다른 법령이 규정하는 바에 따라 금융감독원의 업무 · 운영 · 관리에 대하여 지시 · 감독을 하며, 금융감독원의 정관변경 및 예산 · 결산을 승인하며 금융감독원의 조직 및 기구에 관한 사항, 금융감독원 직원의 보수기준, 기타 금융감독원을 지시 · 감독하기 위하여 필요한 사항을 심의 · 의결한다(금융위원회법 제18조).

금융위원회는 사무를 처리하기 위하여 사무처를 둔다. 금융위원회와 증권선물위원회는 금융감독의 효율성을 제고하기 위하여 필요한 경우에는 「금융위원회의 설립에 관한 법률」 또는 다른 법령에 따른 권한의 일부를 금융감독원장에게 위탁할 수 있다.

3. 금융감독원

3-1. 구성

금융감독원은 금융위원회와 증권 · 선물위원회의 지도 · 감독을 받아 금융회사의 검사 · 감독업무를 수행하기 위해 설립된 무자본특수법인이다. 금융감독원은 금융회사의 업무 및 재산상황에 대한 검사, 검사결과에 따른 이 법과 다른 법령의 규정에 의한 제재, 기타 이 법과 다른 법령에서 금융감독원이 수행하도록 하는 업무 등을 수행한다. 금융감독원은 1인의 원장, 4인 이내의 부원장, 9인 이내의 부원장보와 1인의 감사를 둔다.

금융감독원장은 금융위원회의 의결을 거쳐 금융위원장의 제청으로 대통령이 임명하며 임기는 3년이고 1차에 한하여 연임할 수 있다. 금융감독원 부원장은 금융감독원장의 제청으로 금융위원회가 임명한다.

금융감독원장은 금융위원회에 안건 상정을 요청할 수 있고 금융위원장은 특별한 사유가 없는 한 이에 응하여야 한다. 금융감독원은 감독업무에 필요한 규칙을 제정 또는 변경할 수 있고 이 경우 금융위원회에 즉시 보고하여야 한다. 금융위원회는 동 규칙이 위법하거나 부당한 경우에는 시정을 명할 수 있다.

또한, 금융소비자보호 강화를 위해 금융소비자보호처가 설치되어 있다. 금융소비자보호처는 금융소비자의 피해를 사전적으로 예방하는 부서와 사후적으로 금융분쟁조정, 민원처리 등의 업무를 담당하는 부서로 나누어 있다.

3-2. 여신관련 업무범위와 권한

가. 검사대상 기관의 업무 및 재산상황에 대한 검사

1) 검사운영원칙

금융회사에 대한 검사는 금융회사의 건전경영을 유도하며 공정한 금융거래질서 유지와 금융거래자 보호에 중점을 두어야 한다.

금융감독원장은 금융회사의 경영실태에 대한 분석과 평가를 통하여 문제점을 발굴, 개선방향을 제시하고 경영진과 면담 등을 통하여 건의 및 애로사항을 수렴하는데 노력하여야 한다. 과거에는 법규 위반에 대한 제재와 같이 사후 교정기능에 중점을 두었지만 최근에는 금융회사별 전담 검사역(RM : Relationship Manager)이 금융회사의 리스크를 분석 · 평가하고 금융회사가 스스로 리스크 관리시스템을 적정하게 유지하도록 유도하는 등 상시감시활동을 중시하고 있다.

2) 검사대상기관(금융위원회법 제38조)

금융감독원의 검사 · 감독 대상 금융회사는 은행 권역(은행, 외국은행 국내지점), 비은행 권역(상호저축은행, 여신전문금융회사, 상호금융조합, 대부업자, 온라인투자연계금융업자 등), 금융투자 권역(투자매매 · 투자중개 · 집합투자 · 투자자문 · 투자일임 · 신탁업 등을 영위하는 증권회사, 선물회사, 자산운용회사, 투자자문회사 등 금융투자업자 및 종합금융회사) 및 보험 권역(생명보험회사, 손해보험회사, 제3보험업 영위회사)의 관련 법규에 의거해 인가 · 허가 · 승인 · 등록된 금융회사들과 함께 「금융지주회사법」에 의거 설립된 금융지주회사를 포괄한다. 단, 우체국 예금 · 보험, 새마을금고 등 여타 정부부처에 의해 관리 · 감독되는 금융회사들은 금융감독원의 검사 · 감독 대상에서 제외된다.

3) 검사원의 권한 및 의무

검사원은 검사업무를 수행함에 있어 필요한 경우 금융회사에 대하여 증명서, 확인서, 의견서, 문답서 및 기타 관계자료와 물건 등을 제출토록 요구하거나 금고, 장부, 물건 및 기타 보관장소 등을 봉인할 수 있으며 당해 금융회사 관계자에 대한 출석 · 진술을 요구할 수 있다.

검사원은 검사업무와 관련하여 금융회사 임직원에게 부당한 대출을 강요하거나 금품, 기타 이익을 제공받아서는 아니되며, 직무상 알게 된 정보를 타인에게 누설하거나 직무상 목적 외에 이를 사용하거나 금융회사 또는 그 임직원의 위법 · 부당행위를 고의적으로 은폐하여서는 아니 된다.

나. 검사결과에 따른 조치

1) 검사결과의 보고

금융감독원장은 금융회사에 대하여 검사를 실시한 경우에는 금융위원회법 제59조의 규정에 따라 그 결과를 종합정리하여 금융위원회에 보고하여야 한다. 다만, 검사의 종류, 영업규모 등을 고려하여 필요한 경우 검사결과를 요약하여 보고할 수 있으며, 금융회사의 특정부문에 대하여 실시한 부문 검사로서 현지조치사항만 있거나 조치요구사항이 없는 경우에는 보고를 생략할 수 있다.

금융감독원장은 금융위원회법 제47조의1의 규정에 의하여 타 기관에 위임 또는 위탁한 검사에 대하여도 그 검사결과를 보고 받아 제1항에서 정하는 바에 따라 금융위원회에 보고하여야 한다.

2) 검사결과의 통보 및 조치

금융감독원장은 금융회사에 대한 검사결과를 검사서에 의해 당해 금융회사에 통보하고 필요한 조치를 취하거나 당해 금융회사의 장에게 이를 요구할 수 있다. 검사결과 조치요구사항은 경영 유의사항, 지적사항 및 현지조치사항으로 구분한다.

경영 유의사항은 금융회사에 대한 검사결과 경영상 취약성이 있는 것으로 나타나 경영진의 주의 또는 경영상 조치가 필요한 사항을 말한다.

지적사항은 금융회사에 대한 검사결과 나타난 위법 · 부당한 업무처리내용 또는 업무처리방법의 개선 등이 필요한 사항을 말하며, 이는 문책 · 조치의뢰 · 주의 · 변상 · 개선사항으로 구분한다.

문책사항은 금융회사 또는 금융회사의 임직원이 금융 관련 법규를 위반하거나 금융회사의 건전한 영업 또는 업무를 저해하는 행위를 함으로써 신용질서를 문란하게 하거나 당해 기관의 경영을 위태롭게 하는 행위로서 과태료 · 과징금 부과, 기관 및 임원에 대한 주의적 경고 이상의 제재, 직원에 대한 면직 · 정직 · 감봉 · 견책에 해당하는 제재의 경우이다.

조치의뢰사항은 금융회사 직원의 위법 · 부당행위에 대하여 이를 당해 금융회사의 장에게 통지하여 적의조치토록 의뢰하는 경우를 말한다.

주의사항은 위법 또는 부당하다고 인정되나 정상참작의 사유가 크거나 위법 · 부당행위의 정도가 상당히 경미한 경우이다.

변상사항은 금융회사의 임직원이 고의 또는 중대한 과실로 금융 관련 법규 등을 위반하는 등으로 당해 기관의 재산에 대하여 손실을 끼쳐 변상책임이 있는 경우이다. 개선사항은 규정, 제도 또는 업무운영 내용 등이 불합리하여 그 개선이 필요한 경우를 말한다.

현지조치사항은 금융회사에 대한 검사결과 나타난 위법 · 부당행위 또는 불합리한 사항 중 그 정도가 경미하여 지적사항으로 처리하기는 부적절하나 건전경영 및 사고예방 등을 위하여 필요하다고 판단되는 경우 검사반장이 검사현장에서 시정, 개선 또는 주의조치하는 사항으로서 경미한 불합리 사항으로서 개선이 필요한 사항은 현지개선으로 조치하고 내규위반 등 일상적인 경미한 위반사항은 현지주의로 조치한다.

금융감독원장은 위 조치를 요구한 사항에 대하여 금융회사의 이행상황을 관리하여야 한다. 다만, 현지조치사항에 대하여는 당해 금융회사의 자체감사조직의 장이나 당해 금융회사의 장에게 위임하며, 신용협동조합 · 농업협동조합 · 수산업협동조합 · 산림조합에 대한 조치요구사항은 당해 설립법에 의한 중앙회장에게 위임할 수 있다.

금융감독원장은 금융 관련 법규 등에 의하여 금융위원회법 제4장에서 정하는 제재조치를 취할 수 없는 금융회사의 위법 · 부당행위에 대하여는 이를 당해 금융회사의 감독기관에 통보할 수 있으며, 금융 관련 법규 등에 의하여 금융위원회법 제4장에서 정하는 제재조치를 취할 수 없는 금융회사의 임직원(집행간부 포함)의 위법 · 부당행위에 대하여는 이를 당해 금융회사의 장, 당해 금융회사의 감독기관 또는 당해 임원의 임면권자(임면제청권자를 포함한다.)에게 통보할 수 있다.

3) 조치요구사항에 대한 정리기한 및 보고

금융회사는 검사결과 조치요구사항에 대하여 특별한 사유가 있는 경우를 제외하고는 검사서를 접수한 날로부터 경영 유의사항은 6월 이내, 지적사항 중 문책사항의 경우에는 관련 임직원에 대한 인사조치내용은 2월 이내, 문책사항에 주의사항 또는 개선사항 등이 관련되어 있는 경우에는 3월 이내, 조치의뢰 · 변상 · 개선사항은 3월 이내에 이를 정리하고 그 결과를 기한종료일로부터 10일 이내에 금융감독원장에게 보고하여야 한다.

금융감독원장은 검사결과 조치요구사항에 대한 금융회사의 정리부진 및 정리부적정 사유가 관련 임직원의 직무태만 또는 사후관리의 불철저에서 비롯된 것으로 판단하는 경우에는 책임이 있는 임직원에 대하여 금융위원회법 제4장에서 정하는 바에 따라 제재할 수 있다.

4) 자체징계 제한

금융회사는 금융감독원의 검사 시 발견된 위법 · 부당행위에 대하여 금융감독원장의 제재요구가 있기 전에 임의로 임직원에 대한 신분상 제재나 기타 조치를 하여서는 아니 된다. 금융회사는 자체감사결과 등으로 발견한 정직이상 징계처분이 예상되는 직원에 대하여 다음과 같이 조치하여야 한다.

위법 · 부당행위가 명백하게 밝혀졌을 경우에는 지체없이 직위를 해제하되 징계확정 전에 의원면직 처리를 하여서는 아니 된다. 직원이 사직서를 제출하는 경우에는 동 사직서 제출 경위를 조사하고 민법 제660조 등 관련법령에 의한 고용계약 해지의 효력이 발생하기 전에 징계조치 및 사고금 보전 등 필요한 조치를 취하여야 한다.

5) 제재절차

가) 제재심의회의 설치

금융감독원장은 제재에 관한 사항을 심의하기 위하여 제재심의위원회(이하 "심의회"라 한다.)를 설치 · 운영한다. 심의회는 기관 및 임 · 직원에 대한 제재, 과태료 · 과징금 부과에 관한 사항, 제재조치에 대한 이의신청 사항을 심의한다. 다만, 금융감독원장은 필요하다고 인정하는 때에는 심의회의 심의를 생략할 수 있다.

나) 사전통지 및 의견진술

금융감독원장이 제재를 하거나 금융위원회에 제재조치를 건의하고자 하는 때에는 제재당사자의 권익보호를 위하여 제재의 내용 등을 제재대상자에게 사전통지하여야 한다. 다만, 당해 처분의 성질상 의견청취가 현저히 곤란하거나 명백히 불필요하다고 인정될만한 상당한 이유가 있는 등 행정절차법 제21조에서 정한 사유가 있는 경우에는 사전통지를 아니 할 수 있다.

사전통지를 하는 경우에는 금융감독원은 상당한 기간(과징금 또는 과태료를 부과할 때에는 10일 이상)을 정하여 제재대상자에게 구술 또는 서면에 의한 의견진술기회를 주어야 한다. 금융업관련법 등에서 의견청취 방법을 청문 등으로 별도로 정하고 있는 때에는 그 정한 바에 따른다.

행정청이 당사자에게 불이익을 주는 침익적 행정처분을 함에 있어 행정절차법에 의한 사전통지를 하거나 의견제출의 기회를 주지 아니하였다면 그 처분은 위법한 처분으로 취소사유가 될 수 있다.[28)]

다) 불복절차

금융회사 또는 임직원에 대하여 제재를 하는 경우에 금융감독원장은 그 제재에 관하여 이의신청 · 행정심판 · 행정소송의 제기, 기타 불복을 할 수 있는 권리에 관한 사항을 제재대상자에게 알려주어야 한다.

라) 이의신청

이 규정에 의해 금융위원회 또는 금융감독원장으로부터 제재를 받은 금융회사 또는 그 임직원은 당해 제재처분 또는 조치요구가 위법 또는 부당하다고 인정하는 경우에는 금융위원회 또는 금융감독원장에게 이의신청을 청구할 수 있다. 다만, 과징금 · 과태료 등 금융 관련 법규에서 별도의 불복절차가 마련되어 있는 경우에는 그에 따른다.

금융회사 직원에 대한 조치의뢰와 관련하여 당해 금융회사의 장으로부터 특정한 조치가 예정된 직원은 당해 조치의뢰가 위법 · 부당하다고 인정하는 경우에는 당해 금융회사의 장을 통하여 금융위원회 또는 금융감독원장에게 이의를 신청할 수 있다.

---

28) 대법원 1992.5.22. 92누1032 판결

마) 제재내용의 이사회 등 보고

금융회사의 장은 당해 기관 또는 임원에 대한 제재조치를 받은 경우에 금융감독원장이 정하는 바에 따라 이사회 앞 보고 또는 주주총회 부의 등 필요한 절차를 취하여야 한다.

제5절

여신관련 제재의 종류

1. 개설

1-1. 제재의 목적

검사결과 법규위반행위에 대하여는 제재(sanctioning)를 하게 되는데, 제재는 금융회사 또는 그 임직원에게 영업상, 신분상, 금전상의 불이익을 부과함으로써 금융회사 경영의 건전성 확보 및 금융제도의 안정성 도모 등 금융회사 감독목적의 실효성을 확보하기 위한 사후적 감독수단이다.

이러한 금융감독업무의 효과적인 목적 달성을 위하여 「금융위원회의 설치 등에 관한 법률」 및 「은행법」, 「자본시장법」, 「보험업법」, 「상호저축은행법」 등의 금융권역별 관계 법규에는 금융회사의 위법·부당행위에 대한 각종 제재내용이 명문화되어 있다. 금융회사에 대하여 이와 같이 엄격한 제재규정을 명시하고 있는 이유는 금융회사 취급업무의 경제적 중요성 및 사회적 공익성 등 업무의 특성을 감안한 것이라 할 수 있다. 다만, 제재는 금융회사 및 그 임직원에게 새로운 의무를 부과하거나 기존의 권리나 이익을 박탈하는 등 영업상, 신분상, 금전상의 불이익 부과를 주된 내용으로 하고 있으므로 명확한 법적 근거가 있어야 한다. 또한 제재의 종류에 따라 경영유의, 개선 등 상대방에게 직접적인 불이익을 부과하지 않는 행정지도적 성격의 조치도 마련하고 있다.

1-2. 제재의 종류

제재의 종류는 대상에 따라 금융회사에 대한 제재와 임직원에 대한 제재로 나누고, 이와는 별도로 제재내용에 따라 금전적 제재와 업무방법의 개선요구 등 기타의 제재로 나눌 수 있다.

임원에 대하여는 금융회사 취급업무의 사회적 공익성과 소관업무의 중요도를 감안하여 문책경고 이상의 제재를 받은 경우 금융업관련법령 및 「규정」이 정하는 바에 따라 일정 기간 임원선임자격을 제한하고 있다. 직원에 대하여는 2004.4월부터 당해 금융회사의 장에게 직원의 위법 · 부당사실을 통보하여 제재대상자의 범위 및 제재수준을 금융회사가 적의 결정하여 조치하도록 하는 금융회사 자율처리 필요사항 통보제도가 시행되고 있다.

	주요 조치 종류
금융회사	• 영업의 인가 · 허가 또는 등록 취소 • 영업의 전부 또는 일부에 대한 정지조치 • 영업점의 폐쇄, 영업점 영업의 전부 또는 일부의 정지조치 • 위법 · 부당행위의 중지조치 • 계약이전의 결정 • 위법내용의 공표 또는 게시요구 • 기관경고, 기관주의
개인	• 임원 : 해임권고, 업무정지, 문책경고, 주의적경고, 주의 • 직원 : 면직, 정직, 감봉, 견책, 주의, 금융회사 자율처리 필요사항 통보
금전적 제재	• 과징금 • 과태료
기타	• 경영유의, 규정 · 제도 또는 업무운영 등의 개선요구 • 현지조치, 확약서 및 양해각서 체결 • 변상요구 • 수사기관 · 고발 통보

2. 기관에 대한 제재

금융위원회법 제43조, 금융산업구조개선법 제14조 및 금융기관검사 및 제재에 관한 규정 등에 의해서 금융회사에 취할 수 있는 제재의 종류와 기준은 다음과 같다.

2-1. 기관에 대한 제재의 종류 및 기준

가. 영업의 인허가 또는 등록의 취소, 영업 · 업무의 전부 정지

- 허위 또는 부정한 방법으로 인가 · 허가를 받거나 등록을 한 경우 또는 인가 · 허가의 내용이나 조건에 위반한 경우
- 금융회사의 건전한 영업 또는 업무를 크게 저해하는 행위를 함으로써 건전경영을 심히 훼손하거나 당해 금융회사 또는 금융거래자 등에게 중대한 손실을 초래한 경우
- 영업 · 업무의 전부 또는 일부에 대한 정지조치를 받고도 당해 영업 · 업무를 계속하거나 동일 또는 유사한 위법 부당행위를 반복하는 경우
- 위법부당행위에 대한 시정명령을 이행하지 않은 경우

나. 영업 · 업무의 일부 정지

- 금융회사의 건전한 영업 또는 업무를 저해하는 행위를 함으로써 건전경영을 훼손하거나 당해 금융회사 또는 금융거래자 등에게 재산상 손실을 초래한 경우
- 영업점 폐쇄, 영업점 영업의 정지조치 또는 위법 · 부당행위의 중지조치를 받고도 당해 영업점 영업을 계속하거나 당해 행위를 계속하는 경우
- 기관경고를 받고도 동일 또는 유사한 위법 부당행위를 반복하는 경우

다. 영업점의 폐쇄, 영업점 전부 또는 일부의 정지

■ 위법 · 부당행위가 영업 · 업무의 전부 또는 일부 정지 사유에 해당되나 당해 영업점에만 국한된 경우로서 위법 · 부당행위의 경중에 따라 당해 영업점을 폐쇄하거나 그 영업의 전부 또는 일부를 정지시킬 필요가 있는 경우

라. 위법 · 부당행위 중지 조치

■ 금융회사의 위법 · 부당행위가 계속되고 있어 이를 신속히 중지시킬 필요가 있는 경우

마. 계약이전의 결정

■ 「금융산업의 구조개선에 관한 법률」 제2조 제3호의 규정에서 정한 부실금융회사가 동법 제14조 제2항 각 호의 1에 해당되어 당해 금융회사의 정상적인 영업활동이 곤란한 경우

바. 위법내용의 공표 또는 게시 요구[29)]

■ 금융거래자의 보호를 위하여 위법 · 부당 내용을 일간신문, 정기간행물 기타 언론에 공표하거나 영업점에 게시할 필요가 있는 경우

사. 기관경고

■ 금융회사의 건전한 영업 또는 업무를 크게 저해하는 행위를 함으로써 건전경영을 심히 훼손하거나 당해 금융회사 또는 금융거래자 등에게 중대한 손실을 초래한 경

29) 금융회사로 하여금 법위반사실을 공표토록 하는 것은 헌법상 과잉금지의 원칙 및 무죄추정의 원칙에 반하므로(2002.1.31. 2001헌바43) "위법내용의 공표 또는 게시 요구"는 "금융감독당국으로부터 법령위반으로 인하여 조치를 받은 사실"을 공표 또는 게시토록 요구하는 것을 의미한다.

우로 영업 · 업무의 일부 정지 사유에 해당되나 그 위반의 정도가 비교적 가벼운 경우

■ 위법 · 부당행위로서 그 동기 · 결과가 다음에 해당되는 경우

- 위법 · 부당행위가 당해 금융회사의 경영방침이나 경영자세에 기인한 경우
- 관련점포가 다수이거나 부서 또는 점포에서 위법 부당행위가 조직적으로 이루어진 경우
- 임원이 위법 · 부당행위의 주된 관련자이거나 다수의 임원이 위법 · 부당행위에 관련된 경우
- 동일유형의 민원이 집단적으로 제기되거나 금융거래자의 피해규모가 큰 경우
- 금융실명법의 중대한 위반행위가 발생한 경우
- 위법 · 부당행위가 수사당국에 대한 고발 또는 통보된 사항으로서 금융회사의 중대한 내부통제 또는 감독소홀에 기인한 경우

■ 최근 1년 동안 내부통제업무 소홀 등의 사유로 금융사고가 발생하여 당해 금융회사의 최직근 분기 말 현재 자기자본(자기자본이 납입자본금보다 적은 경우에는 납입자본금)의 100분의 2 (자기자본의 100분의 2가 10억 원 미만인 경우에는 10억 원) 또는 다음의 금액을 초과하는 손실이 발생하였거나 발생이 예상되는 경우 또는 손실(예상)금액이 위에 미달하더라도 내부통제가 매우 취약하여 중대한 금융사고가 빈발하거나 사회적 물의를 크게 야기한 경우

- 자기자본이 1조 5천억 원 미만인 경우 : 100억 원
- 자기자본이 1조 5천억 원 이상 2조 5천억 원 미만인 경우 : 300억 원
- 자기자본이 2조 5천억 원 이상인 경우 : 500억 원

아. 기관주의

■ 정상참작의 사유가 크거나 위법 · 부당행위의 정도가 상당히 경미한 경우

2-2. 기관에 대한 제재의 가중 및 감면

가. 제재의 가중

금융기관이 위법 · 부당한 행위를 함으로써 최근 3년 이내에 2회 이상 기관주의 이상의 제재를 받고도 다시 위법 · 부당행위를 하는 경우 제재를 1단계 가중할 수 있다. 다만, 금융기관이 합병하는 경우에는 합병 대상기관 중 제재를 더 많이 받았던 기관의 제재 기록을 기준으로 가중할 수 있다.

금융기관의 서로 관련 없는 위법 · 부당행위가 동일 검사에서 4개 이상 경합되는 경우(제17조 제1항 제7호 또는 제9호의 사유가 각각 4개 이상인 경우에 한한다)에는 제재를 1단계 가중할 수 있다. 다만, ① 각각의 위법행위가 금융관련법규에서 정한 영업정지 사유에 해당하지 않는 경우, ② 경합되는 위법 · 부당행위가 목적과 수단의 관계에 있는 경우 그리고 ③ 경합되는 위법 · 부당행위가 실질적으로 1개의 위법 · 부당행위로 인정되는 경우 중에서 어느 하나에 해당하는 경우에는 그러하지 아니하다.

나. 제재의 감면

기관에 대한 제재를 함에 있어 위법 · 부당행위의 정도, 고의 · 중과실 여부, 사후 수습 노력, 공적, 자진신고 여부 등을 고려하여 제재를 감경하거나 면제할 수 있다.

금융기관에 대하여 과징금 또는 과태료를 부과하는 경우에는 동일한 위법 · 부당행위에 대한 기관제재 또는 임직원 제재는 이를 감경하거나 면제할 수 있다.

3. 임원에 대한 제재

3-1. 개요

금융회사의 임원은 직원과는 달리 임기나 선임 및 해임방식 등 신분상의 특수성과 기관 내에서의 영향력 등으로 당해 기관에 의한 자체적인 문책이 이루어지기 곤란하므로 임원의 책임을 물을 필요가 있을 때에는 금융위원회 및 금융감독원장이 관계법령에 의해 당해 임원에 대하여 직접 조치하고 있다. 즉 직원에 대한 제재가 당해 기관의 장에게 관련 직원의 문책을 요구하는 문책요구권의 행사임에 비하여, 임원에 대한 업무집행정지 및 경고 등 해임권고 이외에 제재사항은 금융위원회 및 금융감독원장이 당해 임원 개인에 대하여 직접 제재권을 행사하는 점이 상이하다.

이를 위하여 금융위원회법 제42조에서는 금융회사 임원이 금융위원회법 또는 동법에 의한 규정, 명령, 지시를 고의로 위반한 때에는 금융감독원장이 당해 임원의 해임권고 또는 업무집행정지를 명할 것을 금융위원회에 건의할 수 있다고 규정하고 있으며, 구조개선법 제14조에서도 적기시정요구 등을 받은 금융회사가 이를 이행치 않는 경우 금융위원회는 금융감독원장의 건의에 따라 당해 금융회사 임원의 업무집행정지를 명하거나 주주총회에 대하여 그 임원의 해임을 권고할 수 있다고 규정하고 있다.

금융위원회가 금융감독원장의 건의를 수용하여 임원해임을 요구하였으나 동 해임안이 주주총회에서 부결된 경우 이에 대하여 금융위원회가 별도의 제재나 주주총회 재부의를 요구할 수 없다. 이는 주식회사에서 임원 임면의 최종 결정권자는 당해 기관의 장이 아닌 주주총회의 고유권한(강행규정)이라는 점에서도 당연히 귀결된다.

한편 이사 · 감사와 사실상 동등한 지위에 있는 미등기 임원 등에 대한 제재의 가중 및 감면에 있어서는 임원의 제재소항을 준용하고 이 경우 해임권고, 업무집행정지, 문책경고, 주의적 경고는 각각 면직, 정직, 감봉, 견책으로 본다.

3-2. 임원에 대한 제재의 종류 및 기준

가. 해임권고

금융감독원장은 금융회사의 임원이 다음에 해당하는 경우에는 금융위원회에 대하여 당해 임원의 해임권고를 명할 것을 건의할 수 있다.

- 고의로 중대한 위법 · 부당행위를 함으로써 금융질서를 크게 문란시키거나 금융회사의 공신력을 크게 훼손한 경우
- 금융회사의 건전한 운영을 크게 저해하는 행위를 함으로써 당해 금융회사의 경영을 심히 위태롭게 하거나 당해 금융회사 또는 금융거래자 등에게 중대한 재산상의 손실을 초래한 경우
- 고의 또는 중과실로 재무제표 등에 허위의 사실을 기재하거나 중요한 사실을 기재하지 아니하여 금융거래자 등에게 중대한 재산상의 손실을 초래하거나 초래할 우려가 있는 경우 또는 위의 행위로 인하여 금융산업구조개선법 제10조에서 정한 적기시정조치를 회피하는 경우
- 고의 또는 중과실로 금융감독원장이 금융 관련 법규에 의하여 요구하는 보고서 또는 자료를 허위로 제출함으로써 감독과 검사업무 수행을 크게 저해한 경우
- 고의 또는 중과실로 직무상의 감독의무를 태만히 하여 금융회사의 건전한 운영을 크게 저해하거나 금융질서를 크게 문란시킨 경우
- 기타 금융 관련 법규에서 정한 해임권고사유에 해당하는 행위를 한 경우

나. 업무집행 정지 또는 일부의 정지

금융감독원장은 금융회사 임원의 위법 · 부당행위가 위의 해임권고 사유에 해당되나 정상참작의 사유가 있는 경우에는 금융위원회에 대하여 당해 임원의 업무집행정지를 명할 것을 건의할 수 있다. 금융위원회가 금융감독원장의 건의를 수용하여 임원의 해임권고 및 업무집행정지를 명한 때에는 당해 기관의 장은 지체없이 필요한 조치를 취하고 그 결과를 감독원장에게 보고하여야 하며, 이 경우 업무집행정지 기간은 6월 이내

로 한다.

다. 문책경고

금융감독원장은 금융회사의 임원이 다음에 해당하는 경우에는 문책경고를 할 수 있다.

- 금융 관련 법규를 위반하거나 그 이행을 태만히 한 경우
- 당해 금융회사의 정관에 위반되는 행위를 하여 신용질서를 문란시킨 경우
- 금융감독원장이 금융위원회법 등 관계법령에 의하여 요구하는 보고서를 허위로 작성하거나 그 제출을 태만히 한 경우
- 직무상의 감독의무 이행을 태만히 하여 금융회사의 건전한 운영을 저해하거나 금융질서를 문란시킨 경우
- 금융위원회법 등 관계법령에 의한 감독원의 감독과 검사업무의 수행을 거부 · 방해 또는 기피한 경우
- 금융위원회, 금융감독원장, 기타 감독권자가 행한 명령 또는 지시사항이나 징계요구사항의 이행을 태만히 한 경우
- 금융회사의 건전한 운영을 저해하는 행위를 한 경우

라. 주의적 경고

위의 문책경고 사유에 해당되나 정상참작 사유가 있거나 위법 · 부당행위의 정도가 가벼운 경우

마. 주의

정상참작의 사유가 크거나 위법 · 부당행위의 정도가 상당히 경미한 경우

3-3. 임원에 대한 제재의 가중 및 감면

가. 제재의 가중

1) 위법・부당행위의 반복에 따른 가중

임원이 주된 행위자(위법행위의 단독수행자, 지시자, 공모 또는 적극 가담자)로서 주의적 경고조치를 받은 후 다시 주된 행위자로서 동일 또는 유사한 위법・부당행위를 반복하여 제재를 받게 되는 경우 문책경고로 가중할 수 있다. 임원제재의 가중사유가 「주된 행위자」와 「위법・부당행위의 동일 또는 유사성」을 조건으로 하고 있으므로 주된 행위자에 해당되지 않는 감독자로서의 책임 소홀 등 「종된 행위자」(위법행위의 단순가담자 또는 지시추종자)로서의 위규행위에 대해서는 가중문책할 수 없으며, 위법・부당행위의 "동일 또는 유사성"이 결여된 위규행위에 대해서도 가중 문책할 수 없다.

위법・부당행위의 "동일 또는 유사성"을 가중문책의 사유로 도입한 취지는 이미 경고 등의 조치를 받았음에도 이를 개선함이 없이 다시 동일 또는 유사한 비위행위를 반복한 점에서 그 비난성이 크다고 할 것이므로 이에 대한 책임을 가중시킴으로써 동일 또는 유사 비위행위의 재발을 방지하고자 하는데 그 목적이 있다.

여기서 위법・부당행위의 "동일 또는 유사성" 여부의 판단은 여신・수신・환 등 업무취급분야만으로 판단할 것이 아니라 동 업무분야 내에서의 세부비위 유형을 원칙적인 기준으로 하고, 관련법규의 위반내용 등 구체적인 비위사실을 감안하여 합리적으로 판단하여야 할 것이다.

임원이 주된 행위자로서 주의적경고 이상의 조치를 받고도 다시 주된 행위자로서 동일 또는 유사한 위법・부당행위를 반복하여 제재를 받게 되는 경우에는 제재를 1단계 가중할 수 있다.

또한, 임원이 최근 3년 이내에 문책경고 이상 또는 2회 이상의 주의적경고・주의를 받고도 다시 위법・부당행위를 하는 경우에는 제재를 1단계 가중할 수 있다. 이 경우에는 임원이 위법・부당행위로 인하여 제재조치를 받고도 「3년 이내」에 다시 위법・부당행위를 하는 것을 가중조건으로 하고 있으며 「주된 행위자」와 「위법・부당행위의 동일 또는 유사성」을 가중조건으로 하고 있지 않다.

2) 위법 · 부당행위의 경합에 따른 가중

임원의 서로 관련 없는 위법 · 부당행위가 3개(주의 제재가 포함되는 경우에는 4개) 이상 경합되는 경우에는 그 중 책임이 중한 위법 · 부당사항에 해당하는 제재보다 1단계 가중문책할 수 있다. 이 경우 별개의 검사에서 적발된 제재기간 중의 위법 · 부당행위의 반복으로 인한 가중문책의 경우와는 달리 「주된 행위자」를 그 요건으로 하지 않는다.

즉, 1건은 감독자나 단순추종자로서, 1건은 지시자나 행위자로서 적발되어 문책사항이 경합되는 경우 비록 1건이 종된 행위자에 해당되더라도 책임의 종류에 관계없이 가중 문책한다. 이는 문책 대상자가 단기간 내에 2건 이상의 위법 · 부당행위에 연루된 것이므로 책임의 종류에 관계없이 가중문책하겠다는 취지이다.

다만 2개 이상의 위규행위가 적발되었다 하더라도 ① 가장 중한 제재가 업무집행정지 이상인 경우, ② 경합되는 위법 · 부당행위가 목적과 수단의 관계에 있는 경우, ③경합되는 위법 · 부당행위가 실질적으로 1개의 위법 · 부당행위로 인정되는 경우에는 가중문책하지 않는다.

가장 중한 제재가 업무집행정지 이상인 경우 가중조치하지 않겠다는 의미는 업무집행정지보다 1단계 높은 조치가 해임권고로 사실상 임원의 신분을 박탈하는 조치이고 업무집행정지 조치로 실질적으로 그에 상응하는 제제 효과가 발생되기 때문이다. 이는 동일 검사에서 2개 이상의 위법 · 부당사항이 경합되고 그 중 가장 중한 제재가 정직이상에 해당되는 직원에 대해서도 가중문책(면직)하지 않는 것과 동일한 맥락이다.

나. 제재의 감면

1) 일반적 감면

임원에 대한 제재를 함에 있어 위법 · 부당행위의 정도, 고의 · 중과실 여부, 사후 수습 노력, 공적, 자진신고 여부 등을 고려하여 제재를 감경하거나 면제할 수 있다. 임원에 대하여 과징금 또는 과태료를 부과하는 경우에는 동일한 위법 · 부당행위에 대한 임원 제재는 이를 감경하거나 면제할 수 있다.

2) 여신업무 관련 제재 운영

금융기관의 여신업무(자금지원적 성격의 증권 매입업무를 포함)와 관련하여 ① 금융관련법규를 위반한 경우, ② 고의 또는 중과실로 신용조사 · 사업성검토 및 사후관리를 부실하게 한 경우 그리고 ③ 금품 또는 이익의 제공 · 약속 등의 부정한 청탁에 따른 여신의 경우 중에서 어느 하나에 해당하지 않는 한 제재하지 아니한다. 여신이 부실화되거나 증권 관련 투자손실이 발생한 경우에도 또한 같다.

3) 면책특례

가) 면책특례 가능

금융기관의 업무와 관련하여 다음에 해당하는 경우에는 제재하지 아니한다. 여신이 부실화되거나 증권 관련 투자손실이 발생한 경우에도 또한 같다.

- 「재난 및 안전관리 기본법」에 따른 재난 상황에서 재난으로 피해를 입은 기업 · 소상공인에 대한 지원, 금융시장 안정 등을 목적으로 정부와 협의를 거쳐 시행한 대출, 보증, 투자, 상환기한의 연기 등 금융지원 업무(코로나19 피해기업에 대한 금융지원에 면책 근거로 활용)
- 「동산 · 채권 등의 담보에 관한 법률」에 따른 동산 · 채권 · 지식재산권을 담보로 하는 대출
- 기업의 기술력 · 미래성장성에 대한 평가를 기반으로 하는 중소기업대출
- 「중소기업창업 지원법」에 따른 창업기업, 「벤처기업육성에 관한 특별조치법」에 따른 벤처기업, 「여신전문금융업법」에 따른 신기술사업자 등에 대한 직접적 · 간접적 투자, 인수 · 합병 관련 업무
- 「금융혁신지원 특별법」에 따른 혁신금융서비스, 지정대리인 관련 업무
- 그 밖에 금융위원회가 금융정책 · 산업정책의 방향, 업무의 혁신성 · 시급성 등을 종합적으로 고려하여 면책심의위원회의 심의를 거쳐 지정하는 업무

금융기관 또는 그 임직원이 특정 업무가 상기의 면책 특례가 가능한 사유에 해당되는

지 여부에 대해 판단을 신청하고자 하는 경우 금융위원회에 신청할 수 있다. 이 경우 금융위원회는 특별한 사유가 없는 한 신청을 접수한 날로부터 30일 이내에 회신하여야 한다.

나) 고의 또는 중과실이 없는 것으로 추정하는 경우

금융기관 또는 그 임직원이 상기의 면책 가능 사유에 해당하는 업무를 수행함에 있어 다음 각 호에서 정한 바를 모두 충족하는 경우에는 고의 또는 중과실이 없는 것으로 추정한다.

- 임직원과 해당 업무사이에 사적인 이해관계가 없을 것
- 해당 업무와 관련된 법규 및 내규에 정해진 절차상 중대한 하자가 없을 것

다) 면책특례 제외

다음의 어느 하나에 해당하는 경우 면책되지 아니한다.

- 금융관련법규 위반행위에 고의 또는 중과실이 있는 경우
- 금품 또는 이익의 제공 · 약속 등의 부정한 청탁에 따른 경우
- 대주주 · 동일차주에 대한 신용공여 한도 등 금융거래의 대상과 한도를 제한하는 금융관련법규를 위반한 경우
- 금융관련법규위반 행위로 인해 금융기관 · 금융소비자 등에게 중대한 재산상 손실이 발생하거나 금융시장의 안정 · 질서를 크게 저해한 경우(단, 위반행위의 목적, 동기, 당해 행위에 이른 경위 등에 특히 참작할 사유가 있는 경우는 제외)

3-4. 임원에 대한 제재의 이행 및 효과

가. 제재의 이행

임원의 해임권고를 받은 금융회사의 장은 지체없이 제재통보서 사본을 첨부하여 이

사회에 서면보고 및 위법 · 부당 사실을 구체적으로 기재하여 주주총회에 부의하여야 하며, 업무집행정지 및 문책경고를 받은 경우에는 이사회 서면보고 및 주주총회에 제출하는 감사보고서에 제재일자, 위법 · 부당내용, 제재내용을 기재하여야 한다. 이는 당해 임원이 제재조치 이전에 사임한 경우에도 동일하게 적용된다. 또한 금융회사는 위법 · 부당사실을 통보받은 경우에도 당해 위법 · 부당사실 등을 인사기록부에 기록 · 유지하여야 한다.

나. 제재의 효과

금융회사 업무의 사회적 공익성 및 임원업무의 중요도를 감안하여 임원이 징계해임이나 문책경고 등의 행정처분을 받는 경우 금융회사지배구조법의 규정에 따라 일정기간 동안 임원선임자격이 제한된다.

[표 2-16] 임원 문책 시 임원선임자격 제한기간

제재조치	해임	직무정지	문책경고
제한기간	5년	4년	3년

이는 직원제재의 경우에는 승격 및 승급, 보수 등의 실질적인 측면에서 불이익이 부과되지만, 임원제재의 경우에는 경고 등 심리적인 효과 이외에는 사실상 실효성 있는 불이익 부과가 불가능한 점을 감안하여 문책경고 이상의 제재를 받은 임원의 타 금융회사 임원선임을 제한하는 간접적인 제재 효과를 부과함으로써 위규행위의 사전방지 및 자율적인 내부통제체제 구축 등을 도모하고자 하는 데에 그 목적이 있다.

4. 직원에 대한 제재

4-1. 금융회사의 직원에 대한 제재

금융회사와 직원과의 관계는 민법상 고용관계(민법 제655조)로 직원에 대한 문책권은 동 고용계약에 따라 당해 금융회사의 장에게 귀속된다. 따라서 금융위원회와 금융감독원은 비위관련 직원에 대하여 직접 형사적 고발이나 행정적 제재를 가하는 것 외에 당해 금융회사의 장에게 관련 직원에 대한 문책을 요구할 수 있다(검사제재규정 제19조). 금융감독원장은 금융회사 직원에 대한 면직 요구는 금융위원회에 건의하여야 하며 정직 이하의 제재는 해당 금융회사에 직접 요구할 수 있다.

금융감독원장이 당해 회사의 장에게 직원의 징계를 요구하였으나 당해 금융회사의 인사위원회에서 직원 문책을 의결하지 않거나 금융감독원장이 요구한 문책의 종류에 미달되는 문책을 결의하더라도 동 인사위원회의 결의는 법적으로 유효하며, 동 결의에 대하여 금융감독원이 시정을 요구할 수는 없다.

다만, 동 인사위원회의 결의가 법규 위반사실의 파악 및 법규적용에 중대한 착오가 있거나 징계기준의 적용을 현저히 소홀히 한 경우 등 문책조치가 현저히 부당하게 이루어진 경우에는 "금융위원회 및 금융감독원장이 행한 명령 또는 지시사항이나 징계요구사항의 이행을 태만히 한 경우"로 보아 관련 임원 및 기관에 대하여 별도의 제재조치를 취할 수 있다. 금융위원회법을 비롯, 은행법 등 금융업관련법에서는 위규행위 직원에 대한 각종 제재 조항을 명시적으로 규정하고 있다.

4-2. 제재의 종류 및 기준

가. 제재의 종류

1) 면직

- 고의 또는 중대한 과실로 위법 · 부당행위를 행하여 금융회사 또는 금융거래자에게 중대한 손실을 초래하거나 신용질서를 크게 문란시킨 경우
- 횡령, 배임, 절도, 업무와 관련한 금품수수 등 범죄행위를 한 경우
- 변칙적 · 비정상적인 업무처리로 자금세탁행위에 관여하여 신용질서를 크게 문란시킨 경우
- 고의 또는 중과실로 감독원장이 금융 관련 법규에 의하여 요구하는 보고서 또는 자료를 허위로 제출함으로써 감독과 검사업무 수행을 크게 저해한 경우
- 고의 또는 중과실로 직무상의 감독의무를 태만히 하여 금융회사의 건전한 운영을 크게 저해하거나 금융질서를 크게 문란시킨 경우

2) 정직

- 면직사유에 해당되나 정상참작의 사유가 있거나 위법 · 부당행위의 정도가 비교적 가벼운 경우

3) 감봉

- 위법 · 부당행위를 한 자로서 금융회사 또는 금융거래자에게 상당한 손실을 초래하거나 신용질서를 문란시킨 경우
- 업무와 관련하여 범죄행위를 한 자로서 사안이 가벼운 경우 또는 손실을 전액 보전한 경우
- 자금세탁행위에 관여한 자로서 사안이 가벼운 경우
- 감독원장이 금융 관련 법규에 의하여 요구하는 보고서 또는 자료를 허위로 제출하

거나 제출을 태만히 한 경우

■ 직무상의 감독의무 이행을 태만히 하여 금융회사의 건전한 운영을 저해하거나 금융질서를 문란시킨 경우

4) 견책

■ 감봉사유에 해당되나 정상참작의 사유가 있거나 위법 · 부당행위의 정도가 비교적 가벼운 경우

5) 주의

■ 정상참작의 사유가 크거나 위법 · 부당행위의 정도가 상당히 경미한 경우

나. 제재 양정 기준

위법 · 부당행위에 관련된 직원을 제재함에 있어서는 다음의 사유와 제재기준을 참작하여야 한다.

■ 제재대상자의 평소의 근무태도, 근무성적, 개전의 정 및 동일 · 유사한 위반행위에 대한 제재 등 과거 제재사실의 유무
■ 위법 · 부당행위의 동기, 정도, 손실액규모 및 금융질서 문란 · 사회적 물의 야기 등 주위에 미친 영향
■ 제재대상자의 고의, 중과실, 경과실 여부
■ 사고금액의 규모 및 손실에 대한 시정 · 변상 여부
■ 검사업무에의 협조 정도 등 사후 수습 및 손실경감을 위한 노력 여부
■ 경영방침, 경영시스템의 오류, 금융 · 경제여건 등 내 · 외적 요인과 귀책판정과의 관계
■ 금융거래자의 피해에 대한 충분한 배상 등 피해회복 노력 여부
■ 그 밖의 정상참작 사유

각 위법 · 부당행위 유형별 제재 양정 기준은 〔표2-17〕와 같다.

[표 2-17] 위법 · 부당행위 유형별 제재 양정 기준

위법 · 부당의 정도 유형	비위의 정도가 심하고 고의가 있는 경우	비위의 정도가 심하고 중과실 이거나, 비위의 정도가 약하고 고의가 있는 경우	비위의 정도가 심하고 경과실이거나, 비위의 정도가 약하고 중과실인 경우	비위의 정도가 약하고 경과실인 경우
법령, 관계규정 또는 감독기관의 명령, 처분, 지시등의 위반	해임권고 (면직)	해임권고 (면직)~문책경고 (감봉)	직무정지 (정직)~문책경고 (감봉)	주의적경고 (견책)
횡령, 배임, 절도, 업무와 관련한 금품수수 등 범죄행위	해임권고 (면직)	해임권고 (면직)~문책경고 (감봉)	직무정지 (정직)~문책경고 (감봉)	주의적경고 (견책)
당해 금융기관 또는 금융거래자 등에게 금전적손해를 초래하거나 사회적 물의를 일으키는 행위	해임권고 (면직)	해임권고 (면직)~문책경고 (감봉)	직무정지 (정직)~문책경고 (감봉)	주의적경고 (견책)
당해금융기관의 정관 또는 내규를 위반하거나 충실의무의 위반	해임권고 (면직)	해임권고 (면직)~문책경고 (감봉)	직무정지 (정직)~문책경고 (감봉)	주의적경고 (견책)
직무태만	해임권고 (면직)	직무정지 (정직)~문책경고 (감봉)	문책경고 (감봉)~주의적 경고(견책)	주의적경고 (견책)
기타 위법 (단순 절차 위반 등)	해임권고 (면직)	직무정지 (정직)~문책경고 (감봉)	문책경고 (감봉)~주의적 경고(견책)	주의적경고 (견책)

4-3. 직원에 대한 제재의 가중 및 감면

가. 제재의 가중

1) 위법 · 부당행위의 반복에 따른 가중

직원이 3년 이내에 2회 이상의 주의조치를 받고도 다시 주의조치에 해당하는 행위를 한 경우에는 제재를 가중할 수 있다.

임원제재 가중의 경우와 다른 점은 임원제재의 가중이 위법 · 부당행위의 "동일 또는 유사성"을 조건으로 하는 반면 직원제재의 가중에는 위법 · 부당행위의 "동일 또는 유사성"을 조건으로 하지 않는다. 이는 임원의 경우 분장사무가 광범위하여 모든 종류의 업무와 관련한 위법 · 부당행위에 대해 가중할 경우 가중대상자가 지나치게 많아질 수도 있기 때문이다.

2) 위법 • 부당행위의 경합에 따른 가중

직원의 서로 관련 없는 위법 · 부당행위가 동일 검사에서 3개(주의의 제재가 포함되는 경우에는 4개) 이상 경합되는 경우에는 그 중 책임이 중한 위법 · 부당사항에 해당하는 제재보다 1단계 가중할 수 있다. 다만, 다음에 해당하는 경우에는 그러하지 아니하다.

- 가장 중한 제재가 정직 이상인 경우
- 경합되는 위법 · 부당행위가 목적과 수단의 관계에 있는 경우
- 경합되는 위법 · 부당행위가 실질적으로 1개의 위법 · 부당행위로 인정되는 경우

나. 제재의 감면

1) 일반적 감면

직원에 대한 제재를 양정함에 있어 다음에 해당하는 자에 대하여는 그 제재를 감경 또는 면제할 수 있다.

- 위법 · 부당행위를 감독기관이 인지하기 전에 자진신고한 자
- 위법 · 부당행위를 부서 또는 영업점에서 발견하여 이를 보고한 감독자
- 감독기관의 인지 전에 위규사실을 스스로 시정 또는 치유한 자
- 가벼운 과실로 당해 금융회사에 손실을 초래하였으나 손실액을 전액 변상한 자
- 금융분쟁조정신청사건과 관련하여 당해 금융기관이 감독원장의 합의권고 또는 조정안을 수락한 경우 그 위법 · 부당행위에 관련된 자

■ 금융기관 또는 그 임직원에 대하여 과징금 또는 과태료를 부과하는 경우와 관련하여 동일한 위법 · 부당행위에 대한 기관제재 또는 임직원 제재 시 이를 감경하거나 면제하는 사유에 해당하는 경우
■ 금융위원회 또는 금융감독원장 외의 감독기관 또는 해당 금융기관이 금융관련법규에 의하여 제재대상자에 취한 조치가 있는 경우를 고려하여 제재의 종류를 정하거나 제재를 가중 · 감면하는 경우

2) 포상감경

제재대상 직원이 다음에 해당되는 공적이 있는 경우 제재 양정 감경기준에 따라 감경할 수 있다. 다만, 동일한 공적에 의한 제재 양정의 감경은 1회에 한하며 횡령, 배임, 절도 업무와 관련한 금품수수 등 금융관련 범죄와 주의의 조치에 대하여는 적용하지 아니한다.

또한, 제재양정을 감경함에 있어 ① 제재대상 직원이 "주의"조치 이외의 제재를 받은 사실이 있는 경우 그 제재 이전의 공적, ② 제재대상 직원이 소속 금융기관 입사 전에 받은 공적, ③ 검사종료일로부터 과거 10년 이내에 받은 것이 아닌 공적 그리고 ④ 금융업무와 관련 없는 공적에 해당하는 공적은 제외한다.

■ 상훈법에 의하여 훈장 또는 포상을 받은 공적
■ 정부 표창규정에 의하여 장관 이상의 표창을 받은 공적
■ 금융위원회 위원장, 금융감독원장 또는 한국은행 총재의 표창을 받은 공적

[표 2-18] 제재 양정 감경기준

제재 양정 기준에 의한 제재 내용	포상자에 대한 감경 결과
면 직	정 직
감 봉	견 책
정 직	감 봉
견 책	주 의

4-4. 직원에 대한 제재의 이행 및 효과

가. 제재의 이행

금융감독원장으로부터 소속 직원에 대한 제재요구를 받은 금융회사의 장은 인사위원회를 소집, 동 사안을 심의 · 의결하여야 한다. 다만, 외부감독기관의 조사나 수사기관의 수사 또는 소송계류 중인 사안에 대해서는 징계절차의 진행을 보류할 수 있다.

인사위원회는 징계 사안의 심의 시 징계대상자에게 구술 또는 서면에 의한 소명 기회를 부여하여야 하며, 인사위원회 심의결과 징계가 확정되면 위법 · 부당행위의 내용 및 징계내용을 인사기록부에 기록 · 유지하고, 이를 인사에 엄정하게 적용하여야 하며, 퇴직한 직원의 위법 · 부당사실 등을 통보받거나 퇴직한 직원의 징계대상 행위를 발견하였을 때에도 인사기록부에 위법 · 부당사실 등을 기록 · 유지하여야 한다.

나. 제재의 효과

직원에 대한 제재의 효과는 다음과 같이 하며, 금융회사는 인사상의 징계 이외에 근로기준법이 정하는 범위 내에서 급여상의 제재를 병과할 수 있다.

한편 각 권역별 금융관련법은 금융회사 직원이 문책을 받은 경우 일정기간 임원 선임자격을 제한하고 있다.

[표 2-19] 직원 문책 시 임원선임자격 제한기간

제재조치	면직요구	정직요구	감봉요구
제한기간	5년	4년	3년

다. 징계기록의 말소

금융회사는 정직 이하의 징계를 받은 후 견책 이상의 징계처분을 받지 않고 5년이 경과한 직원에 대해서는 징계기록을 말소하여야 한다. 또한 감봉처분을 받은 직원이 3년간, 견책처분을 받은 직원이 2년간 다른 징계처분을 받지 않으면 관련 내규 등에 따라 징계기록을 말소할 수 있으며, 동 기록을 말소한 후에는 징계처분에 따른 불이익을 받지 아니한다.

4-5. 자율처리필요사항 통보

2004년 2월부터 금융감독원장은 검사결과 금융회사의 직원이 제재사유에 해당되는 위법 · 부당행위를 한 사실을 적출한 경우 그 사항이 비교적 경미한 경우에 한해 당해 기관의 장에게 이를 통보하여 조치대상자 및 수준을 적의 결정하여 조치하도록 의뢰하는 제도를 도입 실시하고 있다. 이는 최종 문책권자가 당해 회사의 장인 점과 금융회사의 자율성 제고 등을 위한 차원에서 구체적인 문책의 종류는 당해 회사에서 자율적으로 결정하도록 한 취지이다. 최근 동 조치의뢰 대상 사항을 자율처리필요사항 통보제도로 확대하여 시행하고 있다. 즉 금융감독원장은 검사결과 금융기관의 직원(이사 · 감사 등과 사실상 동등한 지위에 있는 미등기 임원 등을 제외)이 관련 법규에 따른 제재사유에 해당하는 위법 · 부당행위를 한 사실을 발견한 경우에는 경중에 관계없이 당해 기관의 장에게 자율처리필요사항으로 통보할 수 있도록 한 바 있다. 다만, 이사 · 감사 또는 사실상 이와 동등한 지위에 있는 미등기 임원 등과 관련된 위법 · 부당행위로서 직원이 주된 행위자인 경우에는 임원등을 조치(함께 조치하는 경우를 포함)한 후에 직원에 대해 자율처리필요사항을 통보할 수 있도록 하고 있다. 이는 임원과 관련된 부당행위를 온정적으로 처리하는 것을 방지하기 위함이다.

한편 금융감독원장은 다음과 같은 경우의 하나에 해당하는 경우 금융위원회에 금융기관의 직원에 대한 면직요구 등을 건의하거나 당해 금융기관의 장에게 소속 직원에 대한 면직, 정직, 감봉, 견책 또는 주의 등의 제재조치를 취할 것을 직접 요구할 수 있다.

- 금융기관의 건전성 또는 금융소비자 권익을 크게 훼손하거나 금융질서를 문란하게 한 경우
- 당해 금융기관의 내부통제체제가 취약하거나 자율처리필요사항으로 통보한 사항이 과거에 부적정하게 처리되는 등 자율처리필요사항을 통보하기에 적합하지 않

다고 판단되는 경우

- 금융관련법규상 신용공여 금지위반 또는 한도초과 행위, 금융투자업자의 증권 임의매매 · 불공정거래행위, 보험회사의 특별이익제공 · 무자격모집위탁 등으로 금융기관의 건전성 또는 금융소비자 권익을 크게 훼손한 행위(다만, 양정결과 견책이하 요구이하로 예상되는 경우 자율처리필요사항으로 통보가능)

  금융사고, 금융실명제 위반, 회계분식, 감독 및 검사 방해 · 거부 · 기피 등으로 금융질서를 문란하게 한 행위(다만, 양정결과 견책이하 요구이하로 예상되는 경우 자율처리필요사항으로 통보가능)

5. 퇴직자에 대한 제재

금융위원회 및 금융감독원장의 금융회사 임직원에 대한 제재는 금융위원회법, 은행법, 증권거래법 등 각 금융업관련법에 의거 특별권력관계에 기초하여 행사되는 것으로 퇴임자의 경우에는 금융회사 임직원의 신분에서 벗어나므로 특별권력관계의 지위를 상실, 행정처분의 대상이 될 수 없다.

금융감독원은 퇴직자의 위반행위를 적발한 경우 「퇴직자 위법부당사항」이라는 표현으로 그 내용을 통보하여 금융회사에 대해 관련 임직원의 퇴직 전 위법 · 부당행위 사실을 확인 · 통보하여 인사기록을 유지토록 하고 있다. 이는 단순 사실행위로서 해당자의 권리 · 의무를 변동시키는 효과가 없으므로 행정처분이 아니며, 따라서 퇴직자에 대한 이러한 조치가 임원자격 제한요건으로 작용하더라도 동 조치는 행정처분이 아니므로 쟁송의 대상이 될 수 없다.

금융회사 임 · 직원이 위법 · 부당행위로 인하여 제재를 받기 전에 미리 퇴임 · 퇴직한 경우에는 재임 중이었다면 해임권고, 면직 등의 제재조치를 받았을 것이라고 인정되는 경우에도 원칙적으로 「퇴직자 위법부당사항」 통보로 인한 금융회사 임원 선임자격 제한의 효과가 생기지 아니한다. 이와 같은 불합리한 점을 시정하기 위하여 금융업관련법에서는 퇴임 · 퇴직 후 위법부당사항을 통보받은 경우에도 일정기간 임원 선임자격을 제한토록 규정하고 있다.

5-1. 직원재직 시의 위법 · 부당행위에 대한 제재

위법 · 부당행위자가 동일 금융회사 내에서 신분변동이 이루어진 경우 직원으로서의 고용계약은 종료되고 임원으로서의 신분관계가 성립되어 법률상 신분관계의 변동이 발생한다. 그러나 임원 또는 직원과 마찬가지로 금융회사 재직자로서 특별권력관계가 적용되고, 신분변동이 징계벌의 원인을 소멸시킬 수 없으므로 직원재직 시의 위규행위에 대하여 금융위원회 및 금융감독원장의 제재권한은 당연히 지속된다. 다만, 당사자의 신분변동이 발생하였으므로 직권제재 규정이 배제되고 현재 신분인 임원에 대한 제재 규정을 적용하여 조치하여야 한다.

6. 외국금융회사에 대한 특례

금융감독원장은 외국금융회사의 국내지점이 영업 · 업무의 전부 또는 일부의 정지, 영업점의 폐쇄, 영업점 영업의 전부 또는 일부의 정지, 위법 · 부당행위 중지, 계약이전, 기관경고, 임원의 업무집행정지 및 임원문책경고 조치를 받은 경우 본국 당해 금융회사의 장, 감사 및 해당국 감독당국에 위법 · 부당사실 및 제재 내용을 통보할 수 있다.

제6절

금융소비자보호법 상 대출성 상품에 대한 규제

1. 금융소비자보호법 개요

금융회사의 영업행위에 대한 규제 법률인 「금융소비자 보호에 관한 법률」 (이하 "금융소비자보호법")이 2021년 3월 25일부터 시행에 들어갔다. 금융소비자보호법이 제정 · 시행되기 이전에는 은행법 등 개별 금융업법에서 해당 업권에 대한 영업행위 관련 사항들을 규정하고 있었으나 금융소비자보호법의 제정으로 개별 금융업법의 영업행위 관련 규정들이 대부분 통합되었다.

총 8장 69조로 구성된 금융소비자보호법은 금융상품, 금융상품 판매채널, 금융소비자, 금융소비자보호 내부통제기준 및 6대 판매규제 등 영업행위 준수사항, 금융분쟁의 조정, 손해배상책임, 청약철회권, 위법계약해지권, 금융위원회의 명령권(판매제한 등) 등 금융회사의 영업행위 규제에 대한 제반 사항을 담고 있다.

2. 금융소비자보호법 주요내용

2-1. 금융상품의 분류

금융상품을 속성에 따라 예금성 상품, 투자성 상품, 보장성 상품 및 대출성 상품의 4가지 유형으로 분류하고 동일한 유형의 금융상품에는 동일한 규제를 적용하는 것을 원칙으로 하고 있다.

[표 2-20] 금융상품의 유형별 비교

구 분	개 념	대 상
예금성 상품	은행법 · 저축은행법상 예금 및 이와 유사한 것	은행(저축은행, 신협)의 예 · 적금 등
대출성 상품	은행법 · 저축은행법상 대출, 여전법상 신용카드 · 시설대여 · 연불판매 · 할부금융 및 이와 유사한 것	은행(저축은행, 신협)의 대출 · 신용카드 · 리스 · P2P대출 · 대부상품 등
투자성 상품	자본시장법상 금융투자상품 및 이와 유사한 것	주식 · 펀드 · 파생상품 · 신탁 · 투자일임 · P2P투자 등
보장성 상품	보험업법상 보험상품 및 이와 유사한 것	생명보험 · 손해보험 · 신협 공제 등

2-2. 금융소비자 구분

금융상품에 관한 전문성, 소유자산규모 등에 비추어 금융상품 계약에 따른 위험감수능력이 있는 경우를 전문금융소비자로, 없는 경우를 일반금융소비자로 각각 구분하였다.

[표 2-21] 금융소비자의 유형별 비교

구 분	개 념	대 상
전문금융 소비자	금융상품에 관한 전문성, 소유자산규모 등에 비추어 금융상품 계약에 따른 위험 감수능력이 있는 금융소비자	국가 · 한국은행 · 금융회사 · 주권상장법인 등
일반금융 소비자	전문금융소비자가 아닌 금융소비자	대부분의 금융소비자

금융소비자보호법은 전문금융소비자에 비해 상대적으로 위험감수능력이 취약한 일반금융소비자에 대해서는 "적합성 원칙" 등 6대 판매규제를 모두 적용하여 보호수준을 두텁게 하고 있는 반면, 전문금융소비자는 불공정영업행위 금지, 부당권유 금지 및 허위 · 부당광고 금지 관련 3가지 규제만을 적용하고 있다. 또한, 일반금융소비자는 청약철회권과 위법계약해지권을 모두 적용받지만 전문금융소비자는 청약철회권의 적용 대상에서 배제된다.

[표 2-22] 금융소비자 구분에 따른 금융소비자보호법 상 규제 적용 범위

	6대 판매규제						청약 철회권	위법계약 해지권
	적합성	적정성	설명의무	불공정 영업행위	부당권유	광고규제		
일반	○	○	○	○	○	○	○	○
전문	×	×	×	○	○	○	×	○

2-3. 6대 판매규제

적합성 원칙 (권유 有)	고객정보를 파악하고, 부적합한 상품은 권유를 금지
적정성 원칙 (권유 無)	고객정보를 파악하고, 고객이 청약한 상품이 부적합한 경우 그 사실을 고지
설명의무	상품 권유 시 또는 소비자 요청 시 상품의 중요사항을 이해할 수 있도록 설명
불공정 영업행위 금지	우월적 지위를 이용하여 금융소비자 권익을 침해하는 부당요구를 금지
부당권유행위 금지	불확실한 사항에 단정적 판단을 제공하는 행위 등 금지
광고규제	광고내용 필수 포함사항 및 금지행위

가. 적합성 원칙

금융상품판매업자등[금융상품판매업자(금융상품직접판매업자+금융상품판매대리·중개업자)와 금융상품자문업자]은 일반금융소비자의 재산상황, 금융상품 처분·취득 경험 등에 대한 정보를 고려하여 그 일반금융소비자에게 적합하지 아니하다고 인정되는 금융상품의 계약 체결을 권유해서는 아니된다.

적합성 원칙(suitability rules)은 금융상품 계약에 따른 위험감수능력이 있는 전문금융소비자에게는 적용되지 않고 위험감수능력이 상대적으로 취약한 일반금융소비자를 대상으로 계약체결의 권유가 있는 경우에만 적용되는 것이다.

나. 적정성 원칙

금융상품판매업자는 적정성 원칙이 적용되는 보장성 상품, 투자성 상품 및 대출성 상품에 대하여 일반금융소비자에게 계약 체결을 권유하지 아니하고 금융상품 판매 계약을 체결하려는 경우에는 미리 면담·질문 등을 통하여 일반금융소비자의 재산상황 등 위험감수능력에 대한 정보를 파악하여야 한다. 그리고 금융상품판매업자는 파악한 정보를 바탕으로 해당 금융상품이 그 일반금융소비자에게 적당하지 아니하다고 판단되는 경우에는 그 사실을 알리고 그 일반금융소비자로부터 서명, 기명날인, 녹취 등의 방법으로 확인을 받아야 한다.

1) 적합성 및 적정성 원칙 판단기준

적합성 원칙과 적정성 원칙은 일반금융소비자의 재산상황 등의 정보를 사전에 파악하여 일반금융소비자가 자신에게 적합한 상품을 구매할 수 있도록 유도하는 원칙이라는 점에서 유사하나 적합성 원칙은 판매자가 적극적으로 구매권유를 하는 경우에 적용되는 반면, 적정성 원칙은 금융소비자가 먼저 자발적으로 구매의사를 밝힌 경우에 적용된다.

금융회사가 금융상품의 판매과정에서 적합성 원칙 및 적정성 원칙을 준수하였는지 여부에 대한 판단기준은 동일하다. 보장성 상품과 투자성 상품의 경우 손실에 대한 감수능력과 금융상품의 위험등급 정보와 비교평가를 통해 준수 여부를 판단하며, 대출성 상품의 경우 상환능력과 관련하여 거래목적, 원리금 변제계획 등을 종합적으로 고려하여 준수 여부를 평가하고 있다.

다. 설명의무

금융상품판매업자가 일반금융소비자에게 계약체결을 권유하거나 금융상품판매업자가 자문에 응하는 경우 그리고 일반금융소비자가 설명을 요청하는 경우에는 금융상품에 관한 중요사항(일반금융소비자가 특정 사항에 대한 설명만을 원하는 경우 해당 사항으로 한정)을 일반금융소비자가 이해할 수 있도록 설명하여야 한다.

또한 설명의무는 보상성 상품, 투자성 상품, 예금성 상품, 대출성 상품의 모든 금융상품 유형에 적용되고 연계 · 제휴서비스 및 청약철회권에도 설명의무가 부과된다.

금융상품판매업자등은 금융상품에 대해 설명을 할 때 일반금융소비자에게 설명서를 서면 등으로 제공하고 서명 등의 방법으로 확인을 받아야 한다.

라. 불공정영업행위 금지

금융소비자보호법은 금융상품판매업자등이 우월적 지위를 이용하여 금융소비자의 권익을 침해하는 행위를 '불공정영업행위'로 규정하고 이를 금지하고 있다.

불공정영업행위에 대한 규제는 일반금융소비자와 전문금융소비자를 구별하지 않고 모두에게 적용된다. 이에 따라 대출성 상품에 관한 계약체결과 관련하여 금융소비자의 의사에 반하여 다른 금융상품의 계약체결을 강요하는 행위(은행 실무상 "꺾기"라 함)는 금지된다.

대출성 상품에 대한 부당한 담보 및 보증을 요구하거나 업무와 관련하여 편익 요구 및 제공받는 행위가 금지된다. 대출성 상품 취급 시 자기 또는 제3자의 이익을 위하여 금융소비자에게 특정 대출 상환방식을 강요하는 행위, 연계 · 제휴서비스 등의 부당한 축소 · 변경 행위, 금융소비자의 계약의 변경 · 해지 요구 또는 계약의 변경 · 해지에 대한 정당한 사유 없이 금전을 요구하는 등 금융상품판매업자등이 우월적 지위를 이용하여 금융소비자의 권익을 침해하는 행위는 불공정영업행위에 해당하여 금지된다.

마. 부당권유행위 금지

금융상품판매업자가 금융상품의 계약 체결을 권유하거나 금융상품자문업자가 금융상품에 대한 자문에 응하는 과정에서 금융소비자가 오인할 우려가 있는 허위 사실 등을 알리는 행위는 부당권유행위로 보아 금지된다.

부당권유행위의 유형으로는 ① 불확실한 사항에 대하여 단정적 판단을 제공하거나 확실하다고 오인하게 할 소지가 있는 내용을 알리는 행위, ② 금융상품의 내용을 사실과 다르게 알리는 행위, ③ 금융상품의 가치에 중대한 영향을 미치는 사항을 미리 알고 있으면서 금융소비자에게 알리지 아니하는 행위, ④ 금융상품 내용의 일부에 대하여 비교대상 및 기준을 밝히지 아니하거나 객관적인 근거 없이 다른 금융상품과 비교하여 해당 금융상품이 우수하거나 유리하다고 알리는 행위 등이 있다. 부당권유행위 금지에 대한 규제는 일반금융소비자와 전문금융소비자 모두에게 적용된다.

바. 광고규제

금융소비자보호법 상 광고규제는 금융상품판매업자등의 업무에 관한 광고(업무광고)와 금융상품에 관한 광고(금융상품광고)에 적용된다. 업무광고란 금융상품의 계약체결 또는 자문을 유인할 목적을 가지지 않고 금융상품판매업자등의 경영관리 및 그에 부수한 업무 등을 불특정 다수를 대상으로 널리 알리거나 제시하는 것을 말한다.

이에 반해, 금융상품광고란 금융상품판매업자등이 불특정 다수의 금융소비자를 대상으로 금융상품의 계약체결 또는 자문을 유인할 목적을 가지고 금융상품의 내용과 거래조건, 그 밖에 소비자의 계약여부 결정에 영향을 미치는 사항을 소비자에게 널리 알리거나 제시하는 것을 말한다.

금융상품판매업자등이 아닌 경우에는 업무광고와 금융상품광고를 할 수 없으며, 광고를 하는 경우에는 필수 포함사항과 금지사항을 준수하여 금융소비자가 금융상품의 내용을 오해하지 않도록 명확하고 공정하게 전달하게 하여야 한다. 광고규제는 일반금융소비자 및 전문금융소비자 모두에게 적용된다.

2-4. 청약철회권

금융소비자보호법은 정상적으로 계약이 체결된 후에도 금융상품에 대한 위험감수능력이 상대적으로 취약한 일반금융소비자를 대상으로 단순변심 등의 사유라도 일방적으로 청약을 철회할 수 있는 권리를 부여하고 있다. 일정기간 내 일반금융소비자가 금융상품 계약을 철회하는 경우 금융상품판매업자는 이미 받은 금전 · 재화 등을 반환하여야 한다.

2-5. 위법계약 해지권

금융소비자보호법은 판매행위 규제를 위반한 위법한 계약에 대해 금융소비자에게 일정기간 내에 해당 계약을 해지할 수 있는 권리를 부여하였다. 금융소비자는 계약체결에 대한 위법사항을 안 날로부터 1년 이내의 기간(계약체결일로부터 5년 이내의 범위)에 해당 계약의 해지를 요구할 수 있다.

이에 따라 금융소비자는 계약해지에 따른 재산상 불이익(계약해지에 따른 수수료 또는 위약금)을 입지 않고 위법한 계약으로부터 탈퇴할 수 있는 기회를 제공받음으로써 위법계약 해지 후 더 나은 조건의 새로운 금융상품을 구매할 수 있게 되었다. 다만, 위법계약 해지권은 계약 자체가 처음부터 체결되지 않은 것으로 소급하여 무효로 하지 아니하고 해지 시점부터 해당 계약이 무효로 된다.

2-6. 금융상품 판매제한 · 금지 명령권

금융위원회는 투자성 상품, 보장성 상품 또는 대출성 상품에 관한 계약 체결 및 그 이행으로 인해 금융소비자의 재산에 현저한 피해가 발생할 우려가 있다고 명백히 인정되는 경우 그 금융상품을 판매하는 금융상품판매업자(금융상품직접판매업자+금융상품판매대리 · 중개업자)에 대하여 해당 금융상품 계약 체결의 권유 금지 또는 계약 체결의 제한·금지를 명할 수 있다. 금융상품자문에 대한 계약은 판매제한 · 금지 명령의 대상이 아니다.

2-7. 과징금

금융위원회는 금융상품직접판매업자 또는 금융상품자문업자가 6대 판매규제 행위 중에서 적합성 원칙과 적정성 원칙을 제외하고 설명의무, 불공정영업행위 금지, 부당권유 금지 및 광고 규제에 해당하는 4가지 규제를 위반한 경우에만 과징금 부과 대상이 된다.

금융위원회는 금융상품직접판매업자 또는 금융상품자문업자가 과징금 부과 대상 위반행위를 한 경우에는 그 위반행위와 관련된 계약으로 얻은 수입등의 50% 이내에서 과징금을 부과할 수 있다.

과징금 부과기준인 수입 등은 보장성 상품의 경우 수입보험료, 대출성 상품의 경우

대출금, 투자성 상품의 경우 투자액, 예금성 상품의 경우 예치금을 각각 기준으로 한다.

2-8. 과태료

금융소비자보호법은 6대 판매규제 위반, 내부통제기준 미수립, 계약서류 제공의무 위반 등에 대해 과태료를 부과하도록 규정하고 있다. 법상 의무위반에 따른 부당이득 환수, 영업정지 갈음 또는 징벌적 목적으로 부과되는 과징금과는 달리 과태료는 직접적인 행정목적 침해가 아닌 경미한 의무위반에 부과한다. 과태료 부과한도는 위반사항에 따라 1천만 원 이하, 3천만 원 이하, 1억 원 이하로 구별된다.

3. 대출성 상품에 대한 영업행위 규제 주요 내용

3-1. 대출성 상품에 적용되는 전문금융소비자 적용 기준

금융소비자보호법은 금융상품의 유형별로 전문금융소비자 적용 기준이 상이하다. 대출성 상품에 대한 계약 체결 시 전문금융소비자로 취급되는 대상에는 ① 겸영여신업자, ② 상시근로자가 5인 이상인 법인 · 조합 · 단체, ③ 대출성 상품을 취급하는 금융상품판매 · 대리중개업자, ④ 자산의 취득 또는 자금의 조달 등 특정목적을 위해 설립된 법인, ⑤ 「공공기관의 운영에 관한 법률」에 따른 공공기관 중 금융위원회가 주무기관인 공공기관, ⑥ 금융지주회사, ⑦ 한국수출입은행, ⑧ 한국투자공사, ⑨ 신용협동조합중앙회의 공제사업 부문, ⑩ 온라인투자연계금융업자, ⑪ 집합투자업자, ⑫ 증권금융회사, ⑬ 단기금융회사, ⑭ 자금중개회사, ⑮ 신용협동조합, ⑯ 「국가재정법」 [별표 2]에 따른 법률에 따라 설치된 기금을 관리 · 운용하는 공공기관, ⑰ 개별 법률에 따라 공제사업을 영위하는 법인 · 조합 · 단체, ⑱ 그 밖에 금융위원회가 고시한 자가 각각 해당된다. 이 경우 금융위원회가 고시한 자에는 집합투자기구, 지방자치단체, 대부업자, 농업협동조합중앙회, 새마을금고중앙회, 외국정부, 국제기구 등이 포함된다.

3-2. 대출성 상품에 적용되는 적합성 · 적정성 원칙

가. 일반금융소비자의 정보 파악이 필요한 금융상품의 범위

대출성 상품은 대출, 신용카드, 어음할인, 할부금융 등과 같은 모든 대출성 상품이 해당된다.

나. 파악해야 하는 일반금융소비자의 정보 내용

대출성 상품의 경우 연령 및 재산상황(부채를 포함한 자산 및 소득에 관한 사항), 계약체결의 목적(대출만 해당), 신용 및 변제계획을 파악해야 한다.

다. 적합성 판단기준

대출성 상품의 경우에는 일반금융소비자의 정보를 파악한 결과 상환능력이 적정한 수준이어야 한다. 상환능력은 ① 거래목적, ② 원리금 변제계획, ③ 신용, ④ 재산상황(소득 · 부채 · 자산) 및 고정지출 그리고 ⑤ 연령과 같은 총 5가지 사항을 종합 고려하여 평가한다. 보장성 · 투자성 · 대출성 상품에 대한 적합성 판단기준에 대한 평가결과는 평가근거와 함께 문서로 기록하여야 한다.

한편, ① 신용카드, ② 분양된 주택의 계약 또는 주택조합 조합원의 추가 분담금 발생에 따른 중도금 지급을 목적으로 하는 대출 그리고 ③ 주택 재건축 · 재개발에 따른 이주비 확보를 목적으로 하는 대출과 같은 대출성 상품의 경우 상품 특성상 적합성 판단기준의 적용이 객관적으로 어려운 금융상품은 금융상품판매업자등의 자체기준에 따라 평가할 수 있다.

라. 대출성 상품에 적용되는 적정성 원칙 적용 대상

대출성 상품의 경우에는 ① 주택을 담보로 하는 대출, ② 증권 또는 지식재산권을 담보(시장매매 가능 증권담보대출 제외)로 계약을 체결하는 대출성 상품에 한하여 적정성 원칙이 적용된다. 즉, 대출성 상품은 주택담보대출과 자산가치 변동이 심한 증권 등을 담보로 하는 대출에 대해서만 적정성 원칙이 적용된다.

3-3. 대출성 상품에 적용되는 설명의무

대출성 상품의 계약 체결을 권유하거나 자문에 응할 경우 금융상품판매업자등이 일반금융소비자에게 설명해야 할 중요한 사항으로는 ① 금리 및 변동 여부, 중도상환수수료 부과 여부 · 기간 및 수수료율 등 대출성 상품의 내용, ② 상환방법에 따른 상환금액 · 이자율 · 시기, ③ 저당권 등 담보권 설정에 관한 사항, 담보권 실행사유 및 담보권 실행에 따른 담보목적물의 소유권 상실 등 권리변동에 관한 사항, ④ 대출원리금, 수수료 등 금융소비자가 대출계약을 체결하는 경우 부담하여야 하는 금액의 총액, ⑤ 계약의 해지 · 해제, ⑥ 신용에 미치는 영향, ⑦ 원리금 납부 연체에 따른 연체 이자율 및 그 밖의 불이익, ⑧ 계약기간 및 그 연장에 관한 사항 그리고 ⑨ 이자율의 산출기준이 있다.

또한, ⑩ 신용카드에 한하여 ⅰ) 신용카드로 결제한 금액 중 일부 비율만 지불하고 나머지 금액은 이후에 지출하는 서비스의 위험성 및 관련 예시, ⅱ) 연회비 등 신용카드의 거래조건 및 연회비 반환에 관한 사항(반환사유, 반환금액 산정방식, 반환금액의 반환기준을 포함)도 설명해야 할 중요한 사항에 해당된다.

한편, 전화권유판매업자가 대출성 상품에 관한 계약의 체결을 대리 · 중개하는 경우에는 전화로 설명한 내용과 설명서가 일치하고 전화로 설명한 내용을 녹취할 때에는 설명서를 제공하지 아니할 수 있다.

3-4. 대출성 상품에 적용되는 불공정영업행위 금지

가. 구속성 금융상품 계약의 체결 금지

대출성 상품에 관한 계약체결과 관련하여 금융소비자의 의사에 반하여 다른 금융상품의 계약체결을 강요하는 행위(은행 실무상 "꺾기"라 함)는 금지된다. 꺾기와 관련된 불공정영업행위의 구체적인 유형 또는 기준은 다음과 같다.

- 금융소비자에게 제3자 명의로 다른 금융상품의 계약 체결을 강요하는 행위
- 금융소비자에게 다른 금융상품직접판매업자를 통해 다른 금융상품의 계약 체결을 강요하는 행위
- 중소기업의 대표자 · 관계인에게 다른 금융상품의 계약 체결을 강요하는 행위
  - 금융소비자가 중소기업인 경우 그 대표자 또는 관계인에게 다른 금융상품의 계약체결을 강요하는 행위는 불공정영업행위로 금지된다. 이 경우 대표자 또는 관계인이란 통계청장이 고시하는 '한국표준산업분류'에 따른 금융업, 보험 및 연금업, 금융 및 보험 관련 서비스업을 영위하는 중소기업과 은행법에 따른 주채무계열에 속하는 중소기업에 해당하지 아니하는 중소기업의 대표자 · 임원 · 직원 및 그 가족인 배우자와 직계혈족을 말한다.
- 대출성 상품에 관한 계약 체결 전후 각각 1개월 내에 다른 보장성 · 투자성 · 예금성 상품의 계약 체결 행위로서 대출성 상품에 관한 계약(금전제공계약)을 체결하고 계약이 최초로 이행된 날 전 · 후 각각 1개월 내에 금융소비자의 의사에 반하여 아래과 같이 다른 금융상품의 계약을 체결하는 행위는 불공정영업행위로 금지된다.

[표 2-23] 구속성 행위 적용 기준[주1)]

	취약차주	취약차주외	
	중소기업 및 그 대표자, 신용평점하위 10% 개인, 피성년 · 피한정후견인	법인	개인
예금성 상품	월지급액이 제공받는 금액의 1% 이내일 때 가입가능	제한없음	제한없음
보장성 상품	가입불가	월지급액이 제공받는 금액의 1% 이내일 때 가입가능	월지급액이 제공받는 금액의 1% 이내일 때 가입가능
투자성[주2)] 상품	가입불가	제한없음	월지급액이 제공받는 금액의 1% 이내일 때 가입가능

주: 1) 지급보증, 보험약관대출, 신용카드, 자본시장법 상 신용공여 등 차주는 제외
2) 집합투자증권, 금전에 대한 신탁계약, 자본시장법 상 투자일임계약 및 온라인투자연계금융업법상 연계투자에관한 계약으로 한정

나. 대출성 상품에 대한 부당한 담보 및 보증요구 금지

금융상품판매업자등은 대출성 상품에 관한 계약 체결과 관련하여 담보 또는 보증이 필요 없음에도 부당하게 담보 또는 보증을 요구하는 행위를 하지 말아야 한다. 또한, 대출성 상품의 계약 체결에 통상적으로 요구되는 일반적인 담보 또는 보증 범위보다 많은 담보 또는 보증을 요구하는 행위도 금지된다.

다. 대출성 상품 취급 시 금지사항

대출성 상품의 경우 다음의 어느 하나에 해당하는 행위는 금지된다.

- 자기 또는 제3자의 이익을 위하여 금융소비자에게 특정 대출 상환방식을 강요하는 행위
- 수수료, 위약금 또는 그 밖에 어떤 명목이든 중도상환수수료를 부과하는 행위. 다만, ① 대출계약이 성립한 날부터 3년 이내에 상환하는 경우, ② 다른 법령에 따라 중도상환수수료 부과가 허용되는 경우 그리고 ③ 금융소비자가 여신전문금융업법

에 따른 시설대여, 연불판매 또는 할부금융에 관한 계약을 해지한 경우로서 계약에 따른 재화를 인도받지 못하였거나 인도받은 재화에 하자가 있어 정상적 사용이 어려운 경우에 해당하는 경우에는 중도상환수수료를 부과할 수 있다.

- 개인인 금융소비자에 대한 대출에 제3자의 연대보증을 요구하는 경우. 다만, ① 사업자등록증 상 대표자의 지위에서 대출을 받는 경우 해당 사업자등록증에 기재된 다른 대표자, ② 「건축물의 분양에 관한 법률」에 따른 분양대금을 지급하기 위해 대출을 받는 경우 같은 법에 따른 분양사업자 및 해당 건축물의 시공사에 대해서는 연대보증을 요구할 수 있다.
- 법인인 금융소비자에 대한 대출에 제3자의 연대보증을 요구하는 경우. 다만, ① 해당 법인의 대표이사 또는 무한책임사원, ② 해당 법인에서 가장 많은 지분을 보유한 자, ③ 해당 법인의 의결권 있는 발행 주식 총수의 30%를 초과하여 보유한 자, ④ 금융소비자와 같은 기업집단에 속한 회사, ⑤ 자본시장법에 따른 프로젝트금융(대출로 한정) 또는 이와 유사한 구조의 금융상품에 관한 계약을 체결하는 경우에 그 프로젝트금융의 대상이 되는 사업에 따른 이익을 금융소비자와 공유하는 법인 그리고 ⑥ 「건축물의 분양에 관한 법률」에 따른 분양대금을 지급하기 위해 대출을 받는 경우 같은 법에 따른 분양사업자 및 해당 건축물의 시공사에 대해서는 연대보증을 요구할 수 있다.
- 조합 · 단체인 금융소비자에 대한 대출에 제3자의 연대보증을 요구하는 경우. 다만, 해당 조합 · 단체의 대표자에 대해서는 연대보증을 요구할 수 있다.

라. 기타 우월적 지위 이용 행위 금지

그 밖에 금융상품판매업자등이 우월적 지위를 이용하여 금융소비자의 권익을 침해하는 다음과 같은 행위는 금지된다.

- 금융소비자의 계약의 변경 · 해지 요구 또는 계약의 변경 · 해지에 대한 정당한 사유 없이 금전을 요구하거나 그 밖의 불이익을 부과하는 행위
- 계약 또는 법령에 따른 금융소비자의 이자율 · 보험료 인하 요구에 대해 정당한 사유 없이 이를 거절하거나 그 처리를 지연하는 행위

- 적합성 원칙에 따라 확인한 금융소비자의 정보를 이자율이나 대출한도 등에 정당한 사유 없이 반영하지 않는 행위
- 금융상품직접판매업자가 계약이 최초로 이행된 날 전 · 후 각각 1개월 내에 ①「중소기업협동조합법」에 따른 공제상품, ②「중소기업 인력지원 특별법」에 따른 공제상품, ③ 상품권 중 어느 하나의 상품에 관한 계약을 체결하는 행위. 다만, 상기 ① 및 ②의 공제상품의 경우에는 금융소비자가 중소기업인 경우로서 금융소비자의 월지급액이 금전제공계약에 따라 금융소비자가 제공받거나 받을 금액의 1%를 초과하는 경우로 한정한다.
- 금융상품판매업자가 보장성 보험(신용생명보험은 제외)에 관한 계약 체결을 위해 금융소비자에 금융상품에 관한 계약 체결과 관련하여 이자율 우대 등 특혜를 제공하는 행위
- 금융상품판매업자 또는 그 임원 · 직원이 업무와 관련하여 직접적 · 간접적으로 금융소비자 또는 이해관계자로부터 금전, 물품 또는 편익 등을 부당하게 요구하거나 제공받는 행위
- 금융소비자 또는 제3자로부터 담보 또는 보증을 취득하는 계약과 관련하여 ① 해당 계약서에 그 담보 또는 보증의 대상이 되는 채무를 특정하지 않는 행위 또는 ② 해당 계약서상의 담보 또는 보증이 장래 다른 채무에도 적용된다는 내용으로 계약을 하는 행위
- 대출에 관한 계약(기존계약)을 체결했던 금융소비자와 기존 계약을 해지하고 그 계약과 사실상 동일한 계약(신규계약)을 체결한 후에 기존 계약의 유지기간과 신규계약의 유지기간을 합하여 3년이 넘었음에도 기존 계약이 대출계약의 성립일로부터 3년 이내에 상환하는 것에 해당한다는 이유로 금융소비자의 계약해지에 대해 중도상환수수료를 부과하는 행위 등 계약의 변경 · 해지를 이유로 금융소비자에 수수료 등 금전의 지급을 부당하게 요구하는 행위
- 근저당권이 설정된 금전제공계약의 금융소비자가 채무를 모두 변제한 경우에 해당 담보를 제공한 자에게 근저당 설정을 유지할 것인지를 확인하지 않는 행위

3-5. 대출성 상품에 적용되는 광고규제

가. 금융상품등에 관한 광고를 할 수 없는 경우

보장성 · 예금성 · 대출성 상품을 취급하는 금융상품판매대리 · 중개업자는 업무광고는 할 수 있으나 금융상품에 대한 광고(금융상품광고)를 해서는 아니된다.

다만, 금융상품직접판매업자가 상기 금융상품판매대리 · 중개업자에게 금융상품에 관한 광고를 허용한 경우는 제외한다. 이때 금융상품직접판매업자는 광고를 허용하기 전에 그 광고가 법령에 위배되는지를 확인해야 한다.

[표 2-24] 판매채널별 광고 가능 범위

<table>
<tr><th colspan="3">구분</th><th>업무광고</th><th>금융상품광고</th></tr>
<tr><td rowspan="3">금융상품
직접
판매업자</td><td colspan="2">금융상품직접판매업자</td><td>가능</td><td>가능</td></tr>
<tr><td rowspan="2">금융상품판매
대리 · 중개업자</td><td>투자성 상품</td><td>불가능</td><td>불가능</td></tr>
<tr><td>그 밖에</td><td>가능</td><td>원칙 불가능
단, 직판업
허용 시 가능</td></tr>
<tr><td colspan="2" rowspan="2">금융상품자문업자</td><td>독립금융상품 자문업자
(금소법상 등록)</td><td colspan="2">특정 금융상품판매업자 또는
특정 금융상품에 대한 광고는 금지</td></tr>
<tr><td>그 밖에</td><td>가능</td><td>가능</td></tr>
<tr><td colspan="3">금융협회, 금융지주회사, 집합투자업자 등</td><td>가능</td><td>가능</td></tr>
</table>

나. 금융상품등에 관한 광고 시 필수 포함사항

금융상품판매업자등이 하는 금융상품등에 관한 광고에는 아래의 내용이 포함되어야 한다.

- 금융상품에 관한 계약을 체결하기 전에 금융상품 설명서 및 약관을 읽어 볼 것을 권유하는 내용
- 금융상품판매업자등의 명칭, 금융상품의 내용

금융상품의 내용은 ① 금융상품의 명칭, ② 이자율, ③ 수수료, ④ 그 밖에 일반금융소비자가 해당 금융상품을 이해하는데 필요하다고 금융위원회가 정하여 고시한 사항인데, 대출성 상품은 신용카드의 경우에는 연회비와 연체율, 시설대여 · 연불판매 · 할부금융의 경우에는 연체율, 수수료, 금융소비자가 계약기간 중 금전 · 재화를 상환하는 경우 적용받는 조건, 그 밖의 대출상품의 경우에는 이자율(연체이자율 포함)의 범위 및 산출기준, 이자 부과시기, 금융소비자가 계약기간 중 금전 · 재화를 상환하는 경우 적용받는 조건이 해당된다.

또한, 대출성 상품은 대출조건에 대한 것으로 갖추어야 할 신용 수준에 관한 사항, 원리금 상환방법이 포함된다.

■ 그 밖에 금융소비자 보호를 위한 사항(기타 필수 포함사항)

그 밖에 금융소비자 보호를 위한 사항으로는 ① 금융상품에 대한 설명을 받을 수 있는 권리, ② 법령 및 내부통제기준에 따른 광고 관련 절차의 준수에 관한 사항, ③ 예금자보호법 등 다른 법률에 따른 금융소비자의 보호 내용(대출성 상품은 제외), ④ 금융상품판매대리 · 중개업자의 고지의무 등에 관한 사항(금융상품판매대리 · 중개업자의 광고만 해당), ⑤ 금융상품자문업자의 영업행위준칙 등에 관한사항(금융상품자문업자의 광고만 해당) 그리고 ⑥ 그 밖에 금융소비자의 계약 체결이나 권리 · 의무에 중요한 영향을 미치는 사항으로서 금융소비자보호감독규정 [별표 5]에서 규정한 "광고에 포함해야 하는 사항"이 있다.

▶▶ 금융소비자보호감독규정 [별표 5]

| 광고에 포함해야 하는 사항(제17조 제2항 관련) |

1. 모든 금융상품 및 관련 업무: 다음 각 목의 사항
   가. 광고의 유효기간이 있는 경우 해당 유효기간
   나. 통계수치나 도표 등을 인용하는 경우 해당 자료의 출처
   다. 연계 · 제휴서비스 등 부수되는 서비스를 받기 위해 충족해야할 요건(연계 · 제휴서비스 등 부수되는 서비스를 광고하는 경우만 해당)
2. 보장성 상품 및 관련 업무 〈내용은 생략〉
3. 투자성 상품 및 관련 업무 〈내용은 생략〉

4. 대출성 상품 및 관련 업무: 다음 각 목의 사항 및 관련 경고문구

가. 상환능력에 비해 대출금, 신용카드 사용액이 과도할 경우 개인신용평점이 하락할 수 있다는 사실

나. 개인신용평점 하락으로 금융거래와 관련된 불이익이 발생할 수 있다는 사실

다. 일정 기간 납부해야할 원리금이 연체될 경우에 계약만료 기한이 도래하기 전에 모든 원리금을 변제해야할 의무가 발생할 수 있다는 사실

5. 금융상품판매대리 · 중개업자 〈내용은 생략〉

6. 금융상품자문업자 〈내용은 생략〉

다. 대출성 상품 광고 시 금지행위

금융상품판매업자등이 금융상품등에 관한 광고를 하는 경우 금융상품의 유형별로 금지된 행위를 하지 말아야 한다.

대출성 상품에 대한 광고 시 금지행위를 살펴보면, ① 대출이자율의 범위 · 산정방법, 대출이자의 지급 · 부과 시기 및 부수적 혜택 · 비용을 명확히 표시하지 않아 금융소비자가 오인하게 하는 행위, ② 대출이자를 일 단위로 표시하여 대출이자가 저렴한 것으로 오인하게 하는 행위, ③ 금융소비자의 경제적 부담이 작아 보이도록 하거나 계약체결에 따른 이익을 크게 인지하도록 하여 금융상품을 오인하게 하는 행위, ④ 비교대상 및 기준을 분명하게 밝히지 않거나 객관적인 근거 없이 다른 금융상품등과 비교하는 행위, ⑤ 불확실한 사항에 대해 단정적 판단을 제공하거나 확실하다고 오인하게 할 소지가 있는 내용을 알리는 행위, ⑥ 계약 체결 여부나 금융소비자의 권리 · 의무에 중대한 영향을 미치는 사항을 사실과 다르게 알리거나 분명하지 않게 표현하는 행위 그리고 ⑦ 금융소비자에 따라 달라질 수 있는 거래조건을 누구에게나 적용될 수 있는 것처럼 오인하게 하는 행위가 있다.

3-6. 청약철회권이 적용되는 청약철회권

대출성 상품은 시설대여 · 연불판매 · 할부금융(소비자가 재화 미수령 시 제외), 연계대출, 신용카드, 자본시장법 상 신용대출(담보증권 처분에 한함) 그리고 지급보증(제3자 동의 시 제외)을 제외한 모든 대출성 상품에 대해 청약철회권이 적용된다.

대출성 상품의 청약철회 가능기간은 계약서류 제공일, 계약체결일 또는 계약에 따른 금전 · 재화 등 제공일로부터 14일이다. 청약철회 의사표시를 금융회사에 발송하고 원금 · 이자 · 부대비용을 반환한 때에 청약철회의 효과가 발생한다. 이 경우 청약철회권을 행사한 일반금융소비자는 해당 계약과 관련하여 금융회사가 제3자에게 이미 지급한 수수료 등을 금융회사에 반환해야 하는 데, 해당 수수료 등으로는 인지세 등 제세공과금, 저당권 설정 등에 따른 등기 비용을 말한다.

[표 2-25] 대출성 상품 관련 청약철회권 주요 내용

청약철회권 대상 상품	철회가능기간	철회효과 발생
– 아래를 제외한 모든 대출성 상품 · 시설대여 · 연불판매 · 할부금융(소비자가 재화 미수령 시 제외) · 연계대출 · 신용카드 · 자본시장법 상 신용대출 (담보증권처분 限) · 지급보증(제3자 동의 시 제외)	계약서류 제공일, 계약체결일 또는 계약에 따른 금전 · 재화 등 제공일로부터 14일	철회 의사표시를 발송하고 원금 · 이자 · 부대비용을 반환한 때

주) 청약철회권은 일반금융소비자만 적용

연습문제

1. 여신규제제도의 의의와 목표에 대해 설명하시오.

2. 신용공여한도규제의 의의와 기능에 대해 설명하시오.

3. 은행법상 신용공여의 정의와 신용공여한도규제의 연혁에 대해 설명하시오.

4. 은행이 대출업무 등을 영위함에 있어 금지되는 것에 대해 설명하시오.

5. 은행법상 편중 신용공여제한제도의 종류와 그 내용을 약술하시오.

연습문제

6. 은행의 여신운용원칙에 대해 설명하시오.

7. 주채무계열제도의 의의와 필요성에 대해 설명하시오.

8. 과실에 의한 행정법규 위반행위에 대해 행정형벌을 부과할 수 있는지에 대해 설명하시오.

9. 행정제재 중 과태료와 과징금의 차이에 대해 설명하시오.

10. 금융회사 임직원의 위법부당행위에 대한 금융감독원의 조치 중 자율처리필요사항 통보 제도에 대해 설명하시오.

11. 금융소비자보호법 상 대출성 상품에 적용되는 적합성·적정성 원칙에 대해 약술하시오.

[부록1] 여신심사 선진화를 위한 모범규준

제1장 총 칙

제1조(목적) 이 모범규준은 관계기관 합동으로 발표한 「가계부채 종합관리방안」(2015.7.22.), 「가계부채 종합대책」(2017.10.24.), 「가계부채 관리방안」(2021.4.29.), 「가계부채 관리 강화방안」(2021.10.26.) 및 「새정부 가계대출 관리방향 및 단계적 규제 정상화 방안」(2022.6.16.)에 따라 은행의 담보 위주 여신심사 관행을 차주의 채무상환능력에 대한 평가 위주로 전환하는 등 은행 여신심사 관행을 선진화하고 금융소비자보호의 실효성을 높이기 위하여 사원은행이 가계대출(이하 "대출"이라 한다)을 취급하는 데에 필요한 사항을 정함에 있어 참고할 수 있는 내용을 규정하는 것을 목적으로 한다.

제2조(정의) 이 모범규준에서 사용하는 용어의 뜻은 다음과 같다.

1. "은행"이란 다음 각 목의 어느 하나에 해당하는 자를 말한다.
   가. 「은행법」에 따른 인가를 받아 설립된 은행
   나. 「한국산업은행법」에 따른 한국산업은행
   다. 「중소기업은행법」에 따른 중소기업은행
   라. 「농업협동조합법」에 따른 농협은행
   마. 「수산업협동조합법」에 따른 수협은행

1의2. "시중은행"이란 은행 중 지방은행, 특수은행, 인터넷은행을 제외한 은행을 말한다.

1의3. "지방은행"이란 전국을 영업구역으로 하지 아니하는 은행을 말한다.

1의4. "특수은행"이란 제2조 제1호 나목부터 마목에 따른 은행을 말한다.

1의5. "인터넷은행"이란 은행업을 주로 전자금융거래(「전자금융거래법」 제2조 제1호에 따른 거래를 말한다)의 방법으로 영위하는 은행을 말한다.

2. “주택”이란 「주택법」 제2조 제1호에서 정하는 주택을 말한다.
3. “주택담보대출”이란 은행이 주택을 담보로 하여 취급하는 가계대출(사산유동화된 대출을 포함한다)을 말한다. 다음의 어느 하나에 해당하는 대출은 별도로 정하는 바가 없으면 주택담보대출로 본다.
   가. 분양 주택에 대한 중도금대출 및 잔금대출
   나. 재건축 · 재개발(리모델링 및 도심 공공주택 복합사업에 따라 현물보상으로 공급하는 주택 포함, 이하 이 모범규준에서 같다) 주택에 대한 이주비대출, 추가분담금에 대한 중도금대출 및 잔금대출
4. “비주택 부동산”이라 함은 「부동산 거래신고 등에 관한 법률」 제2조 제1호의 부동산중 주택을 제외한 것을 말하며, 그 분양권 및 재건축 · 재개발 지분 등을 포함한다.
5. “비주택담보대출”이라 함은 은행이 비주택 부동산을 담보로 취급하는 가계대출(자산유동화된 대출을 포함한다)을 말한다. 다음의 어느 하나에 해당하는 대출은 비주택담보대출로 본다.
   가. 분양 비주택 부동산에 대한 중도금대출 및 잔금대출
   나. 재건축 · 재개발(리모델링 포함, 이하 이 모범규준에서 같다) 비주택 부동산에 대한 이주비대출, 추가분담금에 대한 중도금대출 및 잔금대출
6. “신용대출”이라 함은 「신용정보의 이용 및 보호에 관한 법률」에 따라 한국신용정보원에서 집중 · 관리중인 개인대출 중 신용대출(학자금대출과 전세자금대출 제외)을 말한다.
7. “신규대출”이란 신규로 취급하는 대출을 말하며 기존 대출의 증액, 재약정, 대환, 채무인수, 분양 주택에 대한 잔금대출 및 재건축 · 재개발 주택에 대한 잔금대출 등을 포함한다. 다만, 대출을 기한연장하는 경우와 금리 또는 만기 조건만 변경되는 재약성 · 대환 등은 신규내출로 보지 아니힌디.
8. “비거치식 분할상환 대출”이란 최초 약정일로부터 만기일까지 이자만 상환하는 기간(이하 “거치기간”이라 한다)이 1년 이내인 동시에 원금을 월 1회 이상 분할상환하는 주택담보대출을 말한다.
9. “주택구입자금용 대출”이란 주택의 소유권보존등기 또는 소유권이전등기일로부터 3개월 이내에 그 주택에 설정되는 저당권(근저당권을 포함한다)에 의하여 담

보된 주택담보대출을 말한다.(후취담보취득 조건부 잔금대출 포함)

10. "LTV" 및 "DTI"란 「은행업감독업무시행세칙」〈별표18〉에서 정하고 있는 담보인정비율(LTV)과 총부채상환비율(DTI)를 말한다.
11. "고부담대출"이란 LTV 또는 DTI가 60%를 초과하는 주택담보대출을 말한다.
12. "집단대출"이란 일정 자격요건을 갖춘 특정 차주집단을 대상으로 하는 대출을 일괄승인하는 방식으로 취급되는 여신으로 신규분양 · 재건축 · 재개발주택 입주(예정)자 전체를 대상으로 집단적으로 취급되는 주택담보대출을 말한다.
13. "스트레스 금리(Stress Rate)"란 향후 금리상승 위험에 노출될 가능성이 있는 변동금리대출의 원리금 상환부담 및 차주의 채무상환능력 변화를 파악하기 위하여 향후 금리상승 가능성을 고려한 가산금리를 말한다.
14. "스트레스 DTI"란 실제 금리에 스트레스 금리를 가산하여 산출한 DTI를 말한다.
15. "총부채원리금상환비율(DSR, Debt Service Ratio)"이란 차주의 총 금융부채 상환부담을 판단하기 위하여 산정하는 차주의 연간 소득 대비 연간 금융부채 원리금 상환액 비율을 말한다.
16. "高DSR 대출"이란 DSR이 70%를 초과하는 대출을 말한다.
17. "소득"이란 비교적 장기간 정기적으로 예상되는 수입을 말하며 소득의 종류는 다음과 같이 구분한다.
    가. 증빙소득 : 공공성이 강한 기관에서 발급하거나 객관성이 있는 자료로 입증한 근로소득, 사업소득, 연금소득, 기타소득 등을 포함하는 소득
    나. 인정소득 : 공공기관 등의 발급자료(국민연금 · 건강보험료 납부내역 등)를 바탕으로 추정한 소득
    다. 신고소득 : 증빙소득 또는 인정소득에 해당하지 않는 이자, 배당금, 지대, 임대료 등 재산을 활용하여 얻은 소득 등 대출 신청자가 제출한 자료로 추정한 소득
18. "최저생계비"란 「은행업감독업무시행세칙」에서 명시한 '보건복지부가 고시하는 급여선정기준금액' 중 〈별표1〉에서 정한 금액을 말한다.

제3조(적용범위) 이 모범규준 제2장부터 제4장까지는 은행이 취급하는 주택담보대

출에, 제5장은 은행이 취급하는 대출에 적용한다.

제2장 소득산정

제4조(연소득산정 원칙) ① 신규 주택담보대출 취급시 해당 주택이 DTI 규제 등에 해당하지 않더라도 모든 대출 신청자의 소득을 확인하여 전산 입력 · 관리한다.

② 연소득은 증빙소득으로 산정하는 것을 원칙으로 하며, 증빙소득으로 산정하는 것이 어려운 경우 인정소득 또는 신고소득으로 산정할 수 있다.

③ 전항에서 증빙소득으로 연소득을 산정하는 것이 어려운 경우는 한국주택금융공사 「보금자리론 업무처리기준」의 '소득의 입증이 어려운 경우'를 준용한다.

④ 연소득은 차주 본인을 기준으로 하되 차주의 배우자 소득을 합산하여 산정할 수 있다. 다만 배우자의 소득을 합산하는 경우에는 총 금융부채에도 배우자 명의의 금융부채를 합산하여 산정하여야 한다.

제5조(연소득의 적용) ① 증빙소득 및 인정소득의 종류, 확인서류, 연소득 산정방법 등은 한국주택금융공사 보금자리론 소득증빙 방법을 준용한다.

② 신고소득의 확인방법은 〈별표1〉에서 정한 바에 따른다.

③ 연소득의 합산은 〈별표2〉에서 정한 바에 따른다.

④ 신고소득 중 최저생계비는 다음 각 호의 주택담보대출로서 실직 등의 사유로 소득자료 확보가 곤란한 경우, 영업점장이 자산 등 별도의 상환재원을 확인하고 이를 전산에 입력 · 관리하는 차주에 한하여 사용할 수 있다.

1. 동일 주택을 담보로 하는 3천만 원 이하의 소액대출(신청건 포함)
2. 분양주택에 대한 중도금대출
3. 재건축 · 재개발 주택에 대한 이주비 대출, 추가분담금에 대한 중도금대출

제3장 비거치식 분할상환

제6조(비거치식 분할상환 대상) ① 신규 주택담보대출이 다음 각 호의 어느 하나에 해당하는 경우 원칙적으로 비거치식 분할상환으로 취급한다.

1. 주택구입자금용 대출. 단, 이 모범규준 시행일 이전에 설정된 저당권(근저당권 포함)을 담보로 하거나 대출 신청일 현재 피담보채무가 없는 저당권(근저당권 포함)을 재사용하는 대출은 제외
2. 고부담대출에 해당하는 대출 신청 건(동일 은행에서 3개월 내에 대출이 2건 이상 신청된 경우 동일 건으로 간주). 단, LTV가 60%를 초과 하더라도 DTI가 30%이하인 경우 제외
3. 연소득 산정 시 신고소득을 적용한 대출
4. 주택담보대출 담보물건이 본 건을 포함하여 전 금융기관 합산 3건 이상인 경우. 단, 타 금융기관의 경우 주택담보대출 합계액이 5천만 원을 초과하고 별도의 증빙이 없는 경우 각 금융기관별로 1건으로 본다(예 : 1개의 담보물건으로 2개 이상의 금융기관에서 대출한 경우 증빙시 1건으로 간주)

② 전항의 규정에 불구하고 다음 각 호의 어느 하나에 해당하는 경우 비거치식 분할상환 대상에서 예외로 할 수 있다.

1. 분양주택에 대한 중도금대출
2. 재건축 · 재개발 주택에 대한 이주비 대출, 추가분담금에 대한 중도금대출
3. 상속, 채권보전을 위한 경매 참가 등 불가피하게 채무를 인수하게 되는 경우
4. 자금 수요 목적이 단기이거나 명확한 상환 계획이 있음을 전결권자가 인정한 경우(예 : 예 · 적금 등 금융상품의 만기가 도래하거나 일시적 2주택을 처분하여 원금을 상환할 계획인 경우 등)
5. 지원이 불가피한 생활자금으로서 본부승인을 받은 경우(예 : 주 소득자의 사망 · 퇴직 · 행방불명, 거주 주택의 소실, 의료비, 학자금 등)
6. 차주의 상환부담을 경감하여 원활한 채무상환을 지원하기 위한 목적으로 원금 또는 이자를 감면하거나 금리, 만기, 상환방법, 거치기간에 관한 조건을 변경하는 경우. 다만, 상환방법에 관한 조건의 변경은 일시 또는 분할상환 방식의 대출을 상환기간 10년 이상의 분할상환 방식의 대출로 전환하는 경우에 한

정한다.

7. 그 밖에 은행이 자율적으로 대출 신청자가 충분한 상환능력을 가지고 있거나 불가피한 사정이 있다고 판단하여 별도로 정한 경우

③ 현재 비거치식 분할상환 중인 주택담보대출이라 하더라도 제2항 제5호 예시에 해당하는 사유가 발생한 경우 상환조건을 변경할 수 있다.

제7조(비거치식 분할상환 유도) ① 제6조 제1항 및 제2항의 규정에 따른 분할상환 대상 주택담보대출이 아니라 하더라도 다음 각 호의 어느 하나에 해당하는 경우 고객을 대상으로 비거치식 분할상환을 유도한다.

1. 거치기간이 1년을 초과하는 대출(만기일시상환 포함. 단, 한도대출은 제외)
2. 기존대출의 조건변경 또는 만기연장

② 전항의 분할상환 유도를 위해 다음 각 호의 내용을 설명한다.

1. 거치식 분할상환 또는 만기일시상환 대출신청자에게 비거치식 분할상환 대출조건을 우선적으로 안내
2. 비거치식 분할상환 대출 취급시 총 이자부담 감소 및 이자비용 소득공제 등의 장점 안내
3. 거치기간을 두는 경우 동 기간 종료시 반드시 분할상환이 개시되며, 거치기간 연장이 어려울 수 있음을 안내

제4장 DTI 및 스트레스 DTI

제8조(적용대상 및 기준) ① 은행은 신규 주택담보대출 취급시 DTI를 산출한다. 단, 다음 각 호의 경우에는 제외할 수 있다.

1. 분양주택에 대한 중도금대출
2. 재건축 · 재개발 주택에 대한 이주비 대출, 추가분담금에 대한 중도금대출
3. 차주의 상환부담을 경감하여 원활한 채무상환을 지원하기 위한 목적으로 원금 또는 이자를 감면하거나 금리, 만기, 상환방법, 거치기간에 관한 조건을 변경하는 경우. 다만, 상환방법에 관한 조건의 변경은 일시 또는 분할상환 방식

의 대출을 상환기간 10년 이상의 분할상환 방식의 대출로 전환하는 경우에 한정한다.

4. 1억 5천만 원 한도 내에서 차주가 긴급한 생활안정자금 목적임을 입증하고 신청한 목적 범위 내에서 자금을 사용한다는 약정을 체결하여 여신심사위원회(또는 그에 준하는 의사결정기구) 승인을 받은 경우

② 은행은 신규 변동금리 주택담보대출 취급시 스트레스 DTI를 산출하며, 스트레스 DTI가 80%를 초과하는 대출은 고정금리 대출로 취급하거나 스트레스 DTI가 80%를 초과하지 않도록 취급한다. 다만, 다음 각 호의 어느 하나에 해당하는 경우 산출 및 적용을 예외로 할 수 있다.

1. 대출 상환구조 개선을 위하여 기존의 일시상환방식(거치식 분할상환 포함) 주택담보대출을 거치기간이 없는 즉시 분할상환대출로 전환하는 경우
2. 분양주택에 대한 중도금대출
3. 재건축 · 재개발 주택에 대한 이주비 대출, 추가분담금에 대한 중도금대출
4. 상속, 채권보전을 위한 경매 참가 등 불가피하게 채무를 인수하게 되는 경우
5. 차주의 상환부담을 경감하여 원활한 채무상환을 지원하기 위한 목적으로 원금 또는 이자를 감면하거나 금리, 만기, 상환방법, 거치기간에 관한 조건을 변경하는 경우. 다만, 상환방법에 관한 조건의 변경은 일시 또는 분할상환 방식의 대출을 상환기간 10년 이상의 분할상환 방식의 대출로 전환하는 경우에 한정한다.
6. 1억 5천만 원 한도 내에서 차주가 긴급한 생활안정자금 목적임을 입증하고 신청한 목적 범위 내에서 자금을 사용한다는 약정을 체결하여 여신심사위원회(또는 그에 준하는 의사결정기구) 승인을 받은 경우

③ 제2항에서의 변동금리 주택담보대출이란 〈별표3〉에서 정하고 있는 고정금리 대출에 해당하지 않는 대출을 말한다.

제9조(스트레스 금리의 산출 및 적용) ① 스트레스 금리는 전국은행연합회가 매년 12월 중 제공하여 이듬해 1월 1일부터 적용한다.

② 전항의 스트레스 금리는 매년 11월을 기준으로 최근 5년간 한국은행에서 공시한 월별 “예금은행 가계대출 신규취급 가중평균금리” 중 최고치에서 최근 월인 11

월에 공시한 금리를 차감한 숫자로 하되, 소수점 둘째자리에서 반올림한다.

③ 제1항 및 제2항에 따라 산정한 스트레스 금리가 1%p 미만인 경우에는 1%p로 한다.

④ 스트레스 DTI는 「은행업감독업무시행세칙」의 DTI 산정방식에 따른 각 항목(해당 · 기존 주택담보대출, 기타부채) 금리에 스트레스 금리를 가산하여 산출한다. 다만, 주택담보대출을 제외한 기타부채의 연간 이자상환액 산정시 한국은행이 매월 발표하는 예금은행 가중평균 가계대출금리(잔액기준)보다 1%p 높은 금리를 적용하고 있는 경우 제2항의 스트레스 금리에서 1%p를 차감하여 적용할 수 있다.

⑤ 제2항에 따라 계산한 스트레스 금리가 급격한 시장 변동 등으로 조정이 필요하다고 판단되는 경우에는 전국은행연합회 여신전문위원회 의결에 따라 달리 적용할 수 있다.

제5장 총부채원리금상환비율(DSR)

제10조(DSR의 산정) ① 은행은 신규 취급한 대출에 대해 한국신용정보원에 집중되는 차주의 DSR 산출용 대출 원리금 상환정보를 활용하여 다음과 같이 DSR을 산출한다.

$$\text{DSR 산식} = \frac{\text{금융회사 대출의 연간 원리금 상환액}}{\text{연소득}} \times 100$$

② 제1항의 규정에도 불구하고 다음 각 호의 어느 하나에 해당하는 대출을 신규 취급하는 경우 DSR 산출 대상에서 제외할 수 있다. 다만, 다음 각 호에 해당하지 않는 대출을 신규 취급하는 경우에는 다음 각 호의 대출을 DSR 산출을 위한 기존부채에 포함한다.

1. 분양주택에 대한 중도금대출
2. 재건축 · 재개발 주택에 대한 이주비 대출, 추가분담금에 대한 중도금대출
3. 비주택 부동산의 분양에 대한 중도금대출, 재건축 · 재개발에 대한 이주비대출, 추가분담금에 대한 중도금대출

4. 서민금융상품(새희망홀씨, 바꿔드림론, 사잇돌대출, 징검다리론, 대학생 · 청년 햇살론 등)
5. 대출금액 3백만 원 이하 소액 대출
6. 전세자금대출(전세보증금담보대출은 제외)
7. 주택연금(역모기지론)
8. 정책적 목적에 따라 정부, 공공기관, 지방자치단체 등과 이차보전 등 협약을 체결하여 취급하는 대출
9. 자연재해 지역에 대한 지원 등 정부정책 등에 따라 긴급하게 취급하는 대출
10. 상속, 채권보전을 위한 경매 참가 등 불가피하게 대출 채무를 인수하게 되는 경우
11. 차주의 상환부담을 경감하여 원활한 채무상환을 지원하기 위한 목적으로 원금 또는 이자를 감면하거나 금리, 만기, 상환방법, 거치기간에 관한 조건을 변경하는 경우. 다만, 주택담보대출의 경우 상환방법에 관한 조건의 변경은 일시 또는 분할상환 방식의 대출을 상환기간 10년 이상의 분할상환 방식의 대출로 전환하는 경우에 한정한다.

제11조(소득 · 부채산정방식) ① DSR 산출시 주택담보대출의 소득산정방식은 「은행업감독업무시행세칙」〈별표18〉 제9호 및 이 모범규준 제2장에서 정한 바에 따른다.

② DSR 산출시 주택담보대출 이외 대출의 소득산정방식은 「은행업감독업무시행세칙」〈별표18〉 제9호 가목, 다목 및 이 모범규준 〈별표1〉을 준용한다.

③ 전항에도 불구하고 다음 각호에 해당하는 비대면 대출, 우수거래고객 대출, 협약 대출 등 주택담보대출 이외의 대출은 증빙소득이 아닌 인정 · 신고소득을 확인하여 소득을 산정하거나, 소득자료를 제출받지 않고 高DSR(DSR 70% 초과)로 분류하여 취급할 수 있다. 다만, 직장가입자의 인정소득으로 연소득을 산정하는 경우에는 50백만 원 한도 적용 없이 추정 소득액 100%를 연소득으로 인정할 수 있다.

1. 비대면 채널(인터넷 홈페이지, 스마트폰 어플리케이션 등)을 이용하여 취급하는 대출

2. 특정직군이나 일정한 거래실적 등을 충족하는 특정고객 등을 대상으로 소득을 제출받지 않고 취급하는 우수거래고객대출
3. 협약기관과의 협약내용 등에 따라 소득을 제출받지 않고 취급하는 대출
4. 기타 제1호부터 제3호까지에 준하는 대출로서 소득을 확인할 수 없는 사정이 합리적으로 인정되는 대출

④ 제1항 및 제2항에도 불구하고 인정·신고소득 중 2가지 이상의 소득자료를 활용하여 연소득을 산정하는 경우 70백만 원 한도로 연소득을 인정할 수 있다. 다만, 확인된 2가지 이상의 소득금액이 상이할 경우 가장 낮은 소득액을 활용하여 연소득을 인정한다.

⑤ 장래소득 인정기준은 〈별표5〉에서 정한 바에 따른다.

⑥ 제3항 내지 제5항에 따라 소득산정이 이루어지는 경우 해당 대출상품 및 소득 산정방식을 내규에 명확히 반영하고 운영하여야 한다.

⑦ DSR 산출시 부채산정방식은 〈별표4〉에서 정한 바에 따른다.

제12조(DSR의 활용) ① 은행은 대출 신규 취급에 따른 DSR 활용방안 등의 기준을 마련한다.

② DSR 활용방안은 차주의 소득, 신용도, 상환능력, 채권보전책 등의 항목을 종합적으로 고려하여 은행의 여신심사 및 리스크관리 목적에 부합하도록 운영하여야 한다.

③ 대출은 차주의 소득, 신용도, 상환능력 등을 평가하여 운영하여야 하고 기존 대출 상환부담이 과도하거나 신규대출 상환이 어려울 것으로 판단되는 경우 대출을 거절할 수 있다.

④ 은행은 차주의 소득, 신용정보, 상환능력, 상환기간, 적용금리 등을 종합적으로 고려하여 적정한 대출한도를 설정한다.

⑤ 은행은 신규 취급한 대출이 은행이 정한 高DSR 대출에 해당하는 경우 별도로 관리(예 : 사후관리 대상으로 선정하여 모니터링, 조기경보 대상 포함, 론리뷰 등)한다.

제13조(DSR의 관리기준) ① 은행은 매 분기 실행된 대출이 은행의 종류에 따라 다

음 각 호의 비율을 준수할 수 있도록 DSR 활용방안을 운영하여야 한다.

1. 시중은행 및 인터넷은행 : 신규대출 취급액 중 DSR 70% 초과대출은 5% 이내, DSR 90% 초과대출은 3% 이내
2. 지방은행 : 신규대출 취급액 중 DSR 70% 초과대출은 15% 이내, DSR 90% 초과대출은 10% 이내
3. 특수은행 : 신규대출 취급액 중 DSR 70% 초과대출은 15% 이내, DSR 90% 초과대출은 10% 이내

② 은행은 신규대출 취급액에 대하여 대출의 평균 DSR이 40%이내가 될 수 있도록 DSR 활용방안을 운영하여야 한다.

③ 전항에 따라 평균 DSR을 산출하는 경우, 제11조 제3항에 따라 소득자료를 징구하지 않고 취급하는 대출의 DSR은 300%로 가정하여 산출한다.

제6장 보 칙

제14조(모범규준의 효력) 이 모범규준은 사원은행의 대출 취급에 참고할 수 있는 내용으로, 모범규준의 시행에 필요한 세부사항은 사원은행이 자율적으로 정한다.

제15조(모범규준 개정 등) 이 모범규준의 개정 또는 폐지는 전국은행연합회의 「은행권 자율규제 운영규정」에서 정하는 바에 따른다.

〈별표1〉 인정소득 특례 및 신고소득 연소득 산정방법

☞ **농·축·임·어업인에 대한 인정소득의 연소득 산정방법 특례**

소득종류	확인서류	연소득 산정 방법
농 · 축 · 임산물 소득자료로 추정	■농 · 축 · 임업인 확인서류 中 1 ①농지원부 ②축산업등록증(가축사육신고확인서) ③농업경영체등록확인서 ④산림경영계획서(임업인만 해당)	최근 3년간 평균 총수입 - 경영비 (농촌진흥청 「농축산물소득자료」, 한국임업진흥원 「임산물소득자료집」 상의 소득 등)

소득종류	확인서류	연소득 산정 방법
어업소득 사료도 추정	■ 어업인 확인서류 中 1 ① 어업허가증 ② 어업면허증 ③ 어업신고필증 ④ 마을어업의 경우 행사계약시 어촌계장의 자필서명(또는 무인) 있는 확인서	**위판금액[1)] × 최근 3년간 어업평균소득율[2)](%)** 1) 국세청 발급 부가가치세면세사업자수입금액증명(업태 · 종목이 어업형태인지 확인)의 수입금액 등 2) 어업평균소득율 : 통계청→국가통계포털(KOSIS)→어가경제조사→어가경제주요지표

☞ **신고소득의 연소득 산정방법**

소득종류	확인서류	연소득 산정 방법
임대소득 추정	① 임대차계약서 사본 ② 임대인 본인명의 월임대료 입금통장 사본 ③ 임대물건(토지 또는 건물)의 등기사항전부증명서	최근 1년간 입금액 (단, 입금기간이 3개월 이상인 경우 연환산 가능)
금융소득 추정	①본인명의 이자 및 배당 등 금융소득 입금 통장 사본(지급영수증 포함) 또는 ②금융소득 전산거래 내역표 등	최근 1년간 입금액 (단, 입금기간이 3개월 이상 경우 연환산 가능)
매출액으로 추정	① 사업자등록증 사본 ② 사업자등록상태 조회결과(국세청홈택스 발급분 포함) ③ 매출액 확인서류 中 1 -부가가치세 과세표준증명(세무사 발급분 포함) -재무제표 -연간신용카드 매출액	**최근 1년간 매출액×(1 - 해당 업종[주1)]별 단순경비율[주2)]) 또는 업종별 이익률[주3)]** 주1) 업종은 사업자등록증상 종목 기준 주2) 업종별 단순경비율 : 국세청(홈페이지 고시 : 국세청뉴스 → 고시 · 공고 → 귀속 경비율 고시) 주3) 업종별 이익률 : 통계청(홈페이지 고시 : 국가통계포털 → 국내통계 → 주제별 통계 → 경기 · 기업경영 → 기업경영실태조사 → 손익관계비율)
농·축· 임·어업[주1)]	① 농 · 축 · 임 · 어업인 확인서류 中 1 ② 상호금융조합(농 · 축 · 임 · 어업조합) 출하실적 증명서 주1) DSR 산출시에 한하여 활용 가능	
신용카드 (체크카드 포함) 사용액으로 추정		**최근 1년간 개인신용카드(체크카드 포함) 소득공제금액[주1)] ÷ 신용(체크)카드 사용률[주2)]** 주1) 국세청 발급 직전년도 연말정산용 확인서상의 소득공제금액 또는 최근 1년간 사용실적표 (단, 연말정산 소득공제 비대상 실적은 제외)

소득종류	확인서류	연소득 산정 방법
신용카드 (체크카드 포함) 사용액으로 추정	①연말정산용 확인서	주2) 신용카드사용률 = 평균소비성향* × 가처분소득대비 신용(체크)카드사용 비율** *평균소비성향 : 평균소비성향 = (소비지출/처분가능소득) × 100 - 소비지출 : 통계청(홈페이지 고시 : 국가통계포털 → 국내통계 → 주제별 통계 → 물가 · 가계 → 가계 → 가계소득지출 → 가계동향조사(지출부문) → 전국(실질) → 가구원수별 가구당 월평균 가계지출(전국, 1인 이상, 실질) → 전체평균 - 처분가능소득(소득-비소비지출) : 통계청(홈페이지 고시 : 국가통계포털 → 국내통계 → 주제별통계 → 물가 · 가계 → 가계 → 가계소득지출 → 가계동향조사(신분류) → 전국(실질) → 가구원수별 가구당 월평균 가계수지(전국, 1인 이상, 실질) → 전체평균 ** 신용(체크)카드사용률 : 여신금융협회, '계간 여신금융' 신용카드 이용실적 : 국민처분가능소득 대비 신용카드(현금서비스 제외) 및 체크카드 이용금액 비율
적립식으로 추정	① 금융기관의 적립식상품*에 최근 1년간 적립한 실적을 확인할 수 있는 서류 *가입기간이 1년 초과 상품에 한함 ② 가입증명서 또는 잔액증명서 등	**최근 1년간 납부금액 ÷ 민간저축률**[주1)] 주1) 민간저축률 : 통계청, 국가통계포털, 총저축률
소득예측모형 추정	신용정보회사가 보유하고 있는 데이터를 기반으로 신용정보회사가 개발한 모형을 활용	소득예측모형으로 추정한 소득의 80%만 인정 (다만, 은행에서 최근 1년 이내에 등록한 자료를 기반으로 추정한 소득인 경우 90%까지 인정[주1)]) 주1) DSR 산출시에 한하여 활용 가능
최저생계비	거소확인서류(주민등록등본 등)	보건복지부가 고시하는 "생계급여의 선정 기준"의 4인가구 금액 (단, 제5조 제4항의 경우를 제외하고 사용 불가)

※ 각 소득종류별 연소득 산정방법에 따른 연소득금액은 5천만 원을 초과할 수 없음

〈별표2〉 소득 합산 방법

☞ 차주 소득 간 합산

구분		소득종류2		
		증빙소득	인정소득	신고소득
소득종류1	증빙소득	가능	불가	불가주1)
	인정소득	불가	불가	불가
	신고소득	불가	불가	불가주2)

주1) 금융소득 분리과세 대상자의 경우 증빙소득에 신고소득 중 금융소득 합산 가능(다만, 증빙소득 중 사적연금에 대한 연금소득을 인정받은 경우에는 신고소득 중 연금소득에 의한 입금액 합산 불가)

주2) 임대소득과 금융소득은 합산가능(DTI 산출 시 합산에 따른 연소득금액은 5천만 원을 초과할 수 없으며, DSR 산출 시 7천만 원을 초과할 수 없음)

☞ 차주의 소득에 배우자의 소득 합산 가능 여부

구분		배우자		
		증빙소득	인정소득	신고소득주1)
차주1	증빙소득	가능	불가	가능주2)
	인정소득	불가	불가	불가
	신고소득주1)	가능주2)	불가	가능주2)

주1) 합산에 따른 연소득금액은 5천만 원을 초과할 수 없음(DSR 산출 시 차주와 배우자가 각각 2가지 이상의 소득을 제출하여 소득을 합산하는 경우 연소득금액을 7천만 원까지 인정 가능)

주2) 최저생계비는 합산 불가

〈별표3〉 고정금리대출 인정기준

구분		고정금리대출 인정기준
가. 고정금리 대출		- 만기 5년 이상(고정금리기간 5년 이상)
나. 변동금리 대출		- 금리변동주기 5년 이상
나. 혼합형대출	금리 혼합형주1)	- 고정금리 해당금액 : "가"의 인정기준을 적용 - 변동금리 해당금액 : "나"의 인정기준을 적용 - 위 기준을 적용하여 고정금리 해당 금액이 전체의 70%를 넘는 경우
	기간 혼합형주2)	- 고정금리 적용 기간 중 : "가"의 인정기준을 적용 - 변동금리 적용 기간 중 : "나"의 인정기준을 적용
라. 금리상한대출		- 금리상한 적용기간중 금리상한폭이 1%p 이내이거나 아래의 범위 이내인 경우 ① 금리상한적용기간 3년 이상 ~ 5년 미만 : 1.5%p 이하이면서 연간 금리상한폭은 1%p 이내 ② 금리상한적용기간 5년 이상 : 2%p 이하이면서 연간 금리상한폭은 1%p 이내

주1) 일정금액은 고정금리, 일정금액은 변동금리인 경우

주2) 일정기간은 고정금리, 일정기간은 변동금리인 경우

〈별표4〉 DSR 부채산정방식[주1)]

분류	종류	상환형태	원금	이자
주택 담보 대출	개별 주담대 및 잔금대출	원금 전액 분할 상환	분할상환 개시 이후 실제 상환액	실제 부담액
		원금 일부 분할 상환	분할상환 개시 이후 실제 상환액 + 만기상환액/(대출기간-거치기간)	
		원금 일시 상환	대출총액 / 대출기간(최대 10년)	
	중도금 및 이주비	상환방식 무관	대출총액 / 25년	
주택 담보 대출 이외 기타 대출	전세자금대출 예·적금담보대출 보험계약대출	상환방식 무관	불포함	
	전세보증금 담보대출[주2)]	상환방식 무관	대출총액 / 4년	
	신용대출	분할상환[주3)]	대출총액 / 약정만기 (5년 이상, 10년 이내)	
		분할상환 외	대출총액 / 5년	
	오피스텔 외 비주택 담보대출	상환방식 무관	대출총액 / 8년	
	오피스텔 담보대출[주4)]	원금 전액 분할 상환	분할상환 개시 이후 실제 상환액	
		원금 일부 분할 상환	분할상환 개시 이후 실제 상환액 + 만기상환액/(대출기간-거치기간)	
		원금 일시 상환	대출총액 / 8년	
	기타 담보대출[주5)]	상환방식 무관	대출총액 / 10년	
	유가증권담보대출	상환방식 무관	대출총액 / 8년	
	장기카드대출	분할상환[주6)]	대출총액 / 약정만기(5년 이내)	
		분할상환 외	대출총액 / 약정만기(3년 이내)	
	기타대출[주7)]	상환방식 무관	향후 1년간 실제 상환액	

주1) 한도대출인 경우에는 원금 및 이자 산정시 대출총액을 한도금액으로 적용
신규 대출에 의해 기존 대출 원금상환이 예정된 경우, 상환예정금액은 원리금 상환금액에서 제외

주2) 전세보증금담보대출 : 임차인이 임대인에게 지급한 전세보증금을 담보로 취급한 대출 및 이에 준하는 대출(다만, 보증기관의 보증서를 담보로 한 대출로서 임대차계약서상 잔금지급일과 주민등록전입일 중 빠른 날로부터 3개월 이내에 신청한 대출과, 갱신시 임대차보증금 증액에 따라 갱신계약상 잔금지급일 이전에 신청한 대출은 전세자금대출로 분류)

주3) 별도의 거치기간이 없이 분기별 또는 월별로 균등분할상환되는 구조로 분할상환 금액이 총 대출액의 40% 이상인 상환형태

주4) 분할상환 시 거치기간이 1년을 초과하는 경우, 원금 일시 상환으로 간주

주5) 기타담보대출 : 지급보증담보대출, 유가증권 외 기타담보대출 등

주6) 별도의 거치기간이 없이 분기별 또는 월별로 균등분할상환되는 구조

주7) 기타대출 : 할부대출(자동차할부 등), 리스, 단기카드대출*, 학자금대출, 대부업대출 등
* 단기카드대출 이자산정 : 평균사용기간(2개월) 등을 적용하여 산정한 이자 상환액

〈별표5〉 장래소득 인정기준

구분		내용
적용대상		대출신청일 기준 무주택 근로자
대출용도		주택구입목적 주택담보대출* *소유권 보존 · 이전등기일로부터 3월 이내 실행
상환방식		만기 10년 이상이 비거치식 분할상환대출
장래소득	산식	최근연도소득 × 평균소득증가율주1)
	평균소득증가율	연령대별 급여주2) ⇨ 평균소득증가율 (아래 표 참조)

연령대별 급여주2)

연령(만)	급여
20~24	x_1
25~29	x_2
30~34	x_3
35~39	x_4
40~44	x_5
45~49	x_6
50~54	x_7
55~59	x_8
60~	x_9

⇨

평균소득증가율

연령(만)	대출만기 10	15	20	30
20~24	$(\frac{\sum_{n=1}^{3} x_n}{3} \div x_1)$	$(\frac{\sum_{n=1}^{4} x_n}{4} \div x_1)$	$(\frac{\sum_{n=1}^{5} x_n}{5} \div x_1)$	$(\frac{\sum_{n=1}^{7} x_n}{7} \div x_1)$
25~29	$(\frac{\sum_{n=2}^{4} x_n}{3} \div x_2)$	$(\frac{\sum_{n=2}^{5} x_n}{4} \div x_2)$	$(\frac{\sum_{n=2}^{6} x_n}{5} \div x_2)$	$(\frac{\sum_{n=2}^{8} x_n}{7} \div x_2)$
30~34	$(\frac{\sum_{n=3}^{5} x_n}{3} \div x_3)$	$(\frac{\sum_{n=3}^{6} x_n}{4} \div x_3)$	$(\frac{\sum_{n=3}^{7} x_n}{5} \div x_3)$	$(\frac{\sum_{n=3}^{9} x_n}{7} \div x_3)$
35~39	$(\frac{\sum_{n=4}^{6} x_n}{3} \div x_4)$	$(\frac{\sum_{n=4}^{7} x_n}{4} \div x_4)$	$(\frac{\sum_{n=4}^{8} x_n}{5} \div x_4)$	–
40~44	$(\frac{\sum_{n=5}^{7} x_n}{3} \div x_5)$	$(\frac{\sum_{n=5}^{8} x_n}{4} \div x_5)$	$(\frac{\sum_{n=5}^{9} x_n}{5} \div x_5)$	–

주1) 실제 대출만기 이하에서 차주에게 유리한 대출만기의 평균소득증가율 선택 가능

주2) 고용노동통계(http://laborstat.moel.go.kr) → 통계DB → 주제별 → 임금근로시간 → 직종·산업별 임금 및 근로일수·시간 → '직종, 학력, 연령계층, 성별 임금 및 근로조건'의 자료 중 최신연도의 항목의 '월급여액', 한국표준직업분류 6차의 '전직종', 학력별의 '전학력', 성별의 '계', 연령의 '1레벨 전체선택' 자료를 활용하여 계산

※ 상기 기준에도 불구하고, 은행이 자율적으로 통계 정보 등을 활용하여 합리적인 수준의 장래소득 인정기준을 마련한 경우 해당 기준에 따라 운영할 수 있음

[부록2] 개인사업자 관련 부적격대출 방지를 위한 여신심사 및 사후관리기준 표준안

제1장 총　칙

제1조(목적) 이 기준은 개인사업자대출 취급시 부적격대출 및 자금용도외 유용을 방지하기 위하여 심사 및 사후관리시 준수하여야 하는 사항을 정함을 목적으로 한다.

제2조(용어의 정의) 이 기준에서 사용하고 있는 용어의 정의는 다음과 같다.

1. '부적격대출'이란 소득확인서 등 소득증빙서류나 신용등급 등을 위 · 변조하여 금융기관으로부터 대출을 받는 행위를 말한다.
2. '자금용도외 유용'이란 대출규정 〈별표11〉 '자금용도외 유용 사후점검기준' 제2조(자금용도외 유용의 정의)에 의한 자금용도외 유용을 말한다.
3. '대환대출'이란 타 금융기관(대부업체 포함)의 기존 대출을 변제하기 위한 용도로 받는 대출을 말한다.
4. '대출금 사용내역표'란 대출규정 〈별표11〉 '자금용도외 유용 사후점검기준' 별지서식을 말한다.
5. '대출모집인'이란 대출상담사와 대출모집법인을 말한다.
6. '대출상담사'란 저축은행 또는 대출모집법인과 대출모집업무 위탁계약을 체결하고 저축은행중앙회(이하 '중앙회'라 한다.)에 등록한 개인을 말한다.
7. '대출모집법인'이란 저축은행과 대출모집업무 위탁계약을 체결하고 중앙회에 등록한 법인을 말한다.

제3조(대출심사와 사후점검의 분리 원칙) 대출심사와 사후점검 담당자를 별도로 지정하여 이중점검을 실시함을 원칙으로 한다.

제2장 대출 심사

제4조(차주 사업영위 여부 확인) ① 대출심사시, 사업자등록증명원 (대출신청일 전 90일 이내 발급)을 징구하여 국세청(홈텍스)에서 문서발급번호로 진위확인을 실시(다만 스크래핑 및 공공마이데이터 방식으로 징구하는 경우에는 진위확인 생략 가능)하고 사업자등록번호 조회를 통해 정상사업자 여부를 확인하는 등 실제 사업영위 여부를 확인하기 위해 증빙서류 확인절차를 거쳐야 한다.

② 사업자등록일로부터 3개월 이내 취급하는 대출은 사업장 현장점검을 원칙으로 하되, 현장점검이 실효성이 없거나 현실적으로 어려운 경우 사업장 증빙서류 확인을 보다 강화하여야 한다.

제5조(대환대출 관련 확인) ① 최초 취급일로부터 1년 이내 대환대출의 경우 기존 대출의 취급 기관으로부터 거래내역을 확인할 수 있는 서류(금융거래확인서 등) 또는 차주로부터 대환대출금 용도확인서 등을 징구(필요시 둘 다 징구)하여 해당 자금의 최초 사용목적을 확인하여야 한다.

② 차주의 사업자등록 전 실행된 대부업체 대출 및 최초 자금용도가 사업자대출로 확인되지 않은 금융기관 대출은 원칙적으로 사업자대출로 직접 대환 취급하여서는 아니되고, 사업자금으로 사용하였음이 증빙자료를 통해 객관적으로 확인된 경우에만 확인된 금액 범위 내에서 예외적으로 대환 취급할 수 있다.

③ 대출 취급 직전 차주의 기존 부동산담보부 채무가 상환된 것으로 확인된 경우 차주에게 해당 상환자금의 출처를 소명하도록 요구하여야 한다.

④ 대출신청 당시 차주가 제출한 대출금 사용계획이 차주의 업종, 사업영위기간 등에 비추어 적절한 지 여부를 확인하여야 한다.

제6조(대출모집인 관리) ① 중앙회가 대출모집인 등록신청 심사를 실질적으로 할 수 있도록 관련 자료 지원에 협조하여야 한다.

② 대출약정 서류(대출신청단계에서 대출거래약정서, 추가약정서, 근저당권설정계약서 등 고객의 자필확인이 필요한 서류)를 대출모집법인이 대리제출하는 경우 대출약정 서류 및 차주가 직접 작성하고 확인하였다는 차주 확인서를 밀봉된 상

태로 대출모집법인으로부터 제출받아야 한다.

③ 불가피한 사유 등으로 차주로부터 증빙서류를 사후에 접수할 경우 저축은행의 공식 이메일·팩스 등을 통해 수령하되, 불가피하게 대출모집법인이 대리제출하는 경우 차주와 유선통화 등을 통해 본인제출 여부를 추가확인하여야 한다.

제7조(대출모집인 점검 및 교육) ① 대출모집인에 대한 현장점검시 대출취급·사후점검 담당자가 아닌 감사 담당 부서 또는 독립된 부서가 점검하여야 하며, 현장점검 결과 부적격대출이 발견되는 경우 이를 중앙회 등에 통보하여야 한다.

② 소속상담사에 대한 금융사고 예방 관련 교육을 연 1회 이상 실시하여야 한다.

제3장 부적격대출 및 자금용도외 유용 사후점검

제8조(사후 증빙서류 확인) ① 사후 증빙서류 확인 대상이 되는 대출의 기준은 대출규정 〈별표11〉 '자금용도외 유용 사후점검기준'에 의한다.

② 자금용도의 증빙을 위한 서류는 다음 각호의 서류를 기본으로 하되 각 저축은행 사정에 따라 구체적인 증빙서류 구비기준을 마련하여야 하며, 이를 통해 대출자금이 용도에 맞게 사용되었는지를 점검하여야 한다.

1. 대출금 사용내역표
2. 거래상대방의 적정성을 점검하기 위한 서류(견적서, 물품계약서, 거래명세서 등)
3. 차주의 입출금 관련 서류(통장사본, 잔액증명서 등)

③ 제1항의 증빙서류 구비기준은 당행 · 타행 대출금 상환, 물품·원자재구입비, 용역비, 판매활동비, 임대계약, 인테리어, 임금, 운영자금 등 자금용도별로 필수 입증서류를 구분하여 정하여야 한다.

제9조(부적격대출 또는 자금용도외 유용 적발시 제재조치) 부적격대출 또는 자금용도외 유용이 적발된 경우 대출약정서, 약관, 위탁계약서, 내규 등에 따라 필요시 각 행위자 및 관여자별 관여 정도, 저축은행 부실 발생 여부 및 정도, 채권 잔

여만기 등을 종합적으로 감안하여 적절한 조치를 취해야 한다.

제4장 보 칙

제10조(제재조치 내용에 대한 사전고지) 대출 취급시 차주에게 부적격대출 및 자금용도외 유용이 확인될 경우에 대한 조치내용을 충분히 고지하여야 한다.

제11조(체크리스트 마련 및 운영) ① 이 기준의 준수 여부를 점검하기 위한 체크리스트를 마련하여 운영하여야 한다.

② 체크리스트는 〈별지 서식〉을 기본으로 하되, 이 기준을 준수할 수 있는 범위 내에서 각 저축은행 사정에 따라 적절히 수정하여 사용할 수 있다.

부　칙 (제정 2023.2.28.)

제1조(시행일) 이 표준(안)은 2023.2.28.부터 시행한다. 다만, 제7조제1항 및 제2항은 2023.10.1.부터 시행한다.

〈별지 서식〉

부적격대출 방지를 위한 여신심사 및 사후점검시 체크리스트

☞ **개인사업자대출 심사 개선방안**

차주 사업영위 여부 확인강화	확인여부
① 사업자등록증명원 필수 확인	
② 증빙서류 확인절차 강화	
③ 사업자등록일로부터 3개월 이내 대출은 원칙적으로 현장점검 등 실시	

구분	중점점검 방법
(1)	• 사업자등록증명원*이 첨부되어 있는지 여부 확인 * 대출신청일 전 90일 이내 발급
(2)	• 국세청 홈텍스(hometax.go.kr)에서 사업자등록증명원의 발급번호로 발급사실 확인
(3)	• 국세청 홈텍스(hometax.go.kr)에서 사업자등록번호로 차주의 사업장 휴 · 폐업 여부 조회* *통신판매업자의 경우 공정거래위원회 홈페이지(ftc.go.kr)에서 사업자등록현황 조회 가능
(4)	• 사업자등록번호 가운데 숫자가 개인사업자(01~80, 89~99)에 해당되는 번호인지 확인* *증빙서류에 기재된 사업자등록번호 가운데 숫자가 개인사업자가 아닌 법인(81~88)에 해당하는 번호를 기재하여 허위로 제출하는 사례 발생
(5)	• 해당 사업자의 정상 사업영위 여부, 업종 대비 사업장 위치 · 규모 등이 적절한지를 다음의 방법 등을 통하여 확인 - 인터넷 포털사이트 지도, 거리뷰(map.naver.com, map.google.co.kr) 등에서 사업장 주소검색 - 114홈페이지(114.co.kr)에서 전화번호 검색 - 상기 수단으로 확인이 어려운 경우(통신판매사업자 등) 별도의 기준을 자체적으로 정하여 확인
(6)	• 대출증빙은 공인된 기관(국세청 등)에서 진위확인이 가능한 자료를 원칙으로 하되, 증빙징구가 어려운 경우 스크래핑* 및 제3자 통화방식** 등을 통한 진위확인 이행 *고객이 공인인증서를 통해 본인인증 및 정보제공에 동의하면 저축은행이 증빙서류 발행기관에서 직접 정보를 추출하는 방식 **저축은행이 고객 및 소득증빙 제공기관과 동시에 통화하는 방식
(7)	• 담보물 주소지와 차주의 사업장 주소지가 동일한 경우 해당 주소지에서 실제 사업영위가 가능한 업종인지 여부 확인
(8)	• 차주의 사업영위 여부를 증명하는 서류(전자세금계산서, 부가세 과세표준증명원, 신용카드매출전표 등)상 사업자등록번호, 상호, 사업장주소, 대표자, 업종 등이 대출서류의 차주정보와 일치하는지 여부 확인
(9)	• 전자세금계산서는 국세청 홈텍스(hometax.go.kr)에서 진위여부 확인
(10)	• 부가세 과세표준증명원, 면세사업자수입증명원, 납세사실 증명 등 국세청 발급서류는 차주, 발급번호, 서류발급일(대출일 이전이어야 함), 해당 세무서장 날인 및 위조방지 마크가 있는지 여부 확인
(11)	• 사업자등록일로부터 3개월 이내 취급하는 대출은 사업장 현장점검을 원칙으로 하되, 현장점검이 실효성이 없거나 현실적으로 어려운 경우 사업장증빙서류 확인을 보다 강화

2-가. 선순위 대부업체 대출 대환시 확인 강화	확인여부
① 금융거래확인서, 대환대출금 용도확인서 등 징구	
② 사업자 등록 전 실행된 대부업체 대출 등은 원칙적으로 사업자대출로 직접 대환 취급 제한	

구분	중점점검 방법
(1)	• 대부업체에서 받은 대출인 경우, 사업자금으로 사용하였음이 증빙자료를 통해 객관적으로 확인된 금액 범위 내에서 대환 여부 확인
(2)	• 대환취급 금융기관의 최초 자금 사용목적 확인* * 금융거래확인서(금융기관), 대환대출금 용도확인서(차주) 등을 통해 확인
(3)	• 대출금 지급시 차주명의 예금계좌에 대체입금하였는지 여부를 확인하고, 차주 요청에 따라 타행계좌(또는 차주가 지정한 계좌)에 지급한 경우 대리영수에 관한 위임장 등 구비여부확인 - 대리영수한 자가 차주의 사업과 관련된 자인지 확인
(4)	• 다음 중 어느 하나에 해당하는 경우 위 (1) 내지 (3)을 더욱 면밀히 확인하였는지 여부 - 사업자대출 대환대상이 사업자등록 전 실행된 대부업체에서 받은 대출인 경우 - 소유권 보존등기 또는 소유권 이전등기일로부터 3개월 이내 대출을 받고, 3개월 경과 직후에 저축은행 사업자대출로 대환하려는 경우

2-나. 저축은행 대출 실행 전 선순위대출 상환 관련 확인 강화	확인여부
① 대출취급 직전 차주의 기존 부동산담보부 채무가 상환된 경우 상환자금 출처 확인	
② 대출금 사용계획 심사강화	

구분	중점점검 방법
(1)	• 대출취급 직전 차주의 기존 부동산담보부 채무가 상환된 경우 상환자금의 출처확인
(2)	• 차주가 제출한 대출금 사용계획이 차주의 업종, 사업영위기간 등에 비추어 적절한지 여부 확인
(3)	• 다음 중 어느 하나에 해당하는 경우 위 (1)과 (2)를 더욱 면밀히 확인하였는지 여부 -대출접수 당시 조회한 차주의 CB정보와 대출기표일에 조회한 차주의 CB정보가 불일치한 경우 -차주의 대출 접수 이후 부동산등기부등본상 기존 근저당권이 말소된 경우 - 대출접수 당시 차주의 심사서류 등에 '선순위 가계대출 상환예정' 등이 표기되어 있는 경우 -차주의 사업영위 여부 확인 또는 대출금사용내역 확인을 위해 차주의 통장거래내역을 제출받은 경우 차주의 거래내역에 대출모집인과 자금거래가 있는 경우

3.대출모집인 내부통제 강화	확인여부
① 고객서류 대리접수·제출시 업무수행방법 준수	
② 저축은행의 대출모집인에 대한 현장점검 강화	
③ 금융사고 예방 관련 교육 실시	

구분	중점점검 방법
(1)	• 고객의 대출신청서류를 고객이 직접 작성하고 서명했는지 여부 확인 – 고객이 자필한 서류의 필체가 대출모집인 필체와 동일한지 여부 확인
(2)	• 대출모집인이 차주의 대출서류를 저축은행에 대리제출하는 경우 차주로부터 서류접수일, 접수서류명, 서류제출일 등에 대한 기록이 제대로 되어 있는지 확인

☞ **용도외유용 사후점검 개선방안**

1. 사후 증빙서류 확인절차 강화	확인여부
① 대출금 사용내역표 확인강화	
② 거래상대방 관련 증빙서류 확인강화	
③ 차주의 입출금 관련 서류 확인강화	

구분	중점점검 방법
(1)	① 대출금 사용내역표 • 대출일자, 대출금액, 계좌번호, 사용내역 등 모든 항목이 기재되어 있는지 여부 확인
(2)	• 대출금사용내역에 기재된 항목별 금액에 대한 증빙서류가 구비되어 있는지 여부 확인
(3)	• 대출금 사용처가 차주의 사업목적에 부합하는지 여부 확인
(4)	• 대출금사용내역표상 자필서명한 차주의 필체가 차주의 대출서류와 동일한지 여부 확인(전자적 방식을 이용한 경우 별도의 기준을 자체적으로 정하여 차주가 제출한 것이 맞는지 확인)
(5)	• 대출금 사용내역에 기재된 증빙이 대출금 집행 이후 서류인지 여부 확인
(6)	• 당행 저축은행의 증액 대환대출의 경우 기존 대출에 대한 대출금사용내역표를 비교하여 자금사용내역의 적정성 여부 확인
(7)	② 거래상대방 관련 증빙서류(견적서·물품계약서·거래명세서 등) • 국세청 홈텍스(hometax.go.kr)에서 거래처 사업자등록번호 조회하여 휴·폐업 여부 확인
(8)	• 차주 또는 거래처 사업장, 사업물품, 차주의 기존사업장 증빙(세금계산서, 신용카드 매출전표 등)에 비하여 견적서상 물품수량, 규모, 물품공급단가 등이 적절한 지 여부 확인
(9)	• 견적서에 기재된 계좌에 대해 인터넷 뱅킹 등 송금시도를 통해 계좌번호의 진위여부 및 수신이 불가한 지 여부 등 확인
(10)	③ 차주의 통장사본, 잔액증명서 등 입출금 관련 서류 • 띄어쓰기, 빈칸, 금융기관 심볼 등을 확인하여 통장사본, 잔액증명서 위·변조 여부 확인

구분	중점점검 방법
(11)	• 대출금사용내역표 및 견적서, 물품계약서 등 거래상대방 증빙서류 상 대출금사용내역이 입출금 거래내역과 일치하는지 여부 확인
(12)	• 해당 사업자의 정상 사업영위 여부, 업종 대비 사업장 위치 · 규모 등이 적절한지를 다음의 방법 등을 통하여 확인 – 인터넷 포털사이트 지도, 거리뷰(map.naver.com, map.google.co.kr) 등에서 사업장 주소검색 – 114홈페이지(114.co.kr)에서 전화번호 검색 – 상기 수단으로 확인이 어려운 경우(통신판매사업자 등) 별도의 기준을 자체적으로 정하여 확인

2. 사후점검업무 구체화	확인여부
① 심사 · 사후점검 담당자 분리	
② 용도별 증빙서류 구비기준 마련	
③ 사후점검 업무 프로세스 정비	

구분	중점점검 방법
(1)	• 대출심사와 용도외유용 사후점검 담당자가 분리되어 있는지 여부 확인
(2)	• 자금용도별 필수 입증서류가 구비기준에 맞춰 제출되어 있는지 확인
(3)	• 사후점검 업무수행 순서에 따라 업무절차가 세부적으로 이루어졌는지 여부 확인

3. 용도외유용 및 부적격대출에 대한 사후처리 강화	확인여부
① 용도외유용 및 부적격대출로 적발된 채권 및 관련자(모집인, 임직원 등)에 대한 사후처리 기준 마련	

구분	중점점검 방법
(1)	• 이자납입, 원금상환여부 등 차주의 상환능력 검토를 통해 계속거래 유지가 가능한지 여부 확인
(2)	• 용도외유용 및 부적격대출 등으로 적발된 채권 및 담당 임직원에 대한 적절한 절차*를 취했는지 여부 확인 * 대출약정서, 약관, 위탁계약서, 내규 등에 따라 필요시 각 행위자 및 관여자별 관여 정도, 저축은행 부실 발생 여부 및 정도, 채권 잔여만기 등을 종합적으로 감안하여 적절한 조치

[부록3] 연습문제 해설(예시)

1. 제1장 연습문제 해설

〈 문제 1 〉 금융기관 내부통제의 필요성과 법적 근거를 논하시오.

(1) 금융기관 내부통제의 필요성

금융기관은 내부통제제도의 운영을 통해 회사 자산의 보전, 신뢰성 있는 재무보고체계의 유지, 법규준수 등을 효과적으로 이루면서 회사의 설립목표를 달성할 수 있으며, 영업활동과 관련한 중요한 오류 및 일탈행위의 가능성을 감소시키고 오류 등이 실제로 발생하는 경우 이를 시의적절하게 감지하여 시정조치를 취할 수 있다.

은행은 효과적인 내부통제제도의 운영을 통해 당면한 제반 리스크를 효과적으로 관리함으로써 금융회사의 설립목표를 달성하고 재무상의 생존능력을 유지할 수 있다. 이러한 측면에서 내부통제기능은 내 · 외부감사기능과 함께 은행의 안전하고 건전한 경영을 유도하는 것을 주요 목적으로 하는 감독당국의 감독업무를 보완하는 역할을 수행한다고 할 수 있다.

(2) 내부통제의 법적근거

은행법 제23조의 3 제1항에 의하면, 금융기관은 법령을 준수하고 자산운용을 건전하게 예금자를 보호하기 위하여 당해 금융기관의 임원 및 직원이 그 직무를 수행함에 있어서 따라야 할 기본적인 절차와 기준을 정하여야 한다고 하여 내부통제제도의 법적 근거를 마련하고 있다. 이와 같이 내부통제제도를 운영할 수 있는 법적 근거는 은행법 외에도 금융지주회사법, 자본시장과금융투자업에관한법률, 보험업법 등에 마련되어 있다.

〈 문제 2 〉 금융기관에서의 감사위원회의 권한과 책임을 논하시오.

감사위원회의 권한을 회계감사에 국한하는 미국의 경우와 달리 우리나라에서의 감사위원회는 회계감사는 물론이고 업무감사도 가능한데, 이때 업무집행의 적법성감사에 한하는지, 타당성 감사에까지 미치느냐에 대해서 상법은 이사회에게 이사의 직무집행을 감독하게 하고 있는 조항이 이사회의 감독이 타당성 감사에 미친다는 것을 전제로 한다고 볼 때 감사위원회의 위원은 종래의 감사 지위와 동시에 이사회 산하의 이사이므로 감사위원회는 이사의 직무에 대하여 적법성뿐만 아니라 타당성에 대하여도 감사를 할 수 있는 것이다.

상법은 감사위원회에 대해 감사에 관한 규정을 준용하므로, 감사위원회는 이사의 직무집행에 대한 감사권, 회사 및 자회사에 대한 영업보고요구권, 업무와 재산상태의 조사권, 이사의 법령 또는 정관의 위반행위에 대한 유지청구권, 이사로부터 보고를 받을 권리, 총회소집청구권, 이사와 회사 간의 소에 관한 대표권을 가지고, 또한 이사회에 대한 보고의무, 주주총회에 대한 조사 및 보고의무, 감사록의 작성의무, 이사에 대한 감사보고서의 제출의무를 가진다. 단, 상법상 종래의 감사에게 인정되는 감사의 이사회 출석 · 의견진술권 및 해임에 관한 주주총회에서의 의견진술권은 감사위원에게 준용되지 아니하며, 감사의 임기를 규정한 상법 조항 및 감사의 타 직무의 겸임을 금지하는 조항도 감사위원에게 적용되지 않는다.

또한, 감사위원은 이사이므로 일반적 의무로서 선관주의의무 및 충실의무를 부담한다. 또한, 회사 또는 제3자에 대한 책임을 진다.

〈 문제 3 〉 금융기관 준법감시인의 권한과 의무를 약술하시오.

(1) 준법감시인의 권한은 다음과 같다.

- 금융회사의 모든 업무에 접근하여 자료 및 정보에 대한 열람과 제출을 요구할 수 있는 권한
- 내부통제기준 위반자에 대한 조사
- 내부통제기준 준수 관련 문제점이나 미비사항의 경영진의 또는 유관 부서에 대

한 시정 건의

- 중대한 위법 · 부당행위의 발견 등 필요 시 감사위원회 앞 제재의견 표명
- 이사회, 감사위원회 회의 등 각종 회의에 참석 · 발언 및 중요사항의 직접 보고
- 기타 이사회가 필요하다고 인정하는 사항

(2) 준법감시인의 의무는 다음과 같다.

- 선량한 관리자로서의 의무
- 내부통제기준의 위반사실 발견 시 감사위원회 및 이사회 앞 보고

〈 문제 4 〉 금융회사지배구조법 상 책무구조도 마련 의무에 대해 약술하시오.

(1) 책무구조도 의의

2024년 7월 8일 시행된 개정 금융회사지배구조법에 따라 금융회사의 대표이사 등은 내부통제 및 위험관리 관리의무를 이행하여야 하는 임원과 임원의 직책별로 금융회사지배구조법, 상법, 형법, 금융관계법령 등에서 정한 사항에 해당하는 책무를 배분한 문서인 책무구조도를 마련하여야 한다.

책무구조도는 영국의 금융회사 내부통제 제도에서 도입된 개념으로, 영국에서는 금융회사의 고위경영기능(직책)을 담당하는 임원의 적격성 여부에 대한 금융당국의 승인과 금융사고 발생 시 제재조치를 위하여 각 금융회사가 금융당국에 책무구조도를 제출하도록 하고 있으며, 내부통제제도와 임원적격성 심사제도를 연계하여 운영하고 있다. 책무구조도 상 책무는 금융회사 또는 그 임직원이 금융회사의 업무와 관련하여 해당 법령에 근거하여 수행하거나 해당 법령 상 수행해야 할 의무가 있는 내부통제 및 위험관리 책임을 의미한다.

(2) 책무구조도의 요건 및 작성

책무구조도는 ① 책무별로 담당하는 임원이 반드시 존재할 것, ② 책무별로 담당하는 임원이 복수로 존재하지 아니할 것 그리고 ③ 내부통제 등의 효과적 작동을 위하여 책무의 배분이 특정 임원에게 편중되지 않을 것과 같은 요건을 갖추어야 한다.

또한, 책무구조도를 작성할 때에는 ① 임원별로 책무의 상세내용을 기술한 문서인 책무기술서와 임원의 직책별 책무체계를 일괄적으로 파악할 수 있는 도표인 책무체계도를 작성하고, ② 책무기술서와 책무체계도의 내용은 일치하여야 하며 각 책무가 명확하게 구분되도록 작성해야 하고, ③ 임원의 책무 현황을 일괄하여 파악할 수 있도록 도식화하여 책무체계도를 작성하여야 하고, ④ 책무기술서에는 소관부서, 겸직 여부·내용, 주관회의체, 유관법령, 소관내규 등을 포함한 임원 및 직책의 기본정보, 책무의 상세 내용 등이 포함되어야 하며, ⑤ 책무체계도에는 임원별 성명, 직책, 책무명 등이 포함되어야 한다.

아울러, 대표이사 등이 책무구조도를 마련하려는 경우에는 이사회의 의결을 거쳐야 하며, 이사회 의결일로부터 7영업일 이내에 금융위원회에 제출하여야 한다. 금융위원회는 제출된 책무구조도가 형식을 제대로 갖추지 아니한 경우, 중요사항을 누락한 경우, 기재내용이 불분명한 경우 및 이에 준하는 사항으로서 책무구조도에 오류가 있거나 책무구조도의 기재내용이 사실과 다른 경우 중 어느 하나에 해당하는 경우에는 책무구조도의 기재내용을 정정하거나 보완하여 제출할 것을 요구할 수 있고, 제출된 책무구조도의 기재내용에 일정 조건의 변경이 있는 경우에도 적용한다.

〈 문제 5 〉 CRA가 일반직원과 달리 갖추어야 할 윤리의식에 대하여 약술하시오.

CRA는 여신정책수립 여신심사, RM, 신용리스크관리 업무에 참여하고 금융감독기관의 여신감독검사에 따른 수검업무 등 일반직원과는 다른 다양한 직무를 수행할 수 있을 것이며 이러한 업무 수행과정에서 내부적으로는 이사회, 경영진, 타부서 등과의 의견접촉이 잦을 것이며 외부적으로는 고객, 수주, 감독기관 등과 직 · 간접적으로 다양한 이해관계를 형성하게 될 것이다. CRA가 직면하는 다양한 이해관계는 항상 방향이 일치하지 않을 수도 있으며 때로는 이해상충의 문제도 발생할 것이다. 이러한 상황에서 CRA는 전문자격자로서 최적의 의사결정과 엄격한 윤리적 행동을 할 것이 요구된다.

〈 문제 6 〉 CRA가 업무수행과정에서 고객 및 고용주와의 이해상충 시 취할 적절한 행동에 대하여 약술하시오.

CRA가 고객 등 이해관계자와의 업무수행과정에서 이해상충문제가 발생할 경우 고객의 입장을 최우선으로 상정하되 공정성을 의심받을 사정이 있다면 그 의사결정에 참여하여서는 아니되며 객관성과 청렴성 등 고도의 윤리적 태도를 유지해야 한다. 한편 고용주에 대해서는 일반적인 회사내규를 준수하되 고용주와 이해가 상충되는 사항은 사전 서면으로 고시하는 것이 바람직하다. 이는 고용주가 CRA를 감시하는 수단을 제공하는 측면도 있으나 윤리적으로는 고용주가 CRA의 구체적인 행위에 관여하지 않으면서도 CRA에게 도덕적 · 양심적인 행위를 하도록 하는 부담을 줌으로써 이해상충 행위를 사전에 예방하는 효과를 기대 할 수 있기 때문이다.

2. 제2장 연습문제 해설

〈문제 1〉 여신규제제도의 의의와 목표에 대해 설명하시오.

여신규제제도란 '금융감독정책의 목표 달성을 위하여 금융회사가 수행하는 여신업무를 직 · 간접으로 규제하는 각종 정책수단이나 지도감독행위'를 말한다. 여신규제제도는 여신관련 법제도를 중심으로 이루어지는 금융회사에 대한 규제정책을 의미함과 동시에 건실한 여신 운용을 위한 금융회사 내부의 각종 통제장치를 의미한다. 이러한 금융기간 내 · 외부의 여신관련 규제장치들은 직 · 간접적으로 연결되어 유기적으로 작동하고 있다.

여신규제제도는 우선 '금융회사 자산의 건전성 유지'라는 기본적 목표를 가지고 있다. 또한 세부적인 목표로는 첫째 신용공여의 편중 억제, 둘째 내부자 거래 제한, 셋째 부실여신 예방 및 조기 건전화 유도 등을 들 수 있다.

〈문제 2〉 신용공여한도규제의 의의와 기능에 대해 설명하시오.

신용공여한도제는 특정 차주에 대한 신용공여의 총량을 일정한도 내로 제한하여 거액의 부실여신 발생으로 인하여 당해 금융회사가 동반 부실화되는 것을 예방함으로써 경영의 건전성을 확보하기 위한 기본적인 감독수단이다.

금융회사가 자금의 효율적 운용을 위하여 우량 대기업 등 특정 기업에게 자금을 집중 공급할 경우 담보력이 취약한 중소기업 등에 원활한 자금 공급이 이루어지지 않음으로써 결과적으로 국민경제의 균형적 발전을 저해하는 요인으로 작용할 가능성이 있다. 뿐만 아니라 동일인에 대한 신용공여가 무제한 허용된다면 금융자산이 몇 개의 차주에 의하여 독점되거나 금융자본에 의한 기업 및 산업의 지배를 통하여 금융재벌의 형성이 가능하다. 따라서 신용공여한도 규제는 금융자금의 균형적 배분을 도모하고 금융회사에 의한 기업경영지배를 방지하는 기능도 있다.

〈문제 3〉 은행법상 신용공여의 정의와 신용공여한도규제의 연혁에 대해 설명하시오.

은행법에서 말하는 신용공여라 함은 대출, 지급보증 및 유가증권의 매입(자금지원적 성격의 것에 한한다.) 기타 금융거래상의 신용위험을 수반하는 은행의 직접 · 간접적 거래이다. 즉, 신용공여는 대출, 지급보증 및 유가증권 매입 등 금융거래상 신용위험을 수반하는 모든 금융거래를 포함한다. 바젤은행감독위원회도 은행은 은행계정과 트레이딩계정, 난내계정과 난외계정에서 발생하는 모든 형태의 여신을 합산한 기준으로 은행이 공여할 수 있는 총여신한도(총신용공여한도)를 설정 · 운용여야 한다고 권고하고 있다. 신용공여의 구체적 범위는 대출, 지급보증, 지급보증에 따른 대지급금, 어음 및 채권의 매입, 기타 거래상대방의 지급 불능 시 이로 인하여 은행에 손실을 초래할 수 있는 거래 등을 말하므로 은행이 신용리스크를 부담하는 모든 거래가 신용공여에 해당되나 상세한 사항은 금융위원회가 정하는 바에 의한다.

과거 은행법은 특정 차입자에 대한 편중 여신을 규제하기 위하여 동일인 등에 대한 대출한도 및 지급보증한도를 규제하였으나 1999년 2월 5일 은행법 개정(2000년 1월 1일부터 시행)으로 한도관리 대상의 범위를 신용공여로 확대하였다.

〈문제 4〉 은행이 대출업무 등을 영위함에 있어 금지되는 것에 대해 설명하시오

은행법은 대출업무 등을 영위함에 있어 은행이 취급하여서는 안되는 금지업무를 열거하고 있다. 물론 은행법에 금지업무로 열거되지 아니한 대출 등이라고 하더라도 모두 허용되는 것은 아니다. 예컨대, 테러, 마약 제조 등의 범죄목적의 자금에 대한 대출은 은행법의 입법 취지와 사회통념에 비추어 허용되지 아니한다고 할 것이다.

먼저, 은행은 경영 안정성을 도모하기 위하여 가격 변동 위험이 큰 주식이나, 유동성 위험 또는 금리변동 위험이 큰 장기채권에 대한 보유는 은행이 흡수 가능한 자본규모 이내로 제한할 필요가 있다. 은행은 지분증권(회생절차 개시결정 기업 등에 대한 대출금 출자전환주식 제외), 상환기간 3년을 초과하는 채무증권(국채, 통안증권 제외), 상환기간 3년을 초과하는 파생결합증권, 상환기간 3년을 초과하는 수익증권·투자계약증권·증권예탁증권에 대한 투자가 해당 은행의 자기자본(기본자본+보완자본)의

100% 이내로 제한되고 있다.

둘째, 은행은 과도한 업무용부동산 소유에 따른 자금의 고정화를 방지하기 위하여 은행법에서는 업무용부동산 소유한도를 정하고 있다. 일반은행, 특수은행, 외은지점은 은행법상 자기자본(기본자본+보완자본)의 60%를 초과하여 업무용부동산을 소유할 수 없다. 여기에서 업무용 부동산이라 함은 영업소, 사무소 등 영업시설, 연수시설, 복리후생시설 그리고 위 시설용도로 사용할 토지·건물 및 그 부대시설을 말한다.

셋째, 은행은 업무용 부동산이 아닌 부동산(비업무용 부동산)의 소유가 원칙적으로 금지되나, 저당권 등 담보권의 실행으로 인하여 취득한 자산의 경우 소유가 가능하나 3년 이내에 처분하여야 한다. 다만, 공매유찰 및 공매보류의 사유로 비업무용부동산의 처분 연기보고를 한 경우에는 연기보고일 이후 1년 이내에 처분하여야 한다. 또한, 은행은 비업무용부동산을 처분함에 있어 공정을 기할 수 있도록 매각절차 및 매각방법 등에 관한 내부지침을 마련하여야 한다.

넷째, 직접·간접을 불문하고 해당 은행의 주식을 담보로 하는 대출 및 해당 은행의 주식을 사게 하기 위한 대출이 금지된다.

다섯째, 금융위원회가 정한 소액 임직원 대출을 제외한 은행·모은행·자은행 및 다른 자회사의 임직원에 대한 대출이 금지된다. 이 경우 금융위원회가 정하는 소액 임직원 대출에는 일반자금대출의 경우 20백만 원(급부 포함) 이내, 주택자금대출(일반자금대출 포함)은 50백만 원 이내, 사고금정리대출(일반자금 및 주택자금대출 포함)은 60백만 원 이내로 정하고 있다.

<문제 5> 은행법상 편중 신용공여제한제도의 종류와 그 내용을 약술하시오.

은행법은 신용공여 편중을 제한하기 위한 수단으로서 동일차주 또는 동일인에 대한 신용공여한도와 거액여신 총액한도를 제한하고 있다.

동일한 개인 · 법인 및 그와 신용위험을 공유하는 자, 즉 동일차주에 대하여는 당해 은행의 자기자본이 25% 이내, 동일한 개인이나 법인 각각에 대한 신용공여는 당해 은행의 자기자본의 20% 이내, 동일한 개인이나 법인 또는 동일차주 각각에 대한 은행의 신용공여가 당해 은행의 자기자본의 10%를 초과하는 거액 신용공여의 총합계액은 당해 은행의 자기자본의 5배 이내로 규제하고 있다.

〈문제 6〉 은행의 여신운용원칙에 대해 설명하시오.

은행은 은행업을 영위함에 있어서 자기자본을 충실히 하고 적정한 유동성을 유지하는 등 경영의 건전성을 확보하여야 한다. 이에 따라 은행은 여신을 운용함에 있어 여신의 건전성을 확보할 수 있도록 노력하여야 한다. 이를 위하여 은행은 먼저 차주의 리스크 특성, 재무상태, 미래 채무상환능력 등에 대한 분석을 통하여 신용리스크를 철저히 평가하여야 하며 차주의 차입목적, 소요자금규모, 자금소요기간 등에 대한 종합적인 심사 및 분석을 통하여 적정한 여신을 공급하도록 노력하여야 한다. 여신 실행 이후에는 여신자금의 철저한 관리를 통하여 용도 외 유용을 방지하여야 하며, 차주의 신용상태 및 채무상환능력 변화에 대하여 상시 모니터링하고 그 결과에 따라 적절한 조치를 취하여야 한다. 아울러 산업별, 고객그룹별 등으로 여신운용을 다양화하여 여신편중 현상이 일어나지 않도록 방지하여야 한다.

〈문제 7〉 주채무계열제도의 의의와 필요성에 대해 설명하시오.

주채무계열제도는 과거 차입 위주의 경영에 주력해 온 대규모기업집단의 재무구조 및 금융이용행태의 합리적 개선을 도모하기 위하여 1974년 7월 금융단 자율협정으로 시작된 제도로서 금융채무가 일정기준 이상인 기업집단에 대하여 채권금융회사의 공조로 신용위험을 집중관리함으로써 금융회사의 자산건전성을 유지하고자 하는 제도이다.

과거 국내 주요 기업집단은 내부지분율이 높고 계열주 중심의 중앙집권적 의사결정으로 인하여 지나친 기업확장과 과잉투자의 폐해를 초래하였다. 이에 따라 금융채무가 많은 기업집단에 대하여 채권은행간 공조를 통한 주채무계열제도 운용을 통하여 신용위험을 집중 관리할 필요가 있다.

〈문제 8〉 과실에 의한 행정법규 위반행위에 대해 행정형벌 부과 가능 여부에 대해 설명하시오.

과실행위에 대해서도 행정형벌을 부과하자는 논거의 근거는 위법행위 가운데 그 정도가 심한 행위유형이 행정형벌의 대상이 되어 있는데 이들 행위에 대해서는 고의범에 한하여 제재(형사처벌)를 가하고 비교적 위법의 정도가 덜하여 질서벌 등이 부과될 행위에 대해서는 고의와 과실을 불문하고 제재를 가한다는 것은 부당하다는 것이다. 다시 말해 위법의 정도가 심한 과실행위는 제재의 대상에서 제외되고 위법의 정도가 약한 과실행위는 제재의 대상에 포함되어 불합리하다는 이야기이다.

행정형벌도 처벌의 한 종류이므로 당연히 형법상의 죄형법정주의 및 형법총칙상의 규정이 적용된다. 다만 과실범의 처벌에 관하여는 행정법이 공익의 실현을 위하여 행정주체에 우월한 법적 지위를 부여하고 있다는 특수성 등에 비춰보아 입법목적이나 제반 관계규정의 취지 등을 고려하여 해석상 과실로 인하여 위법행위를 인식하지 못하는 경우도 처벌할 뜻이 명확한 때에는 과실범에 대한 처벌도 가능하다고 할 것이다.

행정법은 형사법과는 달리 일반적으로 작위 또는 부작위의 의무를 부과하는 규범조항을 두고 이를 위반한 행위에 대해서는 별도로 처벌조항을 두는 입법형식을 취하고 있다. 행정법상 규범의 적용을 받는 자는 규범 위반행위가 발생하지 않도록 관리 · 감독할 주의의무가 있으며 위반행위 발생을 예견할 수 있음에도 불구하고 관리 · 감독을 게을리 한 경우에 과실범으로서 처벌받을 수 있을 것이다. 판례도 입법목적이나 제반 관계규정의 취지 등을 고려하여 해석상 과실범도 처벌할 뜻이 명확한 경우에는 행정형벌에 처할 수 있다는 입장이다.

〈문제 9〉 행정제재 중 과태료와 과징금의 차이에 대해 설명하시오.

행정상의 질서벌은 신고 · 통지 · 등록 · 등기 등과 같은 행정법규상의 의무 위반에 대한 제재를 말한다. 그 정도가 비교적 가벼워서 직접적으로 행정목적이나 사회법익을 침해하는 데까지 이르지 않고 다만 간접 또는 2차적으로 행정상의 질서에 장애를 줄 위험성이 있는 정도의 단순한 의무위반에 대하여 과하는 일종의 벌금형으로 형법상 형벌의 종류에 포함되지 않는 제재를 보통 과태료라고 부르는 것이다. 즉 과태료는 행정상의 각종 의무위반행위, 특히 행정상의 질서위반행위에 대하여 제재로서 국가 또는 지방자치단체에 의하여 부과되는 행정벌의 일종인 금전벌이다.

이에 비해 과징금이란 행정청이 일정한 행정법상의 의무를 위반한 자에게 경제적 이익이 발생한 경우 그 이익을 박탈하며 경제적 불이익을 과하기 위하여 그 이익액에 따라 과하여지는 일종의 행정제재금을 말한다. 과징금제도는 공정거래법에 의하여 처음으로 도입되었으며 이후 여러 법률에 도입되면서 특정 법률에 근거하여 인・허가를 받은 자가 법률상의 의무위반을 하여 인・허가사업 등을 정지하여야 할 경우에 그 사업은 계속하면서 제재적 처분에 갈음하여 과하는 금전상의 제재로써 활용되는 경향이 있다. 금융업 관련 법률에는 금융지주회사법, 은행법, 여신전문금융업법, 자본시장법, 보험업법, 상호저축은행법, 전자금융거래법에 과징금제도가 도입되어 있다.

과징금은 일정한 행정법상의 의무위반에 대한 금전적 제재로 과하는 제재금이라는 점에서 벌금 또는 과태료와 다를 것이 없으나 형식상 행정벌에 속하지 않아 벌금 또는 과태료와는 다르다고 판단된다.

〈문제 10〉 금융회사 임직원의 위법부당행위에 대한 금융감독원의 조치 중 자율처리필요사항 통보제도에 대해 설명하시오.

2004년 2월부터 금융감독원장은 검사결과 금융회사의 직원이 제재사유에 해당되는 위법・부당행위를 한 사실을 적출한 경우에는 당해 기관의 장에게 이를 통보하여 조치대상자 및 수준을 적의 결정하여 조치하도록 통보하고 있다. 이는 최종 문책권자가 당해 회사의 장인 점과 금융회사의 자율성 제고 등을 위한 차원에서 구체적인 문책의 종류는 당해 회사에서 자율적으로 결정하도록 한 취지이다. 그러나 금융권역별 고질적인 위반행위 등 감독・검사정책의 목적상 필요하다고 인정되는 경우에는 금융감독원에서 제재의 종류를 지정하여 문책처분을 요구할 수 있다.

〈문제 11〉 금융소비자보호법 상 대출성 상품에 적용되는 적합성·적정성 원칙에 대해 약술하시오.

(1) 일반금융소비자의 정보 파악이 필요한 금융상품의 범위

대출성 상품은 대출, 신용카드, 어음할인, 할부금융 등과 같은 모든 대출성 상품이 해당된다.

(2) 파악해야 하는 일반금융소비자의 정보 내용

대출성 상품의 경우 연령 및 재산상황(부채를 포함한 자산 및 소득에 관한 사항), 계약체결의 목적(대출만 해당), 신용 및 변제계획을 파악해야 한다.

(3) 적합성 판단기준

대출성 상품의 경우에는 일반금융소비자의 정보를 파악한 결과 상환능력이 적정한 수준이어야 한다. 상환능력은 ① 거래목적, ② 원리금 변제계획, ③ 신용, ④ 재산상황(소득 · 부채 · 자산) 및 고정지출 그리고 ⑤ 연령과 같은 총 5가지 사항을 종합 고려하여 평가한다. 보장성 · 투자성 · 대출성 상품에 대한 적합성 판단기준에 대한 평가결과는 평가근거와 함께 문서로 기록하여야 한다.

참고문헌

- 금융위원회·금융감독원, “내부통제 개선방안” 등 각종 보도자료 등
- 금융감독원, 업권별 「검사매뉴얼」.
- 금융감독원, 「금융감독개론」, 2023.
- 금융감독원, 「업권별 금융업법 및 감독규정」.
- 금융감독원, 「금융법규정보」
- 금융감독원, 「금융회사 감사에 대한 제재운영 개선방안」, 2001.9.
- 금융감독원, 「금융법규정보」, 2000.1.
- 금융감독원, 「금융기관 여신관행 혁신방향」, 2000.1.
- 금융감독원, 「구조조정과 새천년의 패러다임」, 2000.1.
- 금융감독원, 「구조조정 추진경과 및 실적」, 1999.1.
- 금융감독원, 「기업구조조정촉진법 운영성과 및 향후 운영방향」, 2005.9.
- 금융감독원, 「미 감독당국의 내부통제 및 감사제도 운영기준」, 2002.1.
- 금융감독원, 「신용감독제도」, 2008.11.
- 금융감독원, 「제재업무편람」, 1999.9.
- 금융감독원, 「행정법 실무」, 2006.6.
- 정찬형·도제문, 「은행법」(제2판), 박영사, 2005.2.
- 정찬형, 「주석 금융법(Ⅰ)[은행법]」, 한국사법행정학회, 2007.1.
- 증권연수원, 「투자와 리스크/윤리」, 2002.
- 증권연수원(최도성 교수), 「재무위험관리사 자격시험대비교재」, 2001.
- 증권연수원, 「내부통제 및 직업윤리과정」, 2001.
- 한국금융연구원, 「국내금융회사의 감사기능 제고방안」, 2001.12.
- 한국형사정책연구원, 「경제범죄의 실태와 운영방안」, 1995.
- 한국형사정책연구원, 「경제범죄의 유형과 대처방안」, 1993.
- 미 연방예금보험공사(FDIC), 「검사매뉴얼(Risk Management Manual of Examination Policies)」
- 서태종·성수용, 「금융소비자보호법 강의」, 라의눈, 2022.11.

■ 저자약력

성수용

· 성균관대학교 회계학과 졸업
· 헬싱키경영대학원 E-MBA(은행경영)
· 한국은행 조사제2국, 발권부 근무
· 은행감독원 감독기획국 근무
· 신용관리기금 조사국, 관리국 근무
· 금융감독원 분쟁조정실, 비은행검사국, 조사제1국, 동경사무소 근무
· 금융감독원 민원조사실·분쟁조정국 팀장, 불법금융대응단 부국장 역임
· 금융감독원 포용금융실장, 금융상품판매감독국장, 대전충남지원장 역임
· (현) 금융감독원 금융교육국 선임교수 겸 한국금융연수원 파견교수

신용위험분석사(CRA)자격관련참고도서

내부통제 및 여신관련 법규

초 판 1쇄	2014년 12월 17일
4 판 1쇄	2024년 8월 19일
저 자	성수용 편저
발 행 인	서태종
발 행 처	한국금융연수원 출판 미디어사업부 03053 서울특별시 종로구 삼청로 118
전 화	(02)3700 – 1500
팩 스	(02)3700 – 1530
홈 페 이 지	http://www.kbi.or.kr
등 록	1990년 4월 20일(제1 – 1040호)

〈정가 : 20,000원〉 ISBN 978-89-287-8223-9(13360)

한국금융연수원 자격검정시험 안내

•「국가공인자격」은 자격기본법에서 정한 기준과 절차에 따라 국가가 공인한 자격으로 신용분석사, 여신심사역, 국제금융역, 자산관리사(FP), 신용위험분석사(CRA), 외환전문역 I종, 외환전문역 II종 등 7개의 자격이 있습니다.

•「자체인증자격」은 우리 원이 인정, 수여하는 자격으로 공개시험형 자체자격인 프라이빗 뱅커(CPB), 은행텔러, 영업점 컴플라이언스 오피서(은행)(보험)(증권), KBI 금융DT 테스트, 자금세탁방지 업무능력 검정시험 등 7개 자격이 있습니다.

구분	자 격 명 (공인/등록번호)	응시료	자격소개
국가공인자격	신용분석사 (제2019-1호) (2008-0438)	전과목 : 66,000원 1부 : 28,000원 2부 : 39,000원	금융회사의 여신관련 부서에서 기업에 대한 회계 및 비회계자료 분석을 통하여 종합적인 신용상황을 판단하고 신용등급을 결정하는 등 기업신용 평가업무를 담당하는 금융전문가
	여신심사역 (제2019-2호) (2008-0439)	전과목 : 66,000원 1부 : 28,000원 2부 : 39,000원	금융회사의 여신심사 담당자로서 경제상황과 기업의 재무, 비재무상태 등을 분석, 파악하여 적정한 대출심사 의견서 작성, 대출이율 및 대출기간 결정 등 대출실행 여부를 판단하고 자금의 효율적 운용, 대손 방지를 위한 제반조치, 여신의 법률적 검토, 사후관리업무 등 여신업무와 관련한 종합적인 업무를 수행하는 금융전문가
	국제금융역 (제2021-1호) (2008-0440)	전과목 : 66,000원 1부 : 33,000원 2부 : 33,000원	금융회사의 국제금융 관련 부서에서 국제금융시장의 동향파악, 분석 및 예측 등을 통하여 외화자금의 효율적 조달과 운용업무를 담당하고 이에 따른 리스크관리 등 국제금융 관련 업무를 수행하는 금융전문가
	신용위험분석사(CRA) (제2023-2호) (2008-0442)	1차 : 77,000원 2차 : 88,000원	금융회사 및 기업신용평가기관 등에서 개인과 기업에 대한 신용상태를 조사평가하고 신용위험을 측정 · 관리하는 여신전문가
	자산관리사(FP) (제2020-1호) (2008-0441)	전과목 : 55,000원 1부 : 28,000원 2부 : 28,000원	금융회사 영업부서의 PB(Private Banking) 팀에서 고객의 수입과 지출, 자산 및 부채현황, 가족상황 등 고객에 대한 각종 자료를 수집, 분석하여 고객이 원하는 Life Plan 상의 재무목표를 달성할 수 있도록 종합적인 자산설계에 대한 상담과 실행을 지원하는 금융전문가
	외환전문역 I종 (제2020-1호) (2008-0436)	전과목 : 55,000원	금융회사의 외환업무 중 외국환 거래 법규 및 외환거래실무를 이해하고 고객의 외화 자산에 노출되는 각종 외환 리스크를 최소화시키는 등 주로 개인 외환과 관련된 직무를 담당
	외환전문역II종 (제2020-1호) (2008-0436)	전과목 : 55,000원	금융회사의 외환업무 중 수출입업무 및 이와 관련된 국제무역규칙을 이해하고 외환과 관련된 여신 업무를 수행하는 등 주로 기업 외환과 관련된 직무를 담당
자체인증자격	은행텔러 (2008-0437)	전과목 : 55,000원	창구에서 일어나는 제반업무에 대해 신속하고 친절한 업무수행과 정확한 업무처리로 고객에게 도움을 주고 상담을 통해 문제해결을 하도록 도와주는 금융전문가
	영업점 컴플라이언스 오피서(은행) (2010-0118) (보험, 증권) (2013-0702,0703)	전과목 : 각 44,000원	금융회사의 영업점에서 준법관련 법규와 감독기관의 감독규정이 정한 내용과 취지를 충분히 이해하고 업무 수행과정에서 이를 준수하며, 영업점에서 발생 가능한 금융사고 및 민원사항이 발생하지 않도록 사전적 예방 차원에서 그 준수사항의 이행을 점검하는 금융전문가(은행, 보험, 증권 분야별로 자격이 구분됨)
	프라이빗뱅커 (CPB) (2018-004091)	1차 : 110,000원 2차 : 342,000원 (실무교육)	개인고액자산가의 자산 및 수익증대를 실현하기 위해 금융분야 전반에 걸쳐 종합적인 금융상담과 실행을 지원할 수 있는 최고급 수준의 금융자산설계전문가
	KBI 금융DT 테스트 (2021-001872)	전과목 : 44,000원	금융인 및 예비금융인을 대상으로 디지털금융 전반에 대한 기본지식과 업무활용능력 등 금융DT 관련 기본역량 평가
	자금세탁방지 업무능력 검정시험 (2023-004792)	전과목 : 66,000원	금융시스템을 이용한 자금세탁행위와 공중협박자금조달행위를 적발 및 예방할 수 있는 전문적인 업무역량 평가

소비자 알림사항

•상기 "프라이빗뱅커(CPB)", "영업점컴플라이언스 오피서(은행)(보험)(증권)", "KBI 금융DT 테스트", "은행텔러", "자금세탁방지 업무능력 검정시험" 자격은 자격기본법 규정에 따라 등록한 민간자격으로, 국가로부터 인정받은 공인자격이 아닙니다.

•민간자격 등록 및 공인 제도에 대한 상세내용은 민간자격정보서비스 (www.pqi.or.kr)의 '민간자격 소개'란을 참고하여 주십시오.

기타

•응시료 환불 규정 : 접수기간 중 100%, 접수기간 종료 후 시험일 5일전 18시까지 50% 환불/이후 환불 불가

•자격 공인번호는 재공인시점에 따라 변경될 수 있으며, 응시료, 환불규정 등은 응시 시점에 따라 변경될 수 있으니 자격시험 응시 전 반드시 한국금융연수원 홈페이지에서 응시하고자 하는 자격시험에 관한 최신 정보를 확인하시기 바랍니다. 자격시험에 관한 자세한 사항은 한국금융연수원 홈페이지를 참조하시기 바랍니다.

•주소 : 서울특별시 종로구 삼청로 118 / TEL : 02-3700-1500 / 홈페이지 : www.kbi.or.kr